横山登志子　須藤八千代　大嶋栄子＝編著
Toshiko Yokoyama　Yachiyo Sudo　Eiko Oshima

鶴野隆浩　中澤香織　新田雅子　宮﨑 理＝著
Takahiro Tsuruno　Kaori Nakazawa　Masako Nitta　Osamu Miyazaki

Revitalizing Social Work Practice
The Impact of Feminism and Gender

ジェンダーから ソーシャルワークを問う

図書出版
ヘウレーカ

はじめに

ソーシャルワークを切り拓く言葉がここにある。編者として今、率直にそう感じている。しかし、本当にそのとおりかどうかは読者ひとりひとりにゆだねるほかはない。

本書は、ジェンダーやフェミニズムという概念・思想を中心に、ソーシャルワークを批判的にとらえたうえで、今後のソーシャルワークにむけたチャレンジングな論考集である。執筆者は、年齢も専門とする領域もさまざまであるが、現在のソーシャルワーク実践あるいはソーシャルワークの理論に対してそれぞれに「物足りなさ」を感じつつ、その内側にとどまりソーシャルワークが有している可能性を拡張しようと、言葉を連ね、意味と力を込めている。

この本を通して発信したいことの1つは、あらゆる種類の抑圧と排除につきまとう「男／女」の二項対立的なカテゴリー化に基づく権力構造（ジェンダー）に対して、抑圧と排除に抗う者として機能するはずのソーシャルワーカー／ソーシャルワークが、残念なことに善意から、意識せずに抑圧に加担するという構造上の死角が存在することを、読者とともに確認しつつ、それを内側から変革していこうという呼びかけである。

特に、本書では抑圧的な状況に置かれやすい女性の現状や支援を取り上げている章が多いが、これをもって「女の問題」と片付けることをジェンダー理論は許容しない。むしろ、硬直したカテゴリー化に基づく抑圧構造の中心にあるものとしてジェンダーをとらえ、他のさまざまな抑圧問題を同様の視点から透かし見ていくようにいざなうことになるだろう。

例えば、「男」カテゴリーに付与されている「男らしさ」や労働を軸とした性規範などから周辺化された男性、あるいは支援現場で性別と同様にインパクトをもった基礎情報となっている「障害者」、「要支援者」、「生活保護受給者」などの一方的な制度的カテゴリーによって、社会システムのなかで抑圧を受ける側として位置づけられている人たちなど、その構造的問題への視点や、そこへの想像力を喚起できると考えている。これは、ジェンダーによる抑圧構造と二重写しの問題である。

本書で発信したいことの2つ目は、ソーシャルワーク論をどう描くかである。それは、ミクロ・メゾ・マクロの一体性を説明することに終始する狭義の「方法」論としてでもなく、援助関係を「援助者－利用者」という二項対立図式にとどめやすい狭義の「援助」論としてでもなく、「支援を契機とする社会的協働実践としてのソーシャルワーク」として位置づけることの重要性である。このことを本書のいくつかの章では素描している。

つまり、対象となる問題や利用者（当事者）を徹底して客体化し、適切な分析から支援を展開するという描き方ではなく、まさに身体感覚をもって利用者（当事者）と対峙し、悩み、葛藤し、引き受け、見守り、同時代を生きる証人として存在するソーシャルワーカー／ソーシャルワークとして描いている。描かれた行為は「援助」であり「支援」であることに違いはないが、同時に「ソーシャルワーカー」という役割を担った「証人」として／「語りを聴いた者として」／「出会った者として」の社会的使命から、その事例を超えた活動なり、発信なり、協働なりにつなげている。そこでは、利用者（当事者）との関係性の枠組みがそう単純に「する－される」という関係で言い表すことができない実態がある。わたしたちはそこにソーシャルワークの〝Social〟の意味があると考えている。

ソーシャルワーカー／ソーシャルワークが、多様性と包摂を携えた「人権と社会正義」を表明し、ジェネラリスト・ソーシャルワークのひとつの視点として、「ジェンダー」や「フェミニズム」といった言葉を、日々の実践の分析枠組みにあたりまえに取り入れていくことを強く期待し、論考の波紋が広がることを願っている。

7人の執筆者たちの論考は、いくつかの特徴を共有している。ひとつは、本書の目的でもある「ジェンダー」や「フェミニズム」、「セクシュアリティ」といったテーマからソーシャルワークの問題・課題に独自に切り込んでいること、2つ目にソーシャルワーク／社会福祉学に対するクリティカルな視座を有していることだが、決して真空状態の議論ではなく自らを含む足元の問題として省察（内省）的な視座を有していること、3つ目には、直接的にとりあげているかどうかは別として著者自身の経験や調査、インタビューに基づく「ソーシャルワーク感覚*」によってテーマに肉迫していることである。つまり、執筆者にとって言わずにはいられないテーマや論点が存在している。

したがって、それぞれのテーマを読み進めると、「あなたはどう考えるのか?」、「あなたはどうしてきたのか?」、「あなたはどうするのか?」と、行間から問いを投げかけられることだろう。読者は、その問いに対してむやみに卑下する必要もなく、そのままを受け取る必要もない。執筆者たちはそれぞれのテーマについて社会的に開かれた場で(この本で)、ともに考えていこうと強く呼びかけている。

読者のための招待状として、7人の論考をすこし紹介しておこう。

須藤論考「女性福祉からフェミニストソーシャルワークへ――バトラー以後に向けて」は、社会福祉学およびソーシャルワークにおける「婦人」、「女性」の客体化とその批判的考察、そしてそれを乗り越えんとする氏の理論的格闘である。問題の中心とみているのは、生物学的な性の理解を中心とするいわゆる「女性保護」を、「近代家族」を門番として前提としてきたことだと述べて喝破し、権力関係にあるジェンダー構造を読み解く重要性を述べている。そして、ソーシャルワークが女性の従属性をパフォーマティブに構築してきたと同時に、あらたに言葉や関係性をつくっていく実践者でもあるという点に期待を寄せる。「エイジェンシー」概念はその際のキーワードであり、能動でもない受動でもない、ゆらぎながら行為するプロセスのなかで利用者の「主体」を構築していく必要性について指摘している。フェミニズム思想やジェンダー概念の入り組んだ理論動向を理解するには、認識論的なタフさが必要となるが、ソーシャルワークの理論と実践という土俵で考え、経験し、発信しつづけている氏の力強い論考は、本書の重要な軸である。

鶴野論考「家族福祉論を通して、ジェンダーを社会福祉学に位置づける」は、ジェンダーという視点をどのように社会福祉学に接合するのか、明快に2つのルートを提示し、理論的な枠組みを提示している。ジェンダーという視点・概念は、「家族」という制度を抜きに語ることはできないが、家族福祉論を専門とする氏の立場から、理論史を批判的に分析して今後を展望している点で貴重な論考である。現在、日本においては急速に家族のかたちが多様化して家族の機能が縮小、個人化しており、以前のようにあたりまえにケアの担い手として家族を想定できない時代になっている。しかし、それはジェンダーやフェミニズムの理解が進んだことと同義ではなく、いまだに家族の持つイデオロギー性は強固に存在し、脆弱化した個人や家族をしばっていく。氏は、社会福祉学もそれと無縁ではないどころか、「近代家族」や「近代的な個人」を内面化させて理論構成させていることを指摘し、「プレモダン・モダンの家族イデオロギーからの解放を前提にして」家族福祉論を再建する必要性を主張する。「家族をあいまいにしてはならない」、「ジェンダー概念で社会福祉学を洗い直す」という氏の表現は大変印象的である。

大嶋論考「性被害体験を生きる――変容と停滞のエスノグラフィー」は、ソーシャルワークのすべてがここにあると思わせるような濃密な論考である。当事者のニーズに添って生活を整えていく支援行為のひとつひとつの積み重ねは、いわゆる教科書的な「アセスメント」、「プランニング」、「実施」

といった直線的な支援では到底説明できない。また、「アセスメント」も当事者と関わるなかで、どんどん深まり、広がり、修正されていく。氏は、当事者の言葉に見出す「わからなさ」を道案内に、その深まりと広がりをフェミニストソーシャルワーカーとして受け止め、ともに立ち続け、支援し続けているのである。また、エスノグラフィーとして興味深いのは「時間」の扱いである。現在からさかのぼって当事者との支援経過を書いているのだが、これはソーシャルワークにおける「時間」に関する経験の多層性を象徴的に表現している。当事者の断絶し混乱した「時間」の経験と語り、さらにソーシャルワーカーの支援における「時間」の経験は複雑に交差する。「時間」に着目したソーシャルワークの論考としても本論考は意味がある。さらにもうひとつのテーマは、「主訴が抑圧されている当事者」への支援である。そこに氏のフェミニストソーシャルワークからの見立てと支援がいかんなく発揮されている。当事者の生の言葉が生まれる「語りの『地』をつくる」とでもいうべき息の長い支援が、そこにはある。「変化を呼びかける学」としてのソーシャルワークが氏の論考に応えうるものになっていくかどうか、試されている。

宮﨑論考「〝LGBT〟とソーシャルワークをめぐるポリティクス」は、ソーシャルワークが性の多様性にどのように相対することができるのかについて、チャレンジングな論考を展開している。氏は、多様性尊重という文脈のなかでの「〝LGBT〟への支援」が論じられている現状を、ソーシャルワークの「非政治化」という概念で読み解いている。これは〝LGBT〟に限らず、今まさにソーシャルワークの閉塞した状況を拓くにあたり、重要な切り口となるように思う。読者は「非政治化」

あるいは「政治化」という言葉に何をイメージするだろうか。ソーシャルワーカーにとってこの言葉の意味することははたして何だろうか。氏が説明するように、「政治」が意味する2つの内容（「大文字の政治」と「小文字の政治」）を理解すると、「意味や資源、生存、ウェルビーイングをめぐる日常の闘い」（小文字の政治）にソーシャルワーカーも参与していけるはずなのである。さらに氏は、「個人的なこと」は「政治的なこと」というハニシュによって提示されたフェミニズムのスローガンに向き合う。そして、トランスジェンダーの友人の死についてジュディス・バトラーの「哀悼可能性」概念を用いて、友人が哀悼不可能なものであるとされるなら、トランスジェンダーの人々をも「承認可能性の枠組みから排除することにつながる」と述べ、ソーシャルワークにおける「他者化」への危惧を表明している。そして、セクシャル・マイノリティの「他者化」を克服するためには、社会構造のなかで分析するだけではなく、「ソーシャルワークという営み総体を社会構造のなかで分析し、ソーシャルワークそのものを『政治的なこと』へとつなぐ作業が必要」だと結論する。（カッコ付きの「ソーシャルワーク」をめぐってさまざまなことを考えさせられる意欲的な論考である。

新田論考「『晩年の自由』に向けてのフェミニストソーシャルワーク——老いゆく人との女性史的実践と〈継承〉」は、限界集落に一人で暮らす高齢女性の「怒り」の語りに大いに触発され、エンパワーされた女性史研究者としての体感ある精緻な論考を展開している。老年社会学を専門とする氏は、家族が極限まで縮小する現代において高齢者の時間的特性から〈継承〉という社会的課題の重要性を指摘する。そして、高齢者福祉におけるケアの相互性を成立させるものとして、ライフヒストリーの聞き取りという〈継承〉を位置づけている。出会った女性が、今、熊を警戒し鹿と格闘して畑作業にいそしみ、愛猫との落ち着いた暮らしを送っていることとは裏腹に、「自分自身の性と生殖の権利《リプロダクティブ・ライツ》を通した、それゆえに彼女にとっては忘れようもない闘いの場面」についての力強い語りとその論考は、読むものをぐいぐいと引き込んでいく。なぜなら、この女性が生きた時代の優生手術をめぐる「悲惨な話」というにとどまらず、近代化によって抑圧されてきた女性たち（祖母や母たち）の歴史、それに関連する地域の歴史や社会構造の結節点として語りを受け止めようとしているからである。そして、そのような実践としてソーシャルワークの可能性をとらえようとしている。

中澤論考「内面化したジェンダー規範と戸惑い、葛藤――母子生活支援の最前線に立つ援助者の語りから」は、母子生活支援施設の施設職員にインタビューを行った調査研究である。氏はそもそも母子生活支援施設が、時代の変化のなかで女性が抱える生活問題にいち早く直面する現場であると述べ、その施設の特性を母親である女性への支援構造にあるとみている。つまり、母親は利用者でもあり、子へのケア提供者でもあるという二重構造にあり、後者が強く求められるという特性である。加えて、職員にも専門職という立場と、多くは同じ母親として／女性として支援を担うという立場の双方があると指摘し、「大きなユニットごと社会の周辺においやられているかのようにみえる」と述べる。氏の論考が興味深いのは、職員の側の2つの立場を意識したうえで、インタビューでの語りを素材に「家族であること、母であるということ」についてジェンダー規範が内面化している現状をとらえると同時に、職員としての率直な戸惑いや、違和感、援助者役割の省察が語りのあちこちに見られたということである。シングルマザーに関わるあらゆる人にむけた呼びかけの論考である。

最後に、筆者の論考「語られていない構造とは何か――ソーシャルワークと『ジェンダー・センシティブ』」についても書いておこう。ここでは、ジェンダー論考が乏しいソーシャルワークの実践／理論の現状とその背景をみたうえで、ソーシャルワーカー／ソーシャルワークに構造的に組み込まれているジェンダー不平等について述べている。そして、実践においては「家族を支援する」、「ケアの担い手を支援する」という文脈のなかでそれが最も発動しやすいものとなることを自らの苦い経験にも触れながら述べた。このことを知識として理解しておくだけでもずいぶんと支援のベクトルが違ってくるのではないだろうか。そして、実践への手掛かりとしてアセスメントの際の「ジェンダー・センシティブ」について、筆者の経験した支援事例をあげながら論じた。この論考で最も伝えたかったことは、ソーシャルワーカーの日々の実践のなかに（利用者の問題の背景や、援助構造そのものに）ジェンダーの問題が埋め込まれていることを視野に入れる必要があるということと、「する－される」という二元的な援助構造からソーシャルワーカー自身も解放され、同じ時代の社会を生きる者として、「利用者」という立場であらわれた人の抱える問題の延長線上に自らも置くということである。ごく簡潔に言えば、ソーシャルワーカーである自分自身が、どのような社会的連帯の定点（例えば「ジェンダー不平等な社会をともに生きる」）を見定めるのかはとても重要だということである。そうでなければ社会的協働への道は開かれていかない。

このように本書は、「ジェンダー」、「フェミニズム」を主題とする論考集である。ただし、この2つの主要キーワードについて、どのように両者を位置づけ、論を展開するかについては執筆者にゆだねられている。したがって、ある人は「ジェンダー」を論じ、ある人は「フェミニズム」を論じている。両者を、厳密な定義や理論的位置づけで分けるのではなく、その用語を用いて何を考えたいのかというねらいを重視する立場から、用語選択にこだわってはいない。本書のねらいとは、「すべての人が尊厳を守られる社会、とりわけこれまでのジェンダー不平等に抑圧されてきた人のためのソーシャルワークについて書く」ということである。

そもそも本書は、2017年9月に開催された日本社会福祉学会北海道ブロック主催の『フェミニストソーシャルワーク――福祉国家・グローバリゼーション・脱専門職主義』(ドミネリ著、須藤八千代訳、2015年、明石書店)をとりあげた合評会形式の研究会が発端である。私は企画担当者として、訳者の須藤八千代氏に解説をお願いし、参加者とディスカッションが可能な研究会を持ちたいと考えた。この本を取り上げたのは、数名の若手ソーシャルワーカーたちと一緒に輪読していたのだが、抽象的な議論が多く難解な点もあったため、訳者を囲んで多様な参加者とともに理解を深めたいと思ったからである。

研究会での須藤氏の訳者解説は、欧米と日本のフェミニズム・ソーシャルワークの動向、背景、ご自身の実践経験についてのパワフルな内容だった。少人数ながらも参加したメンバーにインパクトを与え、少なくとも企画者として「このテーマで参加者ともっと研究交流したい」という思いを残した会となった。その後、須藤氏からのすすめもあり、研究会の参加者を中心に、研究成果の出版を最終目標にした「ソーシャルワークとジェンダー研究会」がはじまったのである。出版社も経費調達も未定というなんとも無謀な船出だったが、なぜか不安を感じなかったのは幸いである。

このような契機だったため、本書の執筆者7名のうち5名（大嶋、中澤、新田、宮﨑、横山）は北海道メンバーである。このメンバーに加え、研究会をリードして下さった須藤氏、そしてソーシャルワーク／社会福祉学がジェンダーを語るにあたって不可欠となる「家族福祉」の論考を鶴野氏にお願いし、研究会を重ねた。

研究会は2年にわたり4回、研究報告とディスカッションを繰り返したが、この間、理論的刺激となったのは日本社会福祉学会北海道ブロック主催の藤高和輝著『ジュディス・バトラー――生と哲学を賭けた闘い』（2018年、以文社）をとりあげた合評会形式の研究会である。ジュディス・バトラーの思想を丹念に読み解き、実践とのつながりのなかでその主張を考えようとする若手哲学者・藤高氏の研究報告は、執筆者それぞれの論考を深めるためにも有益であった。その証拠に、本書でもあちこちに藤高氏の引用がみられる。

本書はこのような経過で生まれたのだが、日本社会福祉学会北海道ブロックの諸先生方には合評会を中心としてご協力をいただいた。とりわけ北星学園大学の中村和彦先生にはソーシャルワーク理論の観点から研究会で多くの示唆を得ることができた。ここに深くお礼申し上げます。

さらに、札幌で若手ソーシャルワーカーらと開催している「援助者のためのジェンダー学習会」のメンバーには、ソーシャルワークとジェンダーをめぐるコラムを依頼し本書の最後に掲載しました。ジェンダーについて一緒に学び、「ジェンダーおしゃべり」に興じたソーシャルワーカーの皆さんにもエールと「ありがとう」を送ります。本書に寄せていただいたコラムが各地のソーシャルワーカーの読者に届き、なんらかのかたちで共鳴しあえるといいなと願っています。

2020年4月

編者を代表して

横山　登志子

＊「ソーシャルワーク感覚」とは、ピエール・ブルデュ著『実践感覚』をソーシャルワークに適用した筆者による造語である。ソーシャルワークの理論知を基盤としながらも、自らの経験を通してつくられるソーシャルワーカーの経験知・暗黙知の総体を意味する言葉として用いている。

3　家族福祉論を通して、ジェンダーを社会福祉学に位置づける

鶴野隆浩　99

わたしとジェンダー
――現役ソーシャルワーカーがジェンダー学習会で学んだこと、気づいたこと

1　語られていない構造とは何か
――ソーシャルワークと「ジェンダー・センシティブ」

横山登志子

はじめに

ソーシャルワークとジェンダーの交差を考えるとき、それは決して貧困や暴力被害、嗜癖問題、家族問題等を抱える「かわいそうな／困った女性」だけを対象にしているのではない。労働に駆り立てられ疲弊する男性も、家族のケアに従事するがゆえに労働市場から排除され貧困となった女性／男性も、ＬＧＢＴＱ*1の生きにくさの問題も共通してジェンダーの問題である。その意味で女性だけの問題ではない。だが、私たちの社会ではジェンダー不平等が女性にあらわれやすいのもまた事実である。それは「貧困の女性化」やドメスティック・バイオレンス（ＤＶ）による女性の暴力被害の多さをみれば明らかである。そして、重要なことはその不平等が「家族」という制度に深く関係する（上野 2009: 21）ということだ。

私は、これまで精神保健福祉領域や母子福祉領域で実践に携わってきたが、いつもその中心に家族支援があった。そしてほとんどの場合、家族支援＝女性支援であった。専門書や研修で近代家族論やジェンダー論に触れることもあったが「制度化された無知」[*2]のなかへと容易に引き戻されていた。それは、現場で肉迫する実践――利用者が身体性をもって存在することへの倫理的な応答性と、時間的な切迫性――の前で近代家族論やジェンダー論から実践への具体的示唆を引き出すことが容易ではなかったことにも関係する。つまり簡単に言えば、これまでなんとなく感じてはいたにもかかわらず、家族規範や母親規範、ジェンダーといった問題を「棚上げ」し、従来のジェンダー化された家族規範を疑うことなく家族支援（ケアラー支援）を行っていたわけである。

ところが、複合的困難を抱える複数の母子との濃密な出会いによって、それらの問題を棚上げすることができなくなった。構造化されたジェンダー規範や家族規範の問題を棚上げして支援することで、利用者や家族を抑圧する側の一端を担ってしまうことを実感させられたからである。「『母』よ、子のために仕事をせよ。そして父不在を補う良き母であれ。『女性』であろうとするな」という声は制度理念としても、世間、施設職員、私の意識の一部にもあらゆるところに広がりをみせる声であった。母子の「問題」の行き詰まりとその声の高まりは、母である女性を追い込んでいく局面と連動していることにやっと気づいたのである。それだけケアをめぐるジェンダー不平等の問題が幾重にも重なりをもつ領域（杉本 1999; 大塩 2000; 須藤 2007; 須藤 2015; 安田・塚本 2009; 中澤 2009; 神原 2010; 藤原

2012; 中野 2012; 井上 2013; 湯澤 2013; 江原 2015; 流石 2015; 横山 2018）なのだろう。ソーシャルワークとジェンダーの論考は、このような筆者自身の苦い実践経験を理論的に乗り越えようとするなかではじまったのである。

そこでわかったことは、社会福祉学／ソーシャルワークにおける家族支援、特にジェンダーの議論や理解をふまえての家族支援は、他の隣接領域と比較してまだ十分に方向づけられていないということである。

しかし、ソーシャルワークとジェンダーの問題は、社会構造に由来するあらゆる脆弱性や差異に対しての倫理的応答を要求するきわめて重要な問いを含む問題である。したがって、ここでみていくことは単に「ジェンダーに配慮しましょう」という意識論に収れんするものではなく、ソーシャルワークや社会福祉学を形作る近代思考（私たちの立っている考え方の足場そのもの）や制度全般、ひいては自らに対してクリティカルな視点を向けていくことの必要性を確認していくことになる。ジェンダーという概念はそれだけ「異議申し立て」のインパクトを持っているからである。

本章では、ソーシャルワークとジェンダーを論じるにあたって家族がその交差の中心的な制度であることを前提にして、筆者が経験した事例を素材に「ジェンダー・センシティブ」の視点からソーシャルワーク実践を論じていく。ここではあくまでもソーシャルワークの実践を意識し、ジェンダーの視点を取り入れることでどのような理論的あるいは実践的な問いが立ち上がってくるのか、そして最初にどのような実践が導かれるのか、アセスメントに絞って考えていきたい。

繰り返し述べるように、ここで述べることとは「女性」を対象としたソーシャルワークに限定されない。そうではなく、社会構造的に抑圧されやすい立場を「女性」という性別に象徴させ、社会のなかで抑圧されている人びとを包含した反抑圧ソーシャルワークのひとつとして、ソーシャルワークと家族とジェンダーを理解していきたい。したがって、特定の分野（例えば子ども家庭福祉、女性福祉、母子福祉）にとどまる問題ではなく、ジェネラリスト・ソーシャルワークのスタンダードとして、つまりあらゆる問題、領域・分野におけるソーシャルワークに必要な実践的課題となることも確認したい。

1　ソーシャルワークと「ジェンダー・センシティブ」

（1）「ジェンダー・センシティブ」とは何か

ソーシャルワーク実践にジェンダーの視点を位置づけていくにあたり、「ジェンダー・センシティブ」という概念がひとつの手がかりとなる。ここからはこの概念を中心にしながらソーシャルワークを論じていくが、そもそも「ジェンダーとは何か」を簡潔に表現することは意外に難しい。従来、ジェンダーは社会文化的性差のことであり、いわゆる生物学的性差のセックスと比較して説明されてきた経緯がある。しかし、そのようなシンプルな対比による説明では十分ではないことがわかってきている。ジュディス・バトラー（Judith P. Butler）（1990=2018）は、ジェンダーもセックスも「男」／「女」という言語によって認識されており、あらゆる社会的な実践――制度から日々の人びとのやりとりにいたるまで――がその影響をうけているといえるから、ジェンダーが社会文化的に構築されるだけではなく、セックスもまた社会文化的に構築されていると述べ、それを「セックスはジェンダーである」と説明した。つまり、「私たちがあたりまえとおもっている『男』や『女』という性別が、実態的な身体の差異に基づいてわけられているというよりもむしろ、『男』や『女』という言葉によるカテゴリーがあることによって、逆に実体的な身体の違いが認識されている」（千田 2013: 21）と主張する。言語実践によって人の認識枠組みが規定され／生成されるという構築主義の立場からのするどい指摘であった。ではいったいどのようにジェンダー概念を理解すればいいのだろうか。

加藤秀一（2017: ii）によれば、「私たちは、さまざまな実践を通して、人間を女か男か（または、そのどちらでもないか）に〈分類〉している。ジェンダーとは、そうした〈分類〉する実践を支える社会的なルール（規範）のことである」とし、性別すなわち男女という〈分類〉という行為に焦点をあてるのがジェンダー概念の有する重要な特徴だとする。そして、その〈分類〉は私たちのものの見方に（意識するかしないかは別として）大きな影響をあたえており、制度や日々のやりとりのなかで私たちも〈分類〉されたり、〈分類〉していたりという現実があるのだと述べている。

このように、実際には生物学的（染色体、外性器、内性器、性腺、ホルモンなど）に明確な二分があるとはいえず「男女のスペクトラム（連続体）として存在」（千田 2013: 14）しているにもかかわらず、ジェンダーという概念は、「男」、「女」という二項対立図式で性別を単純に〈分類〉して統制しようとする政治的カテゴリーであることに批判を向けるのである。そして変革を志向する。

では、「ジェンダー・センシティブ Gender Sensitive」という概念はどのような意味なのだろうか。精神医療のなかでトラウマ治療を行う宮地尚子（2006: 13）は、「ジェンダー・センシティブ」を「現状の社会における性別による異なる取り扱いや、個々人がもっているジェンダー規範に対して敏感でありつつ、ジェンダー・バイアスをもたずに接する態度のこと」と述べている。そもそもは、アメリカの教育哲学者でありフェミニスト哲学者のジェーン・R・マーティン（Jane R. Martin）が、1981年のアメリカ教育哲学会の会長講演で使用した概念とされ（2006: 208）、バーバラ・ヒューストン（Barbara Houston; 教育哲学者、フェミニスト理論、倫理学が専門）とともにその考えを広げたものである。それによると、「ジェンダー・センシティブ」とは、「ジェンダーを、それが重要に関係するときには考慮にいれ、そうでないときには無視する」（p.202）という方針（policy）のこととされる。

この方針についてヒューストン（p. 205）は、ジェンダーを個人の意識や性質としてみるのではなく、「さまざまな方法でつくり出される人びとのあいだの関係性であるととらえるのが重要」だと述べ、思考や意識のことではなく社会的な構造（教育やその他の社会組織など）やそれに由来する関係性のプロセス全体をみていく視点なのだとしている。

また、ジェンダーが重要な意味を持つときにどのように扱うのかについて、「抽象的なレベルでジェンダーが関係あるかないかについて知ることはできない。（中略）一般的な方針を打ち出すことはできない」（pp. 212-213）と述べ、「つねにオープンな議論の必要がある問題なわけです。（中略）ジェンダーが作用しているのかどうかを考えるためには、ジェンダーがどこで作用しているのかを見つけださなければなりません。そのためには人びとの心のなかを見るだけではだめなのです。人びとがつくりだすお互いの関係性の構造をみなければ」とする。つまり、何か具体的な判断基準があるわけではなく、当の本人の生活や経験のなかにジェンダーによる抑圧がどう作用して現在の問題に関係しているかを、個々の事例レベルで考える必要があるということである。

（2）個々の事例でジェンダーを考慮にいれるかどうかの判断

では、ソーシャルワーカーが利用者や家族が抱える生活問題とその背景を「人－環境の交互作用」の視点でアセスメントする際、「ジェンダーの問題が重要に関連すると思われる」事例をどう峻別すればいいのだろうか。

まず確認しておくことは、ジェンダーが関与する事例、関与しない事例の二分ではないということである。ジェンダー規範やそれに関連する家族規範、母親規範は私たちの生活世界のあらゆるところで誰一人例外なくそれぞれの文脈で構築され続け、引用され続けている。したがって、ジェンダーによる抑圧や不平等の顕在化のレベル、影響の大きさは多様であったとしても、ジェンダーの関与がない事例というのは理論的には想定しえない。

そのうえで、何をもって「ジェンダー」が『重要』に関連する」とみればいいのだろうか。ひとまずの答えとして、問題や置かれている状況との関連において、ジェンダーによる〈分類〉実践がその自然性と自明性をもって、特定の個人や集団などを排除したり、周辺化したり、抑圧したりすることが、利用者の成育歴や生活歴のなかの重要局面として、「ある／あった」とソーシャルワーカーが考えるかどうかであると考えてみよう。

例えば、後述する事例を先取りして考えてみる。事例の女性は「女」として生まれてきたために「男である弟にはさせられない」と両親が考えていた掃除や家事を幼いときからから強いられ、高卒後、その実家から逃げるようにして「(家を継ぐ必要のない) 長男ではない男性」と結婚したが、定職につかないため数年後に離婚し母子世帯となり貧困状態となった経験を有している。この女性は、両親のしつけを不条理だと感じながら、自ら2人の「男児」の「母」であることをアイデンティティの核として「男なのだからひとりでちゃんと生きていける (自立する) ように」育てていた。このような彼女の成育歴や家族歴、生活歴を本人の言葉で聴けば聴くほど、ジェンダーの問題が「重要に関係」していることが理解できる。ただし、このライフ・ストーリーを本人自身がジェンダーによる不平等や抑圧として語ることはほとんどなく、支援者の側が「ジェンダー・センシティブ」の耳をもってライフ・ストーリーを聴くことによって、はじめてジェンダーが重要に関係すると判断できるのだと思われる。

したがって、例えば「女性なのだから家事を早くから覚え、母親なのだから子をひきとりちゃんと育てていくのが当たり前」と考えるのならば、この女性のライフ・ストーリーは「少々厳しくそだてられた苦労の多い母親だが自分で選択してきた結果」として理解され、ジェンダーの影響は不問あるいは最小化されるだろう。

さて、個々の事例でジェンダーが重要に関係するかどうかを考慮するにあたり、ひとつ難問が存在する。バトラーの著書を哲学の立場から読み解く藤高和輝 (2018: 148) の言葉を引用すれば、「『女』というアイデンティティは『多層的な権力の配置』のなかで形成されるのであり、それゆえジェンダーだけを『階級や人権、民族、その他の権力関係の諸軸で作られている構築物から分析上、政治上、分離』することはできない」のである。「多層的な権力の配置」という現実においては、ソーシャルワークの利用者が抱える問題の背景に、ジェンダー不平等という単一の問題がクリアカットに存在するのではないという指摘であり、現実をかえりみればその通りである。

先述の女性の例でいえば、「経済的に不安定な家庭に育ったこと（貧困・低所得）」、「ジェンダー規範や家族規範が強い家庭に育ったこと」、「家族のなかに葛藤や不仲があったこと」などが複合的に影響している。

このことが示唆するのは、利用者の抱える問題の背景をアセスメントするにあたり、どのような要因が問題の発生や悪化に関係しているのか、ジェンダーを含む多層的な抑圧状況を生み出す社会構造の問題として理解するアセスメント力が必要だということになる。心理療法を行う無藤清子（2005: 8）も同様の視点から、「ジェンダー・センシティブ・サイコセラピーを突き詰めていけば、その理念から言って、いわゆるジェンダー（それも女性のジェンダー）のみを問題とするということは考えにくい。そこに留まらず、家族を含む歴史・文化、社会的階層、民族や人種、性的志向性などにまつわるドミナント・ストーリーに現れた社会文化的な文脈と権力関係などへのセンシティビティにつながっていく」と述べている。

重要なことは、家族という制度・場を媒介しながら「構造づけられたジェンダー不平等」が生じていることへのセンシティビティである。これはマクロレベルでみれば「近代個人」、「近代家族」を前提とした法制——税制度、社会保障制度、労働政策など——に構造化されているジェンダー不平等が、ミクロレベルつまり利用者の生活状況としては主に家族という場を媒介しながら、お金をめぐる決定権や配分の問題（経済的な問題）、介護や育児の分担、関係性のなかに現れるパワー問題として顕在化することを、批判的に理解するということである。

牟田和恵（2006）が述べるように「近代家族」が「ジェンダー家族」なのだとしたら、ソーシャルワーカーが出会う利用者の家族問題にはジェンダーの問題が潜在しているといえるのではないだろうか。もちろん、ケースによってその現れ方はさまざまだろうし、すべてをジェンダー不平等の問題として理解していくわけではない。だとしても、ソーシャルワーカーが支援においてジェンダーの視点をもつ必要性は「人権と社会正義」に照らしておおいにあるといえる。

さらに、「女性」というカテゴリーを普遍化し、そのカテゴリーに当てはまる人を同じ状況だとみることにも慎重さが求められる。これは、象徴的にはブラックフェミニズムから指摘された二重抑圧の訴えが示唆することでもある。性別カテゴリーに基づく排除や不平等に対しての批判が、他方で「女性」カテゴリーを普遍化することの抑圧を同時に生む可能性があるのである。現段階において性別カテゴリーの〈分類〉による不平等はあいかわらず根強く存在しているため、「女性」カテゴリーを用いることの有意義性はあると思われるが、実はそのカテゴリーのなかにも多様なLifeが日々生きられていることを個々の経験のレベルで理解することが求められるだろう。

（3）「ジェンダー・センシティビティ・チェック」

「ジェンダー・センシティブ」な実践を行うために、アセスメント段階に絞ってもうすこし具体的な手がかりを模索してみよう。石田ユミ（2015: 151）はフェミニストカウンセリングの文脈で「ジェンダー分析」の必要性を述べ、その内容を「クライエントにジェンダーの規範がどのように刷り込まれ、それらがいかにクライエントの行動や感情を支配しているかを丁寧に検討すること」とする。女性が置かれたさまざまな文脈における権力関係や抑圧の分析である。また、先に引用した宮地尚子（2004: 27）はさらに具体的に「ジェンダー・センシティビティ・チェック項目」を列挙しており実践に取り入れやすい。ここではソーシャルワーク実践の文脈にあうように一部文言を整えたうえでその項目をみてみよう（【　】内が宮地による元のことばである）。

①クライエントのもつジェンダーやセクシュアリティの規範はどのようなものか？
②家族等、周囲の人のジェンダーやセクシュアリティ規範はどうか？
③問題【外傷的事件】はジェンダーやセクシュアル・アイデンティティ（ジェンダーやセクシュアリティに関する自己認識）にどう影響をもたらしたか？
④問題解決やその生活【事件後の回復環境】に、ジェンダーはどう影響を及ぼしているか？
⑤支援者【治療者】側のジェンダーやセクシュアリティ規範はどうか？
⑥適用する理論や技法【診断体系、治療技法】にジェンダー・バイアスはないか？
⑦援助関係や支援チーム【治療関係や治療チーム】が過度にジェンダー化、セクシュアル化、権力化していないか？
⑧ジェンダー・バイアスのある社会にどう再適応していってもらうか？
⑨事例検討において性別を逆にしても同じ解釈をするか？

上記の9項目のうち、最初の問いとして適切だと思われるのが⑨「性別を逆にしても同じ解釈をするか?」である。この問いは、ジェンダーの問題を比較的簡単にあぶり出すのではないだろうか。また、それ以外の8つの項目は次の4つの文脈として分類することができる。利用者の置かれている文脈（①②）、問題の生じている文脈（③④）、支援者の置かれている文脈（⑤⑥⑦）、支援におけるエンパワメントの方向性（⑧）である。

ジェンダー分析においては、通常のアセスメントをしたうえで「ジェンダーの問題が重要に関係するかどうか」を判断するために質問⑨で性別を逆にして検討し、さらに必要であれば続く4つの文脈を個別事例のなかでさらに検討を深めるといいのではないだろうか。次項ではそのような検討の具体例をみていこう。

2 事例で考える

「性別を逆にしても同じ解釈をするか?」という最初の問いをとりあげて、筆者の経験から母子世帯の事例をシンプルに描写して考えてみよう。複合的な生活困難を抱える母子世帯の事例（横山2015）を、父子世帯の事例に書き換えて考察する。

加えて、2つ目の事例として精神障害者の女性の単身アパート退院支援を紹介し、その女性のライフ・ストーリーから上記の「ジェンダー・センシティビティ・チェック項目」の4つの文脈について考察する。紹介する事例は、個人等が特定されないよう実際の事例をもとに大幅に加工している。

（1）複合的な生活困難を抱える単親世帯

この事例は、複合的な生活困難を抱える母子である。母は30歳代で小学生の息子2人の3人世帯で母子生活支援施設に入所していた。母から子にはネグレクトと心理的虐待がみられた。子どもたちは虐待によると思われる影響（パニックを起こす・記憶がとぶ・精神的不安定など）があらわれており、母自身も子どもたちとの関係に困難感を強く有していた。職員は包括的に生活支援を展開し、筆者（非常勤カウンセラー）は母親面談を担当していた。

母は自身も幼少時からネグレクトと心理的虐待の状況に置かれており、親にはアルコールの問題があった。幼い頃から母を含む女児のみ早朝に雪かきやご飯の支度をさせられ、男児きょうだいは寝ていたことなど扱いが全く違っていたらしい。そのため、早く家から出たくて高校卒業後にある男性となりゆきで結婚して子ども2人を産んだが、夫は安定的な仕事につかずギャンブル依存があり離婚している。

施設入所後、パートの仕事をしていたが適応上のストレスを抱えていたほか、提出書類の作成や部屋の片づけの問題、かたくなで執拗な完全思考がみられ、母親にはなんらかの発達障害傾向が感じられた。「自分がいなくても生きていけるように」と常に厳しく子どもたちを叱咤し追い詰めることが目立ち、養育は不適切な面が多かった。施設職員はある時は距離をもって厳しく、ある時は家事育児をサポートしながら寄り添い、支援力を総動員しながら生活を支えていた。しかし、施設職員が子への悪影響ゆえに母親役割を強調すればするほど逆に母を追い詰めてしまっている状況もあった。内外からのメッセージは前述したように「『母』よ、子のために仕事をせよ。そして父不在を補う良き母であれ。『女性』であろうとするな」というものであった。最終的に子どもは社会的養護となり、母も職員も相当な落胆を経験した。

この事例を、現状の性別役割分業やジェンダー規範を前提としながら父子家庭の事例として書き換えてみよう。父子が入所できる児童福祉施設は存在しないため――このことがすでにジェンダー規範の問題を露呈している――、部分的に状況を変更している。

父は30歳代で小学生の息子2人の3人世帯でアパート生活している。父から子にはネグレクトと心理的虐待がみられた。子どもたちは虐待によると思われる影響（パニックを起こす・記憶がとぶ・精神的不安定など）があらわれており、父自身も子どもたちとの関係に困難感を強く有していた。父は自身も幼少時からネグレクトと心理的虐待の状況に置かれており、親にはアルコールの問題があった。幼い頃から女きょうだいのみ早朝に雪かきやご飯の支度をさせられ、家事はほとんどしたことがない。高校卒業後にある女性となりゆきで結婚して子ども2人をもうけたが、妻は家事育児をせずギャンブル依存の状態で離婚している。父は常勤の仕事をしていたが適応上のストレスを抱えていたほか、部屋の片づけの問題や、かたくなで執拗な完全思考がみられ、なんらかの発達障害傾向が感じられた。仕事のため帰りが遅くなるが「自分がいなくても生きていけるように」と常に厳しく子どもたちを叱咤し追い詰めることが目立ち、養育は不適切な面が多かった。

書き換えた父子家庭の事例にはどのような支援が展開されるだろうか。母子家庭の事例と共通するのは、不適切養育と養育能力の問題だが、はたして父子事例の場合ここまで支援者から養育役割遂行を強く求められただろうか。むしろ、常勤の仕事をもつ父の就労継続のためにもっと早期段階で社会的養護の方向性が検討されたのではないだろうか。加えて、それは父本人や職員に大きな「落胆」として経験されることはないのではないだろうか。逆に、母子家庭の場合には、母子がともにいること（母子ユニット）、女性が母親として生きることへの根強い母性主義が私たちのなかに息づいていることが浮かび上がる。したがって子を社会的養護に委ねることには周囲からも本人からも、失望・落胆を含むスティグマが経験されるのである。

この母子事例は、筆者が「家族規範」、「母親規範」の問題を深く考える契機となった事例である。子どもの状況を詳細に把握する職員から発せされる「母親ならばこうあるべき」、「母親よ変われ」という強いメッセージや態度は、月に数度、母親面談を担当した筆者からは母子双方を追い詰めていったようにみえた。しかし、他方でそのメッセージは子どもの立場から最善を求める職員の必然的な言動であったことも理解でき、葛藤と混沌のなかでの支援経験であった。結果として、子どもを社会的養護に委ねることになり母親も施設退所となったが、筆者のなかにはいくつもの違和感が残った。例えば「家族だから／親だから」と母親自身が過剰なまでにしつけを意識していたこと、また「母親ならこうあるべき」というメッセージを支援者が強くなげかけていたこと、「施設入所＝親の失敗」という母親と職員双方の「落胆」への違和感である。

果たして、この母親はその人生（Life）のなかで適切な家族関係、夫婦関係、親子関係や育児スキルを習得できていたのだろうか。働くことと育児の両方にうまく対応できるほど内的・外的資源を持っていた（使えた）のだろうか、不在の夫（父親）の責任は問われなくていいのだろうか。社会的養護は本当に「親の失敗」だろうか。もちろん違うだろう。

この事例の母に、「養育能力の欠如」、「生活管理能力の欠如」、「成育歴や家族歴にみる不運」を重ねた結果として「母の問題」だとするなら（自己責任論）、そこへの問い返し作業あるいは「攪乱」（Butler ＝2018）作業が不可欠である。

（2）単身精神障害者のアパート退院

次の事例は、精神科病院に10代後半から約10年入院していた統合失調症の女性である。入院中に最愛の母親ときょうだいを亡くし、遺族らの意向で告別式に参加できないだけではなく退院の見通しも失っていた。当時、父親とは音信不通である。今からずいぶん前に筆者（ＰＳＷ）が出会った時には、妄想幻聴は消失しており院内寛解状態が長く続いていたため、アパート退院に向けて病院スタッフが退院支援をはじめていた。そして経済的な負担がないことを前提にある親族が住居を借りるための保証人を引き受けてくれた。

本人の強い希望であった退院をやっと実現し、その後の単身生活を訪問支援していたあるとき、保証人になってくれた親族から本人にたびたび性的ハラスメントがあることを彼女から知ることとなったのである。本人はとまどいながらやっと言い出した様子で、親族の訪問時に金品をもらっていたため言い出せない状況であった。知的な問題はないものの10代後半から病院で暮らし、食事や服薬、外出ひいてはお菓子を食べるといった行為に至るまで、あらゆる点で管理・指導される閉鎖空間に慣らされた身寄りのない彼女は、親族の行為を不快に思いながらも拒否したり、抗議や非難をすることはなかった。驚いた筆者は、本人の意向を主治医と共有し、その後親族への対応をすることとなった。

この事例は、そもそも「ジェンダー・センシティブ」な視点から支援を展開していたわけではない。「性的ハラスメント」の問題よりも、病院から500メートルほどの場所とはいえ「身寄りのない長期入院患者の単身アパート退院」をデイケアスタッフとともに支えることが中心的な関心であった。しかし現在に至るまでこの女性への支援を思い出すたび、ジェンダーの問題が色濃く存在したことを反省とともに考えさせられている。

彼女は、生まれ育った家族が父親の事業の失敗で経済苦を背負い、母親ときょうだいが入院中に亡くなり、若い女性ゆえに病棟で患者間の性的ハラスメントに似た苦い経験をし、退院してからも唯一の頼りであった親族からの性的ハラスメントに傷つくという彼女の一連の経験は、「ジェンダー・センシティブ」の視点から理解すると、統合失調症という病いを抱えることに加えて「庇護されない（家族のない）若い女性」であるという点にその困難の実相がみえてくるのである。当時の筆者は、その点に対する理解と行動がなかったと吐露しなくてはならない。

「ジェンダー・センシティビティ・チェック」の4つの文脈から考えてみよう。

まず、①利用者の置かれている文脈である。この女性や家族のジェンダーやセクシュアリティの規範はドミナントなものだったといえる。家庭内で強い権限をもっていた父親に対して、母親は慈悲深くこの女性を含む子どもを育てている。女性自身は高校卒業後、進学を希望したが女性であることと経済的な問題から許されず、就職して数年後に恋愛妄想により発病した。意図しない形で長期入院となり、その後退院してずいぶんたってもその間ずっと彼女には「好きな人」がいる。対象は時に変化するのだが「恋愛」や「結婚」を意識することが女性にとって生きるために必要だった。「いつか結婚して生活保護からはずれ安定した暮らしを」というのが女性の希望であった。

②問題の生じている文脈はどうだろうか。精神病をもって生きること、家族が不在であること、単身で地域生活を送ることに関して、いずれも「女性」であることが経験をより厳しい方向へと向けてきたことは確かである。つまり、この女性を「保護」する人がいないということが性的ハラスメントを引き寄せ、退院を難しくさせてきた（結果として長期入院）のである。

③支援者の置かれている文脈についてはどうだろうか。前述したように訪問支援をしていた筆者を含み、病院職員には「かわいそうな身寄りのない女性」という認識が暗黙のうちに共有されていたといえる。だからこそ、「チームを組んで退院を支えよう」という方向性が共有されたのである。当時、ジェンダーの意識をある程度持っていたのは女性の主治医とカウンセラーだったのかもしれないがそれが明確に語られることはなかった。しかし思い返せば、主治医、カウンセラー、親しくサポートした看護師、筆者いずれも女性であった。複数の困難を有するこの女性がひとりで地域生活していくことの難しさや大変さを感じての通常業務を超えた行動だったといえるかもしれない。

最後に、④支援におけるエンパワメントの方向性である。「ジェンダー・センシティブ」な観点から支援を構想するとすれば、利用可能な社会資源を活用することはもちろんのことであるが、「女性」の立場にあることで被害や抑圧に遭いやすいことを本人と共有し、積極的にアドボカシーを意識した支援を展開する必要があるだろう。過去を思い出してみれば、アパートを借りる際に身寄りのない女性の若い精神病患者であることが保証人問題でより困難さを増したし、関係者からの生活面での非難「生活保護なのにおしゃれをしている」といった言葉が本人を戸惑わせ苦しめた問題や、異性の病友からのしつこいアプローチなど、いずれもジェンダーの問題が関係している。そのような場合に、重要なサポートはピア支援とアドボカシーである。ピア支援を広げていくような開かれた支援とアドボカシー機能をもった支援が両輪で必要となるだろう。

フェミニストソーシャルワークの理論を長らくけん引してきたドミネリ（Lena Dominelli）は、著書で「実践に有効なフェミニストの原則と、真のソーシャルワークとは次のようなものである」と述べ12の原則を示している（Dominelli＝2015）。筆者なりにそれらの原則が意味することの共通点を整理分類し、主要な原則をまとめたものが以下である。

- 女性の多様性を認識する
- 女性の力を尊重する
- 特定の女性集団を特別扱いすることを排除する
- 女性に独自のニーズや問題解決の声を発する場を提供する
- 「個人的なことは政治的なことである」という原則は実践のマクロ、メゾ、ミクロのそれぞれのレベルに関係することを認識する

・すべての人間は人生のどんな場でも他者と相互交流している。女性のニーズにしっかりと向かいあう

これらをみると必ずしも、「女性」独自のソーシャルワーク支援が別個にあるわけではない。通常のソーシャルワークの理論や技法がここでも有用である。繰り返して述べるように、ジェンダーをはじめとするさまざまな社会的カテゴリーの抑圧性を理解したうえで、ミクロ・メゾ・マクロへの広がりをもった協働のエンパワメント実践が必要とされているのである。そして、そのなかに「女性」カテゴリーの抑圧状況を個々の人の中にとらえて支援していくことになる。

（3）支援／支援者による排除の問題に気づく

事例の2人の女性は、上記したようにさまざまな困難に直面していたが、実際にはその人生をたくましく生きていくスキルやいくつかの重要な資源を持ち合わせていた。「不幸な」、「かわいそうな」「弱い」、「被害者」という形容詞は似合わない。むしろ、身につけた生き延びるスキルや重要な資源――例えば、人によって対応を変える、男性に依存する、言い訳や不満や文句を言う、買い物でストレス発散するなど――は、支援者からすると「やっかいな」、「困った」、「こりない」と思わせるような一面を含んでいた。

母子支援の事例ではそれが際立っており、当初「不幸でかわいそうな」女性であることによって支援者の「救世的使命感」（横山 2008）が鼓舞されるのだが、容易ならざる支援経過のなかで「やっか

いで困った」女性だと理解されはじめると、全体として規範による排除に向かいやすいということも経験した。

しかし、「ジェンダー・センシティブ」の視点からよく考えてみると、社会構造的な問題から発生する女性の生きにくさが根底にあることに加え、そこで生き延びるための個人のスキルや資源が支援者から否定されるということで、二重の排除以外の何ものでもないことに気づく。だとすれば、「救世的使命感」でもなく「規範による排除」でもなく、いかにして目の前の「困った女性」としてラベリングされた理解の枠組みを、社会構造による抑圧の問題として読み解き、「ジェンダー・センシティブ」の視点からアセスメントを拡張し、ピア支援とアドボカシーでエンパワメントしていけるかが最も重要だと考えるに至ったのである。

そもそも、ソーシャルワークが基本構造として有している利用者理解、援助観、そして社会福祉制度サービスが有する法理念には、すべてある種の価値・規範が疑われることなく潜在している。しかし、その価値・規範の延長線上に、ある種の人々を苦しめている現実があるという可能性も忘れずにいたい。本章でいえば、母親役割の遂行を応援する一方で、母親役割（規範）がその女性を追い詰めているという可能性を考えること、しかし同時に当の本人は母親役割の遂行によって生き延びているという現実をどう支援するかという両方を視野におさめつつ、支援するということである。そのような実践には、「母親／女性」たちの生きている「生活／世界」の構造を問い返す視点、率直な対話、一緒に試行錯誤すること（エンパワメント）が顕著にあらわれるものとなるだろう。

本章では、主に女性が置かれている社会的状況をジェンダーの視点から追求しているが、このような支援者による排除――もちろん支援者にそう意識されてはいない――の実態は、「困った女性」に限らず、「主張の多い障害者」、「かわいくない子ども」、「聞き分けの悪い高齢者」などあらゆる現場で日々生じうる援助関係上の問題と通じるのではないだろうか。障害者、子ども、高齢者などについての支援者や社会によって共有される対象認識論、それにともなう規範と制度のあり方とパワー構造にセンシティブになる必要があるといえるだろう。

（4）ソーシャルワークに付きまとう影とソーシャルワーク研究の課題

あらゆる社会システムにはジェンダーによる〈分類〉が深く根づいている。つまり、社会福祉制度／ソーシャルワークにも例外なく近代家族の家族規範や母親規範、ジェンダー規範を前提としたジェンダー不平等が内包されている。

いうまでもないが、ソーシャルワーク実践において個々のソーシャルワーカーは利用者や家族の意思を汲みながら葛藤しつつ寄り添うのが大勢だろうし、決して教育社会学者の石飛和彦（2009）が巨視的に分析したように個人や家族の「管理」を目的に関わっているわけではない。[*3] しかし、社会福祉制度やソーシャルワークそのものが内在している社会制度・社会規範への「適応」を求める支援（松倉 2001: 4）は、態度問題はどうあれ個別的でソフトな「管理」だとみる立場もあり、「ケアとコントロール」問題はソーシャルワークの誕生起源にまでさかのぼることができる問題でもある（Margolin ＝2003; Ferguson ＝2012）。

「ソーシャルワークに付きまとう影[*4]」とでもいうべきこの問題は、そのときどきの時代背景はありながらも常にパワーの問題である。そして、そのパワー構造は制度と規範により裏支えされている。ソーシャルワークが誕生当初から援助関係をことさら強調し、教育してきたのもこのことと無関係ではない。その「影」の一部をなすのがジェンダー規範や家族規範である。

前述したように社会福祉／ソーシャルワークにおいてジェンダーの問題は十分に議論されていない。しかし、これまで一部の研究者によって繰り返しジェンダー視点の不十分さが指摘されてきた（井上 1989; 杉本 1999; 杉本 2000; 吉田 2000; 須藤 2000; 大嶋 2010; 湯澤 2017a; 湯澤 2017b; 児島 2018）。肝心なことは、なぜそれがソーシャルワークにおいて周辺化されてきたのかである。ひとつは、三島亜紀子（2002）や児島亜紀子（2018）らが指摘するように、ソーシャルワークは近代社会の産物であり近代国家が前提とする自律した個人像や家族規範、ジェンダー規範と分かちがたい状況にあるゆえである。また社会福祉やソーシャルワークの研究者に女性が少数であったことも関係する。これらの結果として、吉田恭子（2000: 179）が指摘するように、ジェンダーはあらゆる局面に影響を与えているにもかかわらず、ジェンダーに由来する問題やニーズがそれ以外のニーズや問題よりも優先順位が低く扱われてきたということもあるだろう。これらについての議論は、ソーシャルワークの「なか」からのクリティカルな検討がさらに必要だろう。

そもそもジェンダー視点が希薄だということは、具体的な問題や事象について、社会構造の視点が希薄だということにつながる。ファーガスン（Ferguson＝2012: 232）は個人主義や市場化に伴ったソーシャルワークの変質に対し、ソーシャルワークが本来重視してきたものの復権「ソーシャルワークの復権」を４つ指摘した。①倫理的なものの復権、②関係性と過程の復権、③社会的なものの復権、そして④構造的なものの復権である。これらは現在の日本のソーシャルワークへの示唆としても有意味である。

日本の社会福祉の理論・思想に関する近年の研究概観から鶴野隆浩（2018: 103）は、社会福祉の本質論が衰退していることを指摘し「まず社会福祉の二面性を理解すること、社会構造をとらえる視座を持つこと、そして社会を捉え直すことによって社会構造を変える道筋をあきらかにすること」が必要だと述べている。社会システム全体（社会構造）を批判的にとらえる視点のなかにジェンダーを位置づけることとの必然性は論を待たないと思われる。

さらに、ソーシャルワークの理論研究の立場から中村和彦（2017: 40）も、「現状としてのソーシャルワーク側に、生活者一人ひとり、利用者一人ひとりを窮地に追い込む文脈や構造に鋭く切り込む視野や視点が不足しているように思えてならない」と述べ、「『課題認識の範型』としての実践モデル内容を再構成」したうえで「構造－批判モデル（structural-critical model）」とする新たなモデルを構想する。そして、それを「治療－矯正モデル」、「生活－エコシステムモデル」、「ストレングス－リジリエンスモデル」につぐ第4のモデルとしてジェネラリスト・ソーシャルワークの実践理論において上記のモデルを位置づける必要性を主張し、ジェンダー論にも注目している。

このような社会構造の視点に関しての難問は、「政治化（politics）」の問題を避けて通るわけにはいかないという点だろう。「政治化」にはミクロレベル－マクロレベル、制度レベル－規範レベルなど多用な意味あいが混在しており、ソーシャルワークの文脈で用語整理される必要がある。あわせてマクロ・ソーシャルワークとは何か、ソーシャルワーカーがマクロ実践を自らの実践活動としてどうイメージするのかを共有していくための概念整理や理論が求められる。

宮﨑理（2018: 48）は、ソーシャルワークの「非政治化」の問題をこのように指摘する。「ソーシャルワークの非政治化は、二つの異なる次元でおきている」。「一つは、ソーシャルワークの対象や扱う問題を社会構造の中で分析せず、もっぱら個人に焦点を当てがちであるという対象認識の次元」、「もう一つは、ソーシャルワークそのものを社会構造の中で分析せず、抑圧的な実践をしてしまう可能性を想定しないという自己認識の次元」だとし、単にソーシャルアクションが必要だという方法論的な帰結をさけるべきだと述べており、注目に値する。つまり、ジェンダーをはじめとする社会構造の視点をもつにあたり、ソーシャルワークの自己認識を問い直すことは表裏の関係なのである。

（5）ソーシャルワーカーへの問い

利用者に個々におこっている問題とその背景を社会構造のなかで理解するためには、前述したように構造化された脆弱性や差異に敏感なアンテナ（気づき）を持つこと、実践のなかで容易に答えの出ない問いを持ち続けること（省察）、あたりまえと考えている規範を所与のものとしてではなく修正可能性をもって利用者の視点から「ずらす」実践をすること、加えて私たちも利用者や家族と同じ社会に生きる構成員のひとりとしての「集合的責任」の方向性を模索すること――ソーシャルアクションはそのひとつである――が重要である。

筆者は過去に、精神科ソーシャルワーカーの援助観に関する質的研究で、「生活者としてのつながり認識」（横山 2008: 155）を重要概念として論じたことがある。利用者と同じ社会に生きるソーシャルワーカーとして、同じ生活者としてのつながりを意識し、協働するという「集合的責任」は、生活（Life）を支援する専門職の態度として欠かせない基点になると思われる。だからこそ、ワーカー自身の「生活のしづらさ」、「生きにくさ」にも開かれる必要があるだろうし、社会構造の視点からそれらを再定義して、利用者の経験や現実とのつながりにも意識を向ける必要があるだろう。

私たちソーシャルワーカーは「ケア（育児や介護）は本来家族が担うもの、さらにいえば女性が担うこと（ケア＝家族＝女性）」といった暗黙の理解でソーシャルワークを展開してはいないだろうか。また、ソーシャルワークとジェンダーといったテーマについて考えるにあたって「それは女性の問題、それも生育歴に問題のある家庭に育った女性の問題だから、自分の実践にはあまり関係がない」と考えていないだろうか。あるいは、ジェンダーの問題は「わかっている」、「気をつけている」と思っているソーシャルワーカーも、ジェンダーが個人の意識や性質の問題ではなく、あらゆる社会システムに影響をあたえつつ誰一人例外なくその現状から影響を受けていることや、自らが「構造化された無知」に陥っている可能性に留意しているだろうか。その意味で、ジェンダー化した社会のなかで生きるソーシャルワーカー自身もアセスメントの対象なのである。

おわりに

本章では、ソーシャルワーカーが家族を支援する際に陥りやすいジェンダー規範の抑圧構造を指摘し、社会構造的に抑圧されやすい立場を「女性」という性別に象徴させて論じてきた。そのうえで、特定の分野に閉ざされないジェネラリスト・ソーシャルワークの視点として、ソーシャルワーク実践の「ジェンダー・センシティブ」なアセスメントについて事例をもとに具体的に論じた。

繰り返すように、社会のさまざまなシステムや制度はジェンダー化されている。したがって、ソーシャルワークには利用者からは語られない構造的な抑圧を読み取り、そこに向けた〝Social〟な応答が求められているといえる。そのためには、社会構造をクリティカルにとらえる視点として実践のなかでジェンダーの視点を持ち、個人のLifeのなかに経験されているさまざまな差異と脆弱性への感度を高めることである。そして、真のエンパワメントと「集合的責任」において私たちがどのような行動をとるのかが試されているということである。

「ジェンダー・センシティブ」な実践の最大の特徴は、ジェンダーの視点からソーシャルワーカー自身も含めてアセスメントの対象とする点である。なぜなら、それがなければ利用者の「かき消されやすい声」に応答することは難しいからである。そして、その声のなかにある正当な要求に耳を傾けて、相対するドミナントな規範や立場、機能との複雑な関係性から逃げず、そのパラドックスのなかに仲間と立ち続け、対話から有益な実践を導くことに専門性や固有性が見出せるはずである。

そのためには、私たちソーシャルワーカーも自らの生／性を語るナラティブ・コミュニティが必要になるだろう。それは同じソーシャルワーカー同士かもしれず、援助関係を超えた「利用者」や地域の人との新しい関係性のなかにあるかもしれない。援助構造をも「越境」するエンパワメント実践に光があるように思えてならない。

注

＊1　ＬＧＢＴＱとは、レズビアン、ゲイ、バイセクシュアル、トランスジェンダーの頭文字と、そこには分類されないセクシュアル・マイノリティを表現したものである。

＊2　「制度化された無知」とは、イヴ・コゾフスキー・セジウィックの言葉として藤高和輝が述べた言葉である。藤高著『ジュディス・バトラー――生と哲学を賭けた闘い』（以文社、２０１８年）に関する合評会（北海道社会福祉学会北海道地域ブロック研究会）の発表資料より引用。

＊3　石飛（2009）は、近代国家における家族制度を論じるなかで「社会統制への関心が、19世紀末以来、ソーシャルワーカーという職業を登場」（pp.186）させたと指摘する。そして、支援のなかで「『家族』を調査し、面接相談を繰り返しながら再教育の方向へ導くこと、社会の周縁層に健康な生活を保障するために『家族』の能力がどのぐらい利用可能かを判定しながら、国家による公的援助との調整を行うこと、これらは、教育・司法・福祉・医療等々の諸システムの連動による『保護複合体』が『家族』をターゲットとし、『家族』を活用しながら、まさにソーシャル＝社会的なものをソフトに管理するやりかたを示しているだろう」（pp.186）と述べ、近代国家における制度化作用をするどく指摘している。

＊4　「ソーシャルワークに付きまとう影」とは、精神分析的な意味での転移・逆転移といった意味の「光と影」ではなく、ソーシャルワークあるいは社会福祉がその誕生当時から有する、制度化にともなう管理・統制機能のことを意味している。

邦文文献

石田ユミ「フェミニストカウンセリング――事例からみる視点」（乙部由子・山口佐和子・伊里タミ子編『社会福祉とジェンダー　杉本貴代栄先生退職記念論集』ミネルヴァ書房、２０１５年）

石飛和彦「『家族』をとらえなおす――システムの歯車としての『家族』ユニット」（浅川千尋・千原雅

代・石飛和彦著『家族とこころ――ジェンダーの視点から（改訂増補版）』世界思想社、２００９年）
井上清美『現代日本の母親規範と自己アイデンティティ』風間書房、２０１３年
井上摩耶子「社会福祉とフェミニズム思想」（『社会福祉実践の思想　嶋田啓一郎先生傘寿記念論文集』ミネルヴァ書房、１９８９年）
上野千鶴子「家族の臨界――ケアの分配公正をめぐって」（牟田和恵編『家族を超える社会学――新たな生の基盤を求めて』新曜社、２００９年）
江原由美子「見えにくい女性の貧困――非正規問題とジェンダー」（小杉礼子・宮本みち子編著『下層化する女性たち――労働と家庭からの排除と貧困』勁草書房、２０１５年）
大塩まゆみ「社会保障・社会福祉の家族観」（杉本貴代栄編著『ジェンダー・エシックスと社会福祉』ミネルヴァ書房、２０００年）
大嶋栄子「ジェンダーの視点からみる女性嗜癖者の回復過程――〝親密圏〟と〝身体〟に焦点をあてて」（『北星学園大学大学院論集』１、２０１０年）
加藤秀一『はじめてのジェンダー論』有斐閣ストゥディア、２０１７年
神原文子『子づれシングル――ひとり親家族の自立と社会的支援』明石書店、２０１０年
児島亜紀子「ソーシャルワークにおけるフェミニスト・アプローチの展開――ポストモダン的転回を経て」（『女性学研究』25、２０１８年）
流石智子「母子家庭の貧困化とその施策――ジェンダー視点からの一考察」（乙部由子・山口佐和子・伊里タミ子編著『社会福祉とジェンダー　杉本貴代栄先生退職記念論集』ミネルヴァ書房、２０１５年）
杉本貴代栄『ジェンダーで読む福祉社会』有斐閣選書、１９９９年
杉本貴代栄「社会福祉の困難――ジェンダー・エシックスをめぐって」（杉本貴代栄編著『ジェンダー・エシックスと社会福祉』ミネルヴァ書房、２０００年）
須藤八千代「社会福祉と女性観」（杉本貴代栄編著『ジェンダー・エシックスと社会福祉』ミネルヴァ書

房、２０００年）
須藤八千代『母子寮と母子生活支援施設のあいだ――女性と子どもを支援するソーシャルワーク実践』明石書店、２００７年
須藤八千代「『逸脱した母親』とソーシャルワーク――大阪2児置き去り死事件とフェミニズム」（乙部由子・山口佐和子・伊里タミ子編著『社会福祉とジェンダー　杉本貴代栄先生退職記念論集』ミネルヴァ書房、２０１５年）
千田有紀「ジェンダーをとらえなおす」（千田有紀・中西祐子・青山薫著『ジェンダー論をつかむ』有斐閣、２０１３年）
鶴野隆浩「２０１７年度学会回顧と展望　理論・思想部門」（『社会福祉学』59（3）、２０１８年）
中澤香織「シングルマザーの性別役割意識――貧困・低所得層への聞き取りから」（『教育福祉研究』15、２００９年）
中野冬美「女性の貧困をひもとく――ジェンダー不平等がまねく母子家庭の貧困」（『現代思想』49（15）、２０１２年）
中村和彦「ソーシャルワーク実践理論再構成への素描　『構造―批判モデル』の導入と養成教育における具体的展開を構想して」（『北星論集』54、２０１７年）
藤高和輝『ジュディス・バトラー――生と哲学を賭けた闘い』以文社、２０１８年
藤原千沙「母子世帯の貧困と学歴――　２０１１年調査からみえてきたもの」（『現代思想』49（15）、２０１２年）
マーティン、ジェーン＆バーバラ・ヒューストン「ジェンダーを考える」（双風舎編集部編、上野千鶴子・宮台真司・斎藤環・小谷真理ほか著『バックラッシュ！――なぜジェンダーフリーは叩かれたのか？』双風舎、２００６年）
松倉真理子「社会福祉実践における『他者』の問い――脱近代ソーシャルワーク議論の意味」（『社会福

祉学』42（1）、2001年）
三島亜紀子「社会福祉学における『主体』に関する一考察」（『ソーシャルワーク研究』28（1）、2002年）
宮﨑理「社会的に排除されるものとソーシャルワークの価値」（『ソーシャルワーク研究』44（3）、2018年）
宮地尚子編著『トラウマとジェンダー――臨床からの声』金剛出版、2004年
宮地尚子「総論　トラウマとジェンダーはいかに結びついているか」（宮地尚子編著『トラウマとジェンダー――臨床からの声』金剛出版、2004年）
牟田和恵『ジェンダー家族を超えて――近現代の生／性の政治とフェミニズム』新曜社、2006年
無藤清子「女性からみたジェンダー・センシティブ・サイコセラピー」（『精神療法』31（2）、2005年）
安田尚道・塚本成美『社会的排除と企業の役割――母子世帯問題の本質』同友館、2009年
湯澤直美「ひとり親世帯をめぐる分断の諸相」（庄司洋子編『シリーズ福祉社会学4　親密性の福祉社会学　ケアが織りなす関係』東京大学出版会、2013年）
湯澤直美「子どもの貧困対策の行方と家族主義の克服」（松本伊智朗編『「子どもの貧困」を問いなおす――家族・ジェンダーの視点から』法律文化社、2017年a）
湯澤直美「子どもの貧困対策からみた家族支援とジェンダー規範」（『ソーシャルワーク研究』43（1）、2017年b）
横山登志子『ソーシャルワーク感覚』弘文堂、2008年
横山登志子「生活困難を抱える母子家庭の母親理解に関する生成的実践――母親規範に回収されない理解」（『社会福祉学』56（1）、2015年）
横山登志子「複合的な生活困難を抱える母と子の支援　『ソーシャルワークと家族』再考を求めて」

（『ソーシャルワーク研究』43（4）、2018年）
吉田恭子「ソーシャルワーク実践におけるソーシャルワーク倫理の再検討」（杉本貴代栄編著『ジェンダー・エシックスと社会福祉』ミネルヴァ書房、2000年）

外国語文献

Butler, Judith. *Gender Trouble: Feminism and the Subversion of Identity, Routledge*, 1990.（『ジェンダートラブル——フェミニズムとアイデンティティの攪乱』竹村和子訳、青土社、1999年）
Dominelli, L. *Feminist Social Work Theory and Practice*, Palgrave Macmillan, 2002.（『フェミニストソーシャルワーク——福祉国家・グローバゼーション・脱専門職主義』須藤八千代訳、明石書店、2015年）
Ferguson, Iain. *Reclaiming social work: challenging neo-liberalism and promoting social justice*, 2007.（『ソーシャルワークの復権——新自由主義への挑戦と社会正義の確立』石倉康次・市井吉興監訳、クリエイツかもがわ、2012年）
Margolin, Leslie. *Under the Cover of Kindness: The Invention of Social Work*, 1997.（『ソーシャルワークの社会的構築——優しさの名のもとに』中河伸俊・上野加代子・足立佳美訳、明石書店、2003年）

2　女性福祉からフェミニストソーシャルワークへ
——バトラー以後に向けて

須藤八千代

はじめに

近年、フェミニズムやジェンダーが新たな局面を見せて人々の意識に上ってきた。「#ＭｅＴｏｏ運動」のようなわかりやすい形で女性からの異議申し立てがグローバルに進んでいる。ソーシャルワークもこの潮流を見過ごしてはならない。

本章は、日本の社会福祉学あるいはソーシャルワーク研究の領域で、フェミニズムやジェンダー概念がどのように取り込まれてきたのか、またこなかったのか、またジェンダー概念がどのように理解されていたのかを検証し、フェミニストソーシャルワークの道筋を示そうとするものである。

社会福祉学会の中に「女性福祉・ジェンダー」という分科会がある。「女性福祉」とされていた分野に、フェミニズムの立場から「ジェンダー」という概念を取り込み、両者を並存させて現在に至っている。

この「女性福祉・ジェンダー」というくくり方は、そのまま社会福祉学のフェミニズムとジェンダー概念の歴史的経過を示している。分科会名は1991年以前は「婦人福祉」、その後2004年までは「女性福祉」となり、それ以降「女性福祉・ジェンダー」に変わって現在まで続いている。*1

この流れは、社会福祉学とフェミニズム、ジェンダー研究のあり方を考える糸口になる。また他の人文科学と同様に社会福祉学にとっても鍵となるジェンダー概念が、ごく少数の研究者が集まる分科会に「ゲットー化」され放置され押し込まれている現状を示している。「女性研究者による女性問題研究」の印象が払しょくされずに現在に至っているといってよいだろう。

社会福祉学においてフェミニズムやジェンダー研究の成果は多くない。その少なさや取り上げる問題の狭さは、研究の質にも影響していく。そこでまず、分科会として併記されている「女性福祉」とフェミニズムの関わり方についてみておこう。

1　社会福祉学に登場する女性

(1)　売春婦として登場した女性

社会変革の運動であり思想であった女性解放運動は、社会福祉にも影響を与えてきた。それが婦人福祉であり女性福祉であった。フェミニズムという言葉に出会うずっと前に、日本の女性解放運動は、『青鞜』（1911年）の発刊に始まり、運動から婦人問題研究や女性史そして女性学まで学術的地位を確立してきた。婦人福祉（女性福祉）もこの潮流に正しく繋がるものである。

性差別や女性の抱える不利益に目を向けた「婦人問題」に社会福祉の領域から実践的にかかわる「婦人福祉」が生まれ、それが「婦人とは夫のいる女性を指している」（井上輝子）という理由で、女性全てを対象とする女性学に倣って、「女性福祉」へと言い換えられてきた。

このような研究と実践に分岐する流れは、ちょうどシカゴ社会学が目の前の現実に身を投じて実践を中心にしたソーシャルワークと、社会学、社会理論、女性学など学問研究に分かれていったという歴史に似ている。ロバート・フェリスは1920年代のシカゴ社会学から神学やソーシャルワークが生まれたことを「離婚夫婦」にたとえている（須藤 2007: 31）。多くの女性は自分の経験から差別や抑圧を知っており、そこからの解放を望んでいただろう。それにどのような名前がついているかは別にして、女性解放の思想は広く近代の女性に浸透し世界に広がった。

イギリスそしてアメリカの歴史にみるように、ソーシャルワークはその創設から女性の存在が刻まれた領域である。ソーシャルワークを学んだ人ならメアリー・リッチモンド、ジェーン・アダムスの名前を知らない人はない。そこにあらかじめフェミニズムという思想が主張されていたわけではないにしても、ソーシャルワークが女性によって切り拓かれた仕事であるということにためらいはない。

アメリカの専門誌『Social Work』の1986年31巻3号でB・G・コリンズは、「ソーシャルワークはその本質においてフェミニストである」と言い切っている（須藤 2004）。

では日本のソーシャルワークの中で、女性はどのように立ち現れたのだろうか。1967年に出された日本社会事業大学編『戦後日本の社会事業』（勁草書房）のなかに五味百合子の論文「売春問題の展開」がある。この本は戦後、連合国軍最高司令部によって「本格的なソシャ《ママ》ル・ワーカー養成」をめざした「日本社会事業学校」が大学に再編されて20年を経過した記念として出版したと記されている。その「第5篇　身障・医療・婦人・社会教育」の論文のなかに「婦人」は現れている。

その10年前の1956年に「売春防止法」が成立し、婦人相談所、婦人相談員、補導院等も設置された。五味はこのような婦人保護事業の領域を「婦人の福祉」という研究領域とした先駆的な研究者である。

この論文はたんに売春問題を女性個人の問題として考えるのではなく、農村や都市の貧困という「経済的社会的支配の関係」や、「転落過程における戦後日本の特徴的な社会心理的要因」などから分析し、理論的にはエンゲルス、ベーベル、アウグスティヌスなどの思想的源流も示している。第一波フェミニズムの「女性の人権、女性の解放」を理論的支柱にした精緻な構成の論文である。

またソーシャルワークの実践からみれば、事実はもっと先行している。思想や理論以前に岩永マキのような修道女たちは、目の前の厳しい現実を黙ってみていられないと救済事業に身を投じている。明治の初期からすでに、母子寮（母子生活支援施設）や婦人保護施設の先駆的な実践は行われてきたのである（福島2004：須藤2010：須藤・宮本2013）。女性に関わるソーシャルワークの経験は、理論に先立って昔から社会の片隅で積み重ねられてきた。そして戦後のソーシャルワーク研究の文献の中に、しっかりと場所を確保した。

この後、五味百合子の「婦人福祉論」講義は林千代によって「女性福祉論」として引き継がれ、社会福祉学における女性問題研究は今日まで続いてきた。ただ社会福祉が学として大きく発展してきた流れの中で刊行された1993年の『現代福祉学レキシコン』(雄山閣出版)を見ると、その分野区分に「婦人福祉(女性福祉)」はない。「関連する項目」として「婦人保護」、「女性(婦人)解放運動」、「婦人問題」、「婦人相談」などがあるが、それらは「児童・家庭福祉」の中に入っている。「国際福祉」、「司法福祉」という分野はあっても、「女性福祉」は分野として認知されていないのである。

五味の論文から30年たった90年代に、社会福祉学に現れる女性はむしろ後退して「児童・家庭福祉」の中に入ってしまったといえよう。

これは女性とは家庭に包摂された存在である、すなわち妻であり母であるという理解にとどまっていることを示すものである。そしてそこからはみ出した女性を売春防止法の「要保護女子」として社会福祉の対象とした。このように社会福祉学は「家族は第一級の福祉集団である」という家族頼みの福祉すなわち家族福祉を社会福祉学の門番にして、家族から切り離された女性という個人や、フェミニズムの家父長制を通じた近代家族批判とも無縁なままに現在に至っている。

(2) 女性福祉の定義

日本で社会福祉学の女性研究が「売春問題」として登場したこと、あるいはフェミニズムが日本も含め世界的な広がりを見せた90年代においても、社会福祉学で女性が児童・家庭福祉の一部として取り上げられていた現実は、社会福祉の一分野として女性福祉が認知されるまでの時間を引き延ばした。それだけでなく女性福祉は売春防止法の婦人保護事業を上書きする枠組みから逃れることができなかった。

１９５６年売春防止法が制定され、その第四章に「婦人保護事業」が成立した。母子の場合は児童福祉法の母子寮（母子生活支援施設）があり、それ以外の女性を対象とする「婦人相談所」、「婦人相談員」、「婦人保護施設」などが、「厚生省」（厚生労働省）の所轄として設置された。

法律はあくまでも売春をする女性を処罰する刑事特別法であるが、「婦人保護事業」は女性の保護更生を目的としている。したがって「婦人保護事業は唯一女性を対象とした社会福祉事業であった」（林 2004: 16）、つまり「福祉」と受け止められた。*2 その結果、障害者福祉や児童福祉、高齢者福祉などと並ぶ社会福祉分野のひとつに女性福祉が名乗りを上げることができた。それによって福祉事務所の一隅に身を置き、女性の相談にのる婦人相談員の仕事が定着した。

ただそこで行われた婦人（女性）相談の内容の多くは当初から売春問題ではなく、夫の暴力や離婚、病や障害など女性を取り巻く様々な問題であり、それが婦人相談員の仕事であった。そのような実践が行われている一方で、女性福祉の理論は狭い枠組みのままであり続けた。

五味百合子から「婦人福祉論」を引き継いだ林千代は名称を「女性福祉論」と変えて、次のように定義している。「女性福祉とは、女性であるという性を理由に幾重にも重なって生活を脅かす差別をとらえ、支援策を検討しつつ人権の確立をめざすことである」（林 2004: 18）。また湯澤直美は女性福祉について「女性であるという属性であるがゆえに直面する性・セクシュアリティに関わる問題を中核にしながら、性差別の撤廃と対等かつ平等な関係性を基盤とした人権の確立を目指す活動の総称である」と述べている（湯澤 2001）。

この定義にはともに「女性であるという性」や「女性であるという属性」がもつ性・セクシュアリティを女性福祉の核心に置き、それに基づいて女性の「人権の確立」をめざそうとする構図がある。林はまた「女性の性は、妊娠し出産する性」であるが、もちろんそれは「生物学的にいえば」という意味ですべての女性が子どもを産むということや産むことが義務だというわけではないと弁明する。ただ、この生物学的性は「男と女の性による妊娠、出産は両性にとっての人間的な営み」であるがゆえに否定しがたい価値があり、売買春、性の商品化はその「人間性を麻痺させ失わせる」重大な問題になると説明する（林 2008: 190-191）。このように女性福祉の定義は女性の生物学的特性を踏み出すことはなく、生物学的特質と人権とを直線で繋げている。女性福祉の狭い枠組みは、「婦人の福祉」研究が売春問題であったという原点が大きく関わっているのである。

女性福祉はその始まりにおいてジレンマを抱えていたともいえよう。売春防止法が福祉の対象とした女性は「売春をする女性」と「その惧れがある要保護女子」であった。また婦人相談員は売春防止法という社会的、法的文脈に拘束され続けてきた。ジレンマとはこの法的設置規定と目の前の女性たちとのズレである。そのため法的根拠を盾に「自分は売春防止法で設置された婦人相談員だから離婚相談には乗らない」と追い返す場面に筆者は立ち会ったこともある。

その後、夫婦関係における暴力や離婚など女性問題として浮上する現実の問題を追いかけ「通達」によって婦人相談の対象者は拡大され現実に少しずつ近づいた。それでも女性福祉の理論は「女性固有の性」を手放してこなかった。それは婦人保護事業という業務の法的根拠であったからである。

ただ思い出してほしい。１９４９年にはすでにボーヴォワールは『第二の性』を「人は女として生まれるのではない。女になるのだ」という言葉で書き始めている。産む性をもって生まれるのが女性だという考え方を明確に否定した。そしてフェミニズムは、女性福祉が考える〝女性固有の性〟を早くから本質主義として批判してきた。女性福祉はこれらの理論的潮流を見過ごしてしまった。

またフェミニズムは「女性の人権」について、近代的な人権思想を基に女性解放を考えるリベラルフェミニズムをフェミニズムではないと厳しく批判してきた。なぜならこのような近代市民像こそが、女性を男性から区別し差別しジェンダー秩序を生みだしてきたからである。上野千鶴子は「フェミニズムは近代主義ではなく、近代批判として成立した」という（上野 2001: 308-309）。それを根拠に、リベラルフェミニズムは近代思想の一バージョンにすぎないとして、フェミニズムとの間に一線をひいている。

さらに第二波フェミニズム以降、〝女性〟を単純に1つの枠組みとしてとらえることができなくなった。今ソーシャルワークは、フェミニズムやジェンダーとの理論的関係を再構築して新しいステージに上らなくてはならないときに直面している。「女性の性」と「人権の確立」とを単純に1つのパッケージにする近代主義をどのように解体するかが理論的課題である。

（3）『社会福祉とフェミニズム』から『社会福祉のなかのジェンダー』へ

ここで、社会福祉におけるフェミニズムやジェンダーに関する研究を見ておこう。杉本貴代栄による『社会福祉とフェミニズム』（1993）は、翻訳ではなく日本の女性の経験としてのフェミニズム思想をまとめた『日本のフェミニズム』全7冊（1994 岩波書店）と、ほぼ同時期に出版された社会福祉における最初の成果であった。その後も社会福祉とフェミニズム、ジェンダーをつなげた本は、杉本を中心に出版されてきた（杉本 2000, 2004, 2012, 2015）。

一方アメリカではソーシャルワークに対するフェミニズムからの問題提起が70年代に始まり、80年代には専門誌『Social Work』がセクシズムをテーマにレイプや性的虐待、バタードウーマン、またソーシャルワーク機関における性差別など多様な問題を取り上げた論文を掲載している。先に紹介したコリンズ（Collins, G.B.）の「フェミニスト・ソーシャルワークを定義する」も1986年に同誌に掲載されている（須藤 2004b）。同年には『AFFILIA: Journal of Women and Social Work』という研究誌も創刊された（須藤 2002）。このアメリカの状況に杉本は強く刺激されている（杉本 1993）。

杉本は「社会福祉はその基本的関心をフェミニズムと共有している」（杉本 1993: 5）にもかかわらず、日本の社会福祉が婦人保護事業を柱とする女性福祉だけに女性問題を閉じ込めていることを批判し、「フェミニスト視点を持ったアプローチ――フェミニスト・パースペクティヴにより、社会福祉総体を捉え直そうという提案」をしたのである（杉本 1993: 14）。

ただこの『社会福祉とフェミニズム』に、ジェンダー概念は出てこない。ジェンダーの視点が登場したのは1997年の『社会福祉のなかのジェンダー――福祉の現場のフェミニスト実践を求めて』である。ここで杉本はジェンダー概念を江原由美子（「ジェンダーと社会理論」）に依拠して次の3つにまとめている。①セックスとは異なる性別の二元論的把握すなわち「生物的性別」に対する「社会的・文化的性別」、②これまで普遍的な知とされてきたものを脱構築するフェミニスト的世界観、③

性差に関する知、性別秩序としてとらえる理論的な分析視角、である。「ジェンダーの視点を持ち込む」とはこの③分析視角を意味する（杉本 1997:14 注）。

この本はすべて福祉の現場で実践している執筆者の論文で構成されており、婦人保護事業、高齢者福祉、家族福祉などに限定されていた「女性問題」を、貧困、障害、精神保健、保育、雇用、地域福祉などできる限り広く社会福祉の実践現場から拾い上げている。「社会福祉は女性の仕事」とされてきた歴史から読み込めば、まさに社会福祉のマクロからミクロまで、またあらゆる分野から女性を見出すことができる。

しかし杉本が説明するような「ジェンダーの視点を持ち込む」という内容には至っていない。研究者の間でもジェンダー研究は緒についたばかりであった時期に、研究者ではない現場のソーシャルワーカーがジェンダーの視点から書くという課題は難しすぎたからだ。また社会的・文化的性差といわれるジェンダーは、社会や文化のただなかで働くソーシャルワーカーにはかえって見えにくいともいえよう。そのために「ジェンダーの視点」を「女性の視点」ととらえることで、それぞれの現場から女性の視点で問題を提起することとなった。それでもアメリカの80年代に追いつこうと、これまで見落としてきた社会福祉のなかの幅広い女性問題が「見える」化されたのである。

その結果、フェミニスト実践としてドミネリ（Dominelli, L）やハンマー（Hammer,J）、スターザム（Statham, D）が提案した女性の経験を重視し、女性を中心に置いた実践や女性のための社会資源など、女性に焦点を定めた視点は集積された。

ジェンダーがフェミニズムの理論からもたらされたために、一般的には「女性の視点」と言ってきたことが、「ジェンダーの視点」という言葉と同義なのだと理解されたのもやむを得ない。またフェミニズムに批判的な立場からは「ジェンダーフリー」という言葉へのバッシングも生まれた。それだけでなく国の男女共同参画審議会の答申が「ジェンダーにとらわれない視点」から「社会的・文化的に形成された性別（ジェンダー）に敏感な視点の定着と深化」に修正されるなど、ジェンダー概念を巡る理解は揺れ動き続けた（杉本 1997: 14-15 注）。

杉本は２０１２年の論文「社会福祉政策とフェミニズム――ジェンダー視点をすえた政策研究の歩み」では、ジェンダーについて次のように語っている。「厳密にいえばジェンダーとは、性差の社会的影響を問題視する概念であり、フェミニズムと同義語ではないのだが、本論では『ジェンダーの視点』とは『フェミニズムの視点』と同義語として使用することを断っておきたい」（杉本 2012: 236）。

１９９７年の著書でジェンダー概念を「性差に関する知」あるいは「性別秩序」という分析視角と確認したにもかかわらず、なぜこのような立場に戻ったのだろうか。それについて前段で、１９９０年代後半から「フェミニズムの視点」がもつ政治性を排除し「ジェンダーの視点」が定着し行政でも使われるようになったという社会的な趨勢を理由に挙げている（杉本 2012: 235-236）。

残念だが社会福祉におけるジェンダー研究は、こうしたフェミニズムに対する社会的背景によって足止めされてしまった観がある。その一方で女性福祉はフェミニズム理論と距離を取って社会的バッシングを逃れたともいえよう。

林は『女性福祉とは何か――その必要性と提言』の中で、次のようなエピソードを紹介している。２０００年５月の社会福祉法改定の「参議院国民福祉委員会」で議員の「追求」に対し、住谷社会援護局長が「社会福祉は、たしかにジェンダーの視点を有していない」と答えたという記録である（林 2004: 18）。しかし、この本の中では「ジェンダーの視点」に関しては議員の質問とその回答の文言として出てくるだけである。林は「ジェンダーの視点」がないという指摘には関心を持たず、国会議員の大半は婦人保護事業を知らなかったという事実を示すにとどまっている。

2　ジェンダーとセクシュアリティ

（1）ジェンダーという視角

社会福祉から外に目を転じてみると、ジェンダー研究は大きく広がっている。ジェンダー研究を専門とする研究者も増え、「女性学」の授業は「ジェンダー論」とタイトルや内容を変えている。ジェンダーとは、元は「分類」を意味するラテン語であり、ヨーロッパ言語がもつ男性名詞、女性名詞、中性名詞という性別区分を指している。そのジェンダーという言葉はイギリスの社会学者アン・オークレーが、自身の著書『セックス、ジェンダー、社会』(Sex, Gender and Society, 1972) でセックスと対比し男女の差異を社会的・文化的に説明するとき使ったのが始まりといわれている。

そこからセックスを生物学的・生理学的性差、ジェンダーを社会的・文化的性差と二項対立的に説明する理論的枠組みが生まれた。上野千鶴子が「セックスは両足のあいだにありジェンダーは両耳の間にある」と即物的な明快さで説明し、一般の人々にもジェンダーという簡単な英語の言葉が浸透した。*3

このような言語的ルーツを持つジェンダーを、男性名詞、女性名詞という言語的区分を持たない日本語で言い換えるのは難しい。そのたびに社会的・文化的性差と学術的に説明するのは煩わしく、ジェンダーという英語のまま取り込まれ広く流布した。これは日本語化される外来語の特徴でもあるが、その結果この言葉を巡る様々な議論とこの概念を巡る不確かさが、現在までそのままになっている。

前述したように、それでも「女性」というとフェミニズム・イデオロギーに反発する人も、「ジェンダー」と言い換えると感情的な反応を抑え議論に加わった。言葉の学術的な装いが目の前の現実を乗り越える手段にもなった。しかしそれが女性すなわちジェンダーという単純で誤った語用を浸透させたともいえよう。それまで「女性の視点」と記述していた部分を「ジェンダーの視点」と言い換えたに過ぎないと考えられる場合もあったが、そのあやふやさも含めて日本でのジェンダー研究は進んでいった。

1999年の『ジェンダー』（『講座社会学』14巻、鎌田他）は、1960年代の後半のフェミニズム運動から生み出されたジェンダーという視角が、社会学、社会理論の「最前線の課題意識」になったと述べている。それは「女性の男性への従属、女性であるがゆえの社会的拘束と抑圧が、産む性としての生物学的基盤からストレートに説明されることに対するアンチテーゼ」であった。

社会を変革しようとするフェミニズムにとって、「生物学的性差の自明性」を乗り越えるためにジェンダー視角は極めて有効であった。ジェンダーは運動から生まれ科学的な方法論となった。すなわち「男女を切り離して扱わずに、ジェンダー関係として把握する方法的立場の重要性は、近年、先駆的問題提起を行う社会科学者における了解点となりつつあるように思われる」（鎌田他 1999: 7）としてジェンダーは社会科学の一概念と認められた。「『女性による女性のための』女性を対象とした女性学から、男女の相互に規定しあう権力的なジェンダー関係を多面的に問い直す、『男女による男女のための』ジェンダー研究への離陸」（鎌田他 1999: 11）を果たしたのである。

（2）社会福祉学とジェンダー

ただ社会福祉学はこのような「社会科学者における了解点」に立ち遅れてしまったといえよう。これまで見てきたように女性福祉は、生物学的特性としての「産む性」を2000年に入っても手離さなかった。ここに社会変革を標榜するソーシャルワーク実践という立場からみると極めて残念な理論的つまずきがある。

「産む性」を女性の人権と結びつけ女性保護をめざした結果、「社会に規定された性役割や慣習を変革可能なものとして位置づけず、むしろ性役割の分化を、普遍的な生物学的な要請に応えるための社会適応としてとらえた点に限界があった」（鎌田他 1999: 2-3）ということができる。

「一見科学的な装いをまとう生物学的決定論」から脱却できなかった女性福祉を社会福祉学会もそのまま受け入れ、「ジェンダー・女性福祉」という分科会の括り方になっている。またジェンダー研究の了解に至らなかった歴史的理由は、女性福祉が売春問題から始まりそのソーシャルワークも売春防止法に基づく婦人保護事業だったからである。

いうなればいかに売春する女性、その惧れのある問題ある女性を社会の性役割や慣習に適応するように更生させるかという立場から進められた「福祉」なのである。フェミニズムやジェンダーという社会変革の理論が入る余地はなかったのである。

歴史学のジェーン・W・スコットは、女性史研究が女性の問題だけを取り上げ、それまでの男性中心の歴史学を補充するだけの「特殊で周縁的な対象」にとどまっていると批判し「ジェンダー間の関係性」に目を向ける研究を提起する。鎌田らはこのスコットの提起を受けて、ジェンダー視角からジェンダー関係の視角に進むべきだとさらなる課題を示した（鎌田他 1999: 7）。

実際、先に紹介した『社会福祉のなかのジェンダー――福祉の現場のフェミニスト実践を求めて』（1997）には、これまで女性福祉では取り上げなかった幅広い領域が登場する。そして貧困問題、相談事業、障害、医療、高齢者、ボランティアなどどんなフィールドにも女性の問題があることを明らかにした。ただジェンダーとは女性を指しているという理解によって、「女性と貧困」、「女性と家族支援」、「女性と高齢者問題」というようにテーマを女性に結びつけることにとどまっている。

スコットが批判する歴史学における女性史と同様に、これまでの社会福祉学において欠落していた女性の存在を、「補充」し付け加えることになっているといえよう。ジェンダーとは女性を意味し、ジェンダーについて考えることは女性問題を研究することという認識がもたらす限界である。スコットによれば、日本と同じように英語圏でもジェンダーが女性と同義語であったり、フェミニズムへの反発を和らげる言葉であったようだ（Scott＝1992）。

だからこそジェンダー研究の進展が求められた。ただ鎌田らが提起するジェンダー関係という女性の男性への、男性の女性への関係性を「社会構造全体とのかかわりにおいて実証的に分析する」ことは現時点においてどんな研究分野でも達成されていない。

いわんや社会福祉学でもジェンダー研究は足踏み状態である。「ジェンダー関係という視角を実証研究に生かし、使い込んでいく」（鎌田他 1999: 8）研究は、実証的であろうとすればするほどハードルが高い。しかし社会福祉学こそ実践的で実証的な領域であることを忘れてはならない。

（3）ジュディス・バトラーによる攪乱

杉本らによって社会福祉学にジェンダー概念が取り込まれたとはいえ、足踏みしている間にジェンダーはさらに前に進んだ。上野がジェンダー抜きでも答えはないがジェンダーだけでも答えられない、と私たちを突き放した。私たちはスコットがいうように、ジェンダーを性差に関する知と理解しながらその知を展開できず、女性の貧困やＤＶのようにこれまで見落としてきた女性に関係する研究を集積することに専念していた。

しかし、哲学者の藤高和輝は、ジェンダーはジュディス・バトラーの『『ジェンダー・トラブル』以前／以後』に分けられるという。それはこの本が「フェミニズムが拠って立つ基盤である『女』というアイデンティティを批判的に検討するテクスト」（藤高 2018: 126-127）だからである。フェミニズムはもちろん社会福祉学もバトラーを無視してジェンダーという言葉を使うことはできない。なぜならセックスとジェンダー、生物的性差と文化的性差、男性と女性など私たちが安住してきた知の二項対立の枠組みをいっぺんに崩したからである。

バトラーは「セックスとはジェンダーである」と言い切った。それを長くなるが以下に引用しておこう。

> セックスの自然な事実のように見えているものは、実はそれとは別の政治的、社会的な利害に寄与するために、さまざまな科学的言説上、作り上げられたものにすぎないのではないか。セックスの不変性に疑問を投げかけるとすれば、おそらく「セックス」と呼ばれるこの構築物こそ、ジェンダーと同様に、社会的に構築されたものである。（中略）ジェンダーは、それによってセックスそのものが確立されていく生産装置のことである。そうなると、セックスが自然に対応するように、ジェンダーが文化に対応するということにはならない。（Butler＝1999: 29）

バトラーは「女というカテゴリーを首尾一貫した安定した主体として構築することは、ジェンダー関係を無意識に規定し、物象化してしまうことにならないか。それにそのような物象化は、フェミニズムの目標とはまるで正反対のものではなかろうか」と問題提起したのだ（Butler＝1999: 25）。さらに畳みかけて「何が『女』というカテゴリーを構築しているのか、あるいは構築すべきか」と問い詰める。

このように私たちを困惑させておいてバトラーは「政治的文化的交錯」からジェンダーだけを分離することはできないという。ジェンダーだけを抜き出した議論など意味がないともいうのだ。人種、階級、民族、性、地域などその複雑さはどこまでも増幅する。そもそも男性というセックスを精神に、女性というセックスを身体に結び付けてきたジェンダーという装置が、精神を上位に身体を下位にみる、すなわち男性と女性の権力関係を生み続けている。だからセックスはジェンダーなのである。ただ、このようなバトラーのセックスとジェンダーについての議論を読むとき、欠落させてはならないのは「女性」が異性愛者であるというフェミニズムの思い込みへの批判という核心である。

女性福祉論で繰り返されてきた「産む性」、「女性の属性としての性」という女性の身体性への価値づけも異性愛を自明視したジェンダー論の罠であり、「産む性」を否定できないがゆえに女性と身体性の一体化は一層強化されてしまった。身体に縛りつけられることによって権力関係に縛られる。ただし女性は被害者であるとともに、このジェンダー秩序をもたらす張本人でもある。バトラーは次のようにもいう。

> ジェンダーは結局、パーフォーマティヴなものである。つまり、そういう風に語られたアイデンティティを構築していくものである。この意味でジェンダーはつねに「おこなうこと」であるが、しかしその行為は、行為のまえに存在すると考えられる主体によっておこなわれるものではない。（Butler =1999: 58）

女性福祉が女性を「産む性」と定義し身体性に縛りつけ、結果として女性の従属性をパーフォーマティヴに構築してきたことに気づかなければならない。たとえば女性から夫のＤＶや離婚についてソーシャルワーカーが相談を受けるとき、福祉という「強制的な制度のなかで存続《サバイバル》していくための戦略」（Butler＝1999: 245）を提案する。そこでジェンダーは「おこなわれる」のである。

江原由美子はジェンダーを社会理論家の定義概念にとどめておくのではジェンダー再生産の同義反復だけに終わると警告する（江原 2001: 400）。「ジェンダー秩序」、「ジェンダー支配」をもたらす現実への何らかの行為こそ意味がある。ソーシャルワークは理論の前に、このような現実に向けた行為なのである。

（4）「セクシュアリティの危機」という後退

女性福祉も社会の変化を見つめ「多様な問題を抱える女性たちを社会福祉の対象」にすることを目指していた。堀千鶴子は婦人保護事業の「新たな座標軸」として次のように述べている。「セクシュアリティの危機という視点から婦人保護事業利用者を把握することも、売防法五〇年といった地点に立つ、一つの到達点である」（堀 2008: 168）。

これまで売春問題を起点に女性の性（産む性）がもたらす問題に焦点をあててきた女性福祉が「セクシュアリティの危機に直面する女性」というとき、セクシュアリティとその危機はどのように理解されているのだろうか。

フーコー以来、セクシュアリティ概念が人文科学のキーワードになったが、これについてもフェミニストから「ジェンダーブラインドだ」という批判がある。竹村和子は「フーコーの理論自身にそれを誘導する要素」があり、「セクシュアリティ研究がジェンダー・バイアスについて無感覚であった」という（竹村 2001: 168-169）。セクシュアリティは「性器中心的な異性愛主義から離れて、身体のエロス的多様性」（『岩波女性学辞典』）と定義されたり、「欲望を創造し、組織し、表現し、方向づける社会的プロセス」（『現代フェミニズム思想辞典』）なども説明される極めて多義的であいまいな概念である。このような説明から考えると、「セクシュアリティの危機に直面する女性」はいっそう理解しにくい。

フーコーのセクシュアリティは日本語では「性的欲望《セクシュアリテ》」と訳されている。そしてこの「性的欲望《セクシュアリテ》の装置」こそ婚姻関係と家族の装置なのだとフーコーはいう。「すなわち、家族が十八世紀以降、情動と感情と愛情の唯一可能な場となったこと。性的欲望《セクシュアリテ》はその開花の特権的な点を家族に置くようになったこと」によって、「家族空間の情動的強度化＝濃密化」がすすみ、その結果、「この装置によって罠を仕掛けられた家族」が医師や教育者や精神分析家、司祭や牧師など「専門家」に向かって、「己が性的苦しみの長い長い訴えを投げる」ことになった（Foucault＝1986: 139-142）。人びとは家族の呪縛にとらわれて相談をもちこみ、専門家もこの装置を守ることを第一に考えた。「専門家」としてソーシャルワーカーも家族を第一に考え、聞き続けてきたのである。

実際には売春防止法が成立し婦人相談員の前に現れたのは売春婦ではなく、夫婦関係や親子関係の問題を訴える女性たちであったと前に述べた。しかしセクシュアリティの装置である家族を第一義的な福祉と考えるソーシャルワークは、「配偶者からの暴力の防止及び被害者の保護等に関する法律」（DV〈ドメスティック・バイオレンス〉防止法）が成立し夫婦関係に介入することが公的に認められるまで、女性への暴力、女性の性的苦しみに向き合ってこなかった。

反対にソーシャルワークは「近代家族」というセクシュアリティの装置を守ることを、自らの役割としてきたのである。「セクシュアリティの危機」ではなく「セクシュアリティの装置の危機」に立ち向かってきたのである。また堀がいう「セクシュアリティの危機」とは「妊娠・出産・性的暴力、売買春などセクシュアリティに関するトラブル」を指している（堀 2008: 168）。すなわちここでいうセクシュアリティは性《セックス》なのである。

フーコーは「女性の身体は、隅から隅まで性的欲望《セクシュアリテ》が充満した身体として分析され、つまり評価し貶められた」という（Foucault＝1986: 133-134）。女性がセクシュアリティによって抑圧され苦しめられたと考えているのである。それにもかかわらず、ソーシャルワークは「性のすべてをその生殖的機能に」また「異性愛的」に、「結婚によるその正当性に還元」してきた。

セクシュアリティがこのように性器中心的なものではないとすると、まさにセクシュアリティもまたジェンダーである。婦人を女性に、女性をジェンダーに置き換えたと同様に、「売防法五〇年の到達点」に「セクシュアリティの危機にある女性」と女性福祉の対象を定義し、それを「妊娠・出産、性的暴力などのトラブル」というとき、性器中心主義へ後退することになる。

バトラーからすでに「女というカテゴリーを何の疑問も持たずに引きあいに出す姿勢」は、「フェミニズムの可能性をあらかじめ閉じてしまう」という重要な警告を受けている。それにもかかわらず「セクシュアリティの危機に直面する女性」というとき、理論的に最初の場所に戻ってしまうのである。

セクシュアリティとは女性がもつ所与の本質ではないこと、セックスはセクシュアリティの本質ではないという了解点に立たなければならない（藤高 2018: 134）。バトラーはフーコーを引いて、セクシュアリティとは「権力関係を永続化させる戦略として誤称された『セックス』を生産するものだ」と書いている（Butler＝1990:174）。言い換えればセクシュアリティとはセックスとともに、女性を苦しめ、貶める社会的プロセスといえるだろう。

このようなセクシュアリティについての誤った理解に、慎改康之は「セクシュアリティそのものに対して戦いを挑むことが必要になるだろう」という。以下がその戦いである。

特定の性的欲望を抑圧から解放しようとするのではなく、自分自身のなかに組み込まれたセクシュアリティから自らを解放しようとすること、一つのセクシュアリティに縛りつけられること、一つの自己同一性のなかに閉じ込められることを、徹底して拒絶すること。要するに問題は、個人を一つの真理ないし一つの魂に繋ぎ止めつつ支配を強化するものとしての「従属化」の権力に抗うことなのだ。（慎改 2019: 147）

このように考えると、セクシュアリティの本質を性ととらえ「セクシュアリティの危機」という視点は、女性に対して「従属化」の権力となりうるリスクをはらむことになる。

ソーシャルワークはいかに女性をあるいは男性を、セクシュアリティの装置から救い出すかという新たな戦略を議論していかなくてはならない。

3　ソーシャルワークのポストモダン的転回

（1）フェミニスト・アプローチとドメスティック・バイオレンス

フーコーやバトラーを読み進めていくと、ソーシャルワークのポストモダン的転回の必然性が見えてくる。その一つがフェミニスト・アプローチである。ソーシャルワークは単なる理論的知にとどまらず「餓え、読み書きができず、公民権が剥奪され、殴られ、レイプされた女たち」すなわち「現実の女の現実の境遇」に関わっていく実践の学である（Salih＝2005: 249-250）。

児島亜紀子は論文「ソーシャルワークにおけるフェミニスト・アプローチ――ポストモダン的転回」の中で、フーコーやバトラーによるポストモダン的転回を受け入れた後でも、ソーシャルワークは価値や道徳の普遍性を手放すことはできないという。

ここで児島はフェミニスト・アプローチに立ちふさがる大きな課題を示す。すなわち女性をどのような存在として見るのか、男性・女性の二項対立をどのように脱却するのか、女性に「特殊な」ニーズはあるのか、等である。そして「男性を巻き込んだ」介入理論と実践を求める（児島 2018: 47）。

ピエール・ブルデューはジェンダー論をあつかった唯一の著書『男性支配』（Bourdieu＝2017）で、歴史の中で「自然なもの（当然なもの）」になった強固なジェンダー二元論からの脱却は容易ではない、と述べている。したがってその変革を考えることは、理論として可能でも、ソーシャルワークの実践として簡単に実現するとは思えない。実践の学といわれるソーシャルワークは、このように理論と実践の厳しい隘路《あいろ》に立つ。しかし目のまえにある現実に目を凝らしてみれば、見えてくるものがある。

たとえば女性問題として大きくクローズアップされたドメスティック・バイオレンス（DV）は、1995年北京での世界女性会議以降、グローバルに共有化されたテーマである。日本でも2001年のDV防止法によって夫婦間の暴力は私的なことではなく公的な問題とされた。法律は男性・女性ではなく「配偶者からの暴力」と表記されているが、「前文」において「女性に対する暴力」と書いてこの問題の現実を明らかにした。配偶者という身分は「婚姻によって取得し婚姻の解消によって失う」（『広辞苑』）ものだが、DV防止法は配偶者でなくても親密な関係にある男女間の暴力を対象としている。

暴力の被害者の多くは女性で男性が加害者という現実こそ、この問題の前提であった。社会における男性の優位性は現在も変わらないからだ。そしてこの法律によって女性は個人的な事実を外に持ち出すことができるようになった。また男性から女性への暴力、被害者と加害者という構図をはっきりとさせることによって、それまで介入できなかった問題解決を進めた。DV防止法にも婦人相談員の役割が明記され全国的に民間シェルターの開設も進んだ。

ただその一方でこの問題への介入は、被害者である女性を「なぜ逃げない」、「なぜ離婚しない」、「なぜシェルターに入らない」、「なぜ自立しない」と批判し追い立てることになった。このようにソーシャルワークは女性に対して権力作用として表れていく。

今、法律の制定から20年近くが経過しDVに関するソーシャルワークは一巡したという現場の声が聞かれる。それはこのような分離し保護する直線的なソーシャルワークの限界が見えてきたからである。各地にできた民間シェルターの利用も低調のようだ。それは暴力被害から逃れるには逃げるが勝ちだ、というような短兵急なソーシャルワークを女性たちが拒否しているからだと考えることができるのではないだろうか。

女性はたとえ被害者であっても、保護や避難、離婚だけが解決策とは考えない。被害者として保護されるだけの対応に納得しない。被害者である女性や子どもが、すべてを手放してシェルターに一時保護され、母子生活支援施設や婦人保護施設に入りあるいは遠隔地に転居し、生活保護を受け仕事を探して自立に向けて進むという単純な支援プランに不安や疑問を抱え、また反発している。

しかし被害者である女性が暴力的な関係から逃れるためには、このような直線的なプランを受け入れる決意が求められる。シェルターから母子生活支援施設に入った女性は「問題のある女性として調査されているような面接を受け、施設に入った以上規則に従いなさいという指示を与えられ、あなたに問題があるから変な男に引っかかるのだというニュアンスを伝えられ、名前でなく何号室の方と呼ばれた」と、管理された施設生活の不安と孤独を語っている（須藤 2018）。このプランを受け入れる決断ができない女性は困った人であり、相談した挙句、躊躇って家に戻る人はもっとダメな人だと言われてしまう。その挙句に女性からの訴えは大した暴力ではないと結論づけられる。筆者はＤＶ問題に関する研修会の場で行政職員からこういう意見を聞くことがあった。

（2）男性を巻き込んだ介入

一方男性は自分のパワーに無自覚で、攻撃的で暴力的かつ抑制できない性欲を持つと本質主義的に捉えられている。男性自身もそのようなジェンダー認識に従って生きてきた結果として暴力の加害者になる。DVの電話相談でしばしば夫の暴力的行為について「治るのでしょうか」と言われることがある。なぜ「治る、治らない」という言葉が発せられるのだろうか。そこには暴力がない関係に戻りたいという一縷の望みが込められているだけでなく、暴力的行為が男性の生物学的本質からくる病理現象と理解されているからである。しかし、DVこそジェンダー秩序やセクシュアリティの装置にからめとられた男性の姿と考えることができよう。

宮本節子は男性に次のように語りかける。「男性は本質的に暴力的で放埓な性を持つと見なされてしまうことに自身のセクシュアリティへの侮蔑を感じないのか。これらの情報の受け手は男性に絞られていることを思えば、性情報の野放図な氾濫は女性の問題であるだけでなく男性の尊厳の問題でもあるのではないか」（宮本 2010: 8）。

これまで男性は働いて収入を得ることができるから、経済的に優位で保護の対象、福祉の対象者とはならないとソーシャルワークから排除されてきた。そのため母子世帯に比べて父子世帯の研究は数えるほどしかない。

また筆者が6年働いた横浜の日雇い労働者の街「寿地区」は、労働者、労働力と一面化されて生きてきた男性が最終的に辿りつく簡易宿泊《ドヤ》街だった。働くためにアルコールや薬物に依存し、その結果、病気になり老いた男性たちの無残な姿の「寄せ場」だった（須藤 2004）。

近年「男性相談」の開設が男女共同参画センターの相談室を中心に進められている。社会は男性に対し、自分の生きづらさや問題を自ら相談者として持ち込むよう求めたのである（川崎市男女共同参画センター 2017）。ただこの「男性相談」は男性の自殺予防を目的に開設された経緯を持つ。これはいかに男性が労働力として追い詰められ放置された存在であったかを示しているといえよう（市川 2016）。

その男性相談事業の相談員は男性であるべきだと考えられ、また公募し簡単な研修を受けただけの男性相談員の経験や専門性は浅い。一方売春防止法から始まった婦人相談員は、カウンセリングやセラピーという領域とも繋がり全国的な組織を持つ。また、男女共同参画センター相談室の女性相談も相談のシステムや方法に関して研究と実践を重ねてきている（須藤他 2016）。

それに対して男性相談は歴史の短さだけでなく、「男性の相談は男性にしかできない。セックスに関する話題が多いから、男性のそのような気持ちは男性でないと理解できない」という考え方がそのまま事業に反映されている。筆者が申し込んだ男性相談員研修会でも女性という理由で断られた。

同様に女性相談はほとんど女性の相談員によって行われている。女性の相談は女性でないと対応できない、男性相談員では受けとめられないと相談員も相談者も考えている。このジェンダー―秩序や本質主義の強固な思い込みは簡単には解体できないだろう。セックスはこのようにジェンダーによってつくられ続けているのである（須藤 2016）。

しかしじつは、相談事業についてはもう一つの前史がある。男女共同参画センターに女性のため相談室が開設される前まで、行政の窓口や地域の公民館などの相談窓口の多くは、元校長や退職公務員の男性が相談員を務めていた。そのような男性は社会経験が豊富で人格高潔とみなされていたのである。そこに女性が社会の価値観に苦しみ離婚相談などをすると、相談員は権威的にさらに社会常識を刷り込んで返すという相談の現実があった。筆者たちが90年代初めに立ち上げた「相談の女性学」研究会はこの現実から始まっていった（須藤他 2005: 6-8）。

（3）ポストモダン・フェミニズムとソーシャルワーク

日本のソーシャルワークに女性は売春婦として登場したと、冒頭、大胆に述べた。加えて「女性であるという性、妊娠出産する性」（林千代）や「女性であるという属性であるがゆえに直面する性・セクシュアリティ」（湯澤直美）など、女性福祉は本質主義の文脈に縛られたままの女性観を脱却できなかった。それは女性を性的対象、性的存在として価値づけ保護することが、女性の人権を守ることになるというドグマである。

それに対してレナ・ドミネリは、本質主義を脱却すればこれまでの「古典的」ソーシャルワークを乗り越えることができるとアドバイスする。そのためにポストモダン・フェミニズムをフェミニストソーシャルワークに取り込む（Dominelli =2015: 70-76）。なぜなら「ポストモダニズムの思想は、ソーシャルワーカーを無力化することなく、人間の固有性に応答することができるように力を貸してくれる」からである。また「差異をポジティヴに見る」ポストモダニズム概念も有効だと述べている（Dominelli =2015: 74-75）。そして次のようにもいう。

さらに近年のポストモダン・フェミニストたちは主体として活動する女性の能力について精緻な理解を打ち出した。それは女性たちは自分自身で運命を切りひらく能力があると解釈する一方で、同時に女性たちが自ら抑圧を再生産してしまうという認識である。（Dominelli =2015: 71）

一方、フェミニストソーシャルワークは個人のもつ個別性に焦点をあてるだけでなく、ポストモダニズムによるアイデンティティの分裂を避けるために集団同士の連帯を手放さない。「フェミニストソーシャルワーカーは、個々の場の特殊性に寄り添いながら、女性たちが分かち持つ共通性を検証し、女性たちの溝に橋を架ける」。そこには女性たちを「自分自身の未来を決定する力がある主体《エイジェント》」と認識するフェミニズム理論がある（Dominelli =2015: 26, 84）。

ドミネリは「ソーシャルワークの構図にジェンダーの視点を位置づける」ことによって、「女性を受け身の被害者にしてしまう」こと、「社会的にコントロールしてしまう」こと、「不適切な関係の中で身動きができない女性たちに重い感情的なペナルティーを加える」こと、「女性が将来を選択する権利までが否定されてしまう」ことをなくすことができると考えている。それがフェミニズムがソーシャルワークに働きかける力だというのである。ただドミネリはこのような考え方が言葉の上では大事にされてきたが、具体的に実践されたわけではなかったという（Dominelli =2015: 25-26, 74）。

同様に児島も「クライエント／利用者の主体化という重要な観念を掘り下げ、理論と実践にこれを十分生かすことができなかった」と述べている（児島2018）。

両者のコメントをうけて、主体《エイジェンシー》を育てるソーシャルワークの試みを3つ見ておこう。

（4）フェミニストソーシャルワークの実践

ソーシャルワーカーの宮本節子は2004年に「NPO法人人身取引被害者サポートセンター・ライトハウス」を、2009年「ポルノ被害と性暴力を考える会PAPS（ぱっぷす）」を設立した。そこには「アダルトビデオに出演させられた。助けて」という女性の声が届いた。女性は自分が性暴力の「被害者」とされることは拒否する（宮本2016）。自分から足を踏み入れたが、罠にはまってても困っていると訴える。だから自己責任、自業自得だとソーシャルワーカーから断罪されるだろうと考えている。その極めて危険な状況にいる女性からの相談に立ち向かうソーシャルワークは、相談する女性とそれに向かう支援者という二つのエイジェンシー（行為主体）の相互関係において成立する。PAPSの支援者は次のように語っている。

目の前の相手をどれだけ信じることができるか？　逆に、その人からの信用・信頼はどれだけか？　両者の立場に立った時、双方が同じ量で納得しあう大切さ。

相談者の「困った状況」の多くは一般社会からの「自己責任」「説明責任」を求める抑圧の下にあり、やり取りする作業もスムーズに進みません。淡く頼りないものになりがちな相談者との関係を、丁寧に手繰り寄せ、お互いの波長合わせを心掛けています。

誰にも言えなかった悩みを見ず知らずの支援団体に話してくれる相談者の勇気を無駄にしたくないのです。（NPO法人ぱっぷす『活動報告2017－2018』）

2つ目は児童自立支援施設の現場で向き合う高校生の少女と支援者の対話である。児童自立支援施設の性教育担当専門職のあかたちかこは、次のような会話を紹介する。


「あたしさ、高校辞めてガールズバーで働こうかな。どう思う?」

「なんでガールズバーなん?」

「だって給料高いやん」

「うーんまじか。いや、でも、えーっと。ちょっと話そうや」

「つまりわたしにはまだ早いって思ってるってことやんな?」


（あかた 2018: 226）

あかたは、どのようなアプローチが届きやすいかを、少女の口から飛び出す言葉にうろたえつつも見出そうとしている。少女たちが「家に帰らない」のか、「家に帰れない」のか、誰かに巻き込まれているのか、だまされているのか、自らの好奇心だけなのかを見極めなければ、次にかけるアプローチの言葉は出てこない。セックスワークと少女のとのつながりを、「何が原因で」とか「誰のせいで」と簡単に説明しようとすること自体に慎重な姿勢を持つ。

セックスワークについては、高校生よりさらに低年齢化しているといわれる。小学校高学年から中学生の時期は合法的に働く手段がほとんどない時期であるが、子どもはお金が欲しい。その事実を頭に置きながら、次に「子どもが、どのような背景で、何をどう捉えて、その問題とされている行動をとったのか」を対話しながら探り出す。少女の言葉を「ダメだ」とただ否定するだけでは子どものことは何もわからないまま終わってしまう。そしてそこで見出された背景に即して柔軟にきめ細かく対応できなくてはならない。

そのときに「援助者は被援助者に対して常に大きな責任がある」ということが、相手に伝わる必要があるとあかたちは言う。援助者の理論や理念が対話するそこで現実にならなければ意味がない。「子どもの事情を丁寧に聞き、その上で、わたしの考える『長い目で見たあなたの利益』を提示し、それを本人が納得するまで、時間を掛け、言葉を換えて話し合います」と述べている。「対話という説教ではなく、本当の意味での対話」をすることで少女のエイジェンシー（行為主体）としての成長を促していくのである（あかた 2018: 228-229）。

3つ目は札幌に「新しい女性のための場所を立ちあげたい」と始まったNPO法人「リカバリー」である。さまざまな被害体験をもつ女性のためにグループホーム、作業所、カフェなど複合的な場所を展開している。リカバリーでは、一人ひとりの女性の間に橋を架けていくことで個別性を支えていくというフェミニストソーシャルワークが、次のように現実化されている。

> 入居者は長い時間をかけ一人ひとりの違いを認め、また受け入れながら、自分もまただれからも侵害されない存在であり、自分の欲求に沿って生きてもいいという確信へと進んでいく。そうした気の遠くなるようなプロセスにおいて不可欠なのは、先の「具体的な他者の生／生命に関する関心と配慮」にほかならない。たとえどのような過酷な状況をくぐり抜けた人であっても、こうした親密性の漂う空間＝親密圏の中で再び安全とつながりの感覚を取り戻し、育て直すことが可能であることを筆者はみてきた。（大嶋 2018: 40）

実践における主体化、主体《エイジェンシー》の形成とはまさに気の遠くなるようなプロセスなのである。それはソーシャルワーク自体がもつ特質である。それでも相互依存、互恵性、相互結合という他者との関係を通じて主体《エイジェンシー》は形成されるとドミネリは重ねて念を押している。ソーシャルワーカーはその重要な他者である。

（5）エイジェンシーという概念

児島は「クライエント／利用者」の主体化を理論と実践において掘り下げることも、ソーシャルワークのポストモダン的転回の課題だとした。これまで見た3つの実践は、「クライエント／利用者」の主体性を自覚し、その主体に働きかけるソーシャルワーカーというもう一つの主体の立場からソーシャルワークの実践を語っている。相手を客体化すなわち対象として定義しようとはしない。

ソーシャルワークはこれまで、売春婦、母子、寡婦、DV被害者等「モデル被害者」を構築して成り立っていた。また母子を死別母子と生別母子と分類したり、売春や性暴力に関しても、たとえば従軍慰安婦にみるように「純粋な被害者」と「不純な被害者」と二分割するような客体化をしてきた（上野 2012;2018）。

ポストモダン的転回とはこの主客二元論の放棄である。主体化という働きかけ以前に女性は、すでに主体《エイジェンシー》であるという認識である。この主体をフェミニズム理論では「エイジェンシー」という概念でとらえた。それは単に社会に関わりあう個人あるいは主体ではない。「デカルト的な『主体』概念を避けるために」エイジェンシーという言葉を選んだ。すなわち、

エイジェンシーとは構築主義パラダイムが、構造と主体の隘路を突破するために創りだした概念である。それは近代の主客二元論を克服するために、完全に自由な「負荷なき主体」でもなく、完全に受動的な客体でもない。制約された条件のもとでも行使される能動性を指す。（上野 2018: 11）

エイジェンシーは80年代にフェミニズム批評理論に自由な行為主体として登場した概念であり、被害者、犠牲者とされた女性の生き延びるための合理的選択に注目したものである。また「エイジェンシーという概念には、行為を実践する過程を通じて初めて主体化されるという機制が含意されている」という（上野他 2001: 273）。さらに上野はエイジェンシー概念を持ち込んだフェミニズムに、構

造的暴力を免責しないような複合的なアプローチを求めている。性暴力被害者に対して「同意があった」という反論がされたり、ＤＶ被害者に「なぜ逃げない」という批判があるのは、このエイジェンシー概念が構造的暴力を免責しかねないアプローチの証拠である。

児童自立支援施設の少女は同意もなく措置され、管理され、更生指導されてその主体《エイジェンシー》を奪われてはならない。しかし実際には自分からセックスワークをしようと行動する主体であろうともする。ソーシャルワークはその未成熟な少女の最適な利益を守る責任がある。その「合理的選択」について対話する責任を安易に手放すことはできない。

「ＰＡＰＳ」に相談する風俗で働く女性や、薬物依存や犯罪に絡んで「リカバリー」に辿りつく女性に対し、エイジェンシーを見出すとともに構造的暴力を免責しないアプローチこそ、児島のいうソーシャルワークのポストモダン的転回を示す分岐点になる。

ジェンダー研究を専門とする佐藤文香は「人は構造に対してなす術もなく受動的であるわけではなく、どのような状況下においてもそれに働きかける力をいくばくかは有する」と過酷な戦時下の性暴力についても「女性側のエイジェンシー」を見出している。そして「被害者がかすかに発揮したエイジェンシーの痕跡を毀損することなく救い上げるべきである」という（佐藤 2018: 324, 336）。

３つの事例は女性のエイジェンシーの「痕跡」を見過ごさないフェミニスト・アプローチである。

4　バトラーが見落としている「障害」という問題

フェミニストソーシャルワークは、バトラーからの挑戦を受けとめ悪戦苦闘しつつ前に進むことになるだろう。２０１８年12月にバトラーが12年ぶりに来日し講演した。それを受けて清水晶子（フェミニズム・クィア理論研究）とクレア・マリィ（ジェンダー、セクシュアリティとことば研究）によって、雑誌『現代思想』で行われた「討議」がある（清水・クレア 2019: 73-86）。クレア・マリィは『ジェンダー・トラブル』のインパクトについて、「フェミニズムの議論を引き受けながら、ジェンダーとセクシュアリティの問題の両方を見据えて行っていくのは、90年代に社会が変わろうとしていた時期にとても重要だった」と述べている。

また本書が難解であるとはいえ、専門分野が違っても「自分のやっていることと芯のところで響き合うことがあった」とも言う。そして二人は、ジェンダーやセクシュアリティの問題が日本で広く共有されていないことや社会問題ともっとつながっていく必要があると語っている。

二人が言うように、『ジェンダー・トラブル』におけるバトラーの議論はソーシャルワークを専門とする私たちにインパクトを与えるだけでなく、理論と実践の両面において「芯のところで響き合う」経験をもたらすものである。

バトラーが単に哲学やジェンダー研究などの分野に限定されるものではないことはいうまでもない。長い間「女性であるという性」とか「妊娠し産む性」というキーワードに慣れ親しんだ社会福祉学にとって、「女というカテゴリーを何の疑問ももたずに引きあいに出す姿勢」を否定するバトラーの主張は、インパクトだけでなく社会福祉の研究の次の道を指し示している（Butler＝1999: 26）。

この「討議」の中でバトラーと社会問題とのつながりについて、バトラーは人種や障害の議論ができていないという発言がある。社会福祉はどうであろうか。これまで障害者問題イコール障害者福祉というのが社会福祉学の常識であり、障害を個人がもつ機能障害としてとらえてきた。それに対し、新しい学問である障害学（ディスアビリティ・スタディーズ）は、障害に対する社会的差別や排除、抑圧を社会の問題と考える「ディスアビリティの社会モデル」を提唱した。

しかしフェミニズム研究の井芹真紀子は、この社会モデルによってさらに「見えなくされた女性の身体」や女性の障害の経験があるとし、それらを見えるようにしようと考えている（井芹 2019）。社会モデルへの転換にはフーコーやバトラーなどポスト構造主義の視点が大きな役割を果たしたといわれている。しかし井芹は障害に関しバトラーの理論には限界があるという視点からの海外の研究をもとに、フェミニズムとディスアビリティ・スタディーズの「接続可能性」を求めている。

障害のある女性の経験が無視されたのは、障害者運動をリードしたのが男性障害者だったからだと、障害のあるフェミニストは批判した。また障害の大きな理論的飛躍であった社会モデルも、障害のある女性の身体やその経験を見えるものにしていないという井芹は、障害学とフェミニズムを接続させるために、「インペアメントとディスアビリティ」の拮抗する理論研究を重ね、交差させて障害のあるフェミニストの視点に近づいていく。

障害のあるフェミニストたちは、「排除され、沈黙させせられてきた立場から、ないことにされてきた『私たち』のディスアビリティ経験や身体を排除することのない理論の構築を目指すだけでなく、なお〈不在〉でありつづけているような存在への視座」が必要だというのである（井芹 1999: 296）。

それを一つの事例から考えてみよう。「産みたい。99%無理でも」（2019年5月13日朝日新聞）という記事である。脊髄性筋萎縮症の女性が出産し、子どもを抱いた夫が車椅子の女性と歩く写真が大きく出ている。夫を見上げる女性の目に強い意志がみなぎっている。女性の体重は20キロしかなく、彼女ほど重度障害の女性の妊娠と出産は前例がないという。それだけでなく、進行する病によって命の不確実性が立ちはだかっている。結婚、そして妊娠。前例のない出産。病院は20人のチームを編成し成功させた。

女性自身24時間ヘルパーの介助を利用する「難病で重い障害」をもつ。女性のこのような生き方をフェミニズムはどのように理論化するのか、またソーシャルワークはどのようにかかわるのか、その接続の仕方がこれからの研究テーマである。女性は「あきらめる理由がないのにあきらめたら、おなかの子どもに申し訳ない。やれるところまでやりたい」と語る。ここには「産む性」とか「セクシュアリティの危機を抱えた女性」と定義された女性ではなく、障害がある女性の身体とその経験の固有性が可視化される。

彼女は自らの体内に宿る子どもという他者の命に対する責任を、自らの生存に代えても果たそうとする生命倫理を表明する一人の女性として、自らの身体やディスアビリティ経験を隠さない。

これまで障害者の結婚、いわんや妊娠、出産はつねに高いハードルが課されてきた。旧優生保護法のもとで行われてきた強制的な不妊手術が社会問題として取り上げられ救済法が成立したのは、

2018年である。

その歴史的事実の中で、介助を要する女性は保護されケアされる対象であるがゆえに隠され抑圧されてきた。さらにジェンダー規範からすれば女性とはケア役割を担う存在である。「産んだとしても子育てができるのか」という批判を、この女性は周囲から数限りなく受けてきたに違いない。そのジェンダー規範をも打ち破ったと言いたげな強い視線を新聞の写真はとらえている。記事の女性はもはや私たちにとって見知らぬ人ではなくなった。私たちは出会ったのである。

バトラーは健常的身体を前提にしている、あるいは障害を見落としているという井芹や清水の指摘に、バトラーの『問題なのは身体だ』（1993）を読み込んだ岡崎佑香がそれぞれに向けて反論している（岡崎 2019）。このようにフェミニズム研究と障害学はその接続可能性を求めて切磋琢磨しているのである。

この議論にフェミニストソーシャルワークが繋がっていくためには、高い理論的壁を越えなくてはならない。私たちの目にも今、社会福祉のジェンダー研究がこのような女性の存在や経験を排除してきたことが見えている。バトラー以後のフェミニズム研究や哲学を、フェミニストソーシャルワークに接続する仕方はまだ手探りである。

まとめにかえて

女性福祉からフェミニストソーシャルワークへ跳躍するために、ジェンダー、セクシュアリティ、エイジェンシーとフェミニズムのもたらした概念を追いかけてきた。バトラーをはじめとしてその難解さにタジタジとしながらも手離さないのは、私たちがフェミニストソーシャルワークに向けて転回するためには、バトラー抜きでは進めない、と考えたからである。そしてこの論考に一区切りつけようとすると、佐藤文香の次のような記述が目に留まった。

フェミニストは「保護」が女性の従属と密接に結びついており、保護する者／保護される者というジェンダー化された二元論こそ、公私を貫く不平等なジェンダー関係を正当化してきたのだと批判してきた。（佐藤 2018: 334）

これには次のような脚注がある。

保護を合理的に選択する人びとは、体系的な依存を再生産することで本当は非合理的に行為していることになるのだが、安全を失うリスクをおかすことができないので、脆弱な人ほどこの不平等な関係からの脱出は困難となる。（Peterson 1992 :51-52 : 佐藤 2018: 340）

これは「戦争と性暴力」の文脈において書かれたものであるが、そのままソーシャルワークに向けられたものとして読むことが可能である。そのためかこのような記述を読むと、また初めの議論に引き戻されそうである。ソーシャルワークにおけるポストモダン的転回とは、ページをめくるような鮮やかなものではなく、打ち寄せる波に引き出され引き戻されながら少しずつ前にすすむプロセスなのだと思うしかない。

注

＊1　それまで「女性福祉」という分科会だったが、『社会福祉とフェミニズム』(勁草書房)の著者である杉本貴代栄が「ジェンダー」という名称変更を提案したところ、一番ケ瀬康子から「女性福祉」を残すべきだという意見がありこのような併記に落ち着いたという。(杉本貴代栄氏インタビュー)また杉本貴代栄(2012)「社会福祉政策とフェミニズム——ジェンダー視点をすえた政策研究の歩み」『対論——社会福祉学2　社会福祉政策』中央法規出版、注5参照。

＊2　「婦人保護事業等における支援実態等に関する調査研究」(平成29年12月〜平成30年1月、厚生労働省)は、婦人保護事業は「保護更生」という位置づけのため社会福祉事業としての事業理念が明確ではなく、「自立支援」も明らかにされていないという。この指摘はあまりに遅すぎたといえよう。売春防止法を「福祉」とした理論的なつまずきは引き返せない(2020年1月27日、東京都社会福祉協議会婦人保護部会主催シンポジウム「女性自立支援法(仮称)制度に向けて——生まれ変わる「婦人保護事業」、今こそ!」資料参照)。

＊3　これはアメリカ性情報・教育協議会(SIECUS)の創設者カルデローンとカーケンダールが「セックスは両脚のあいだ(すなわち性器)に、セクシャリティは両耳のあいだ(すなわち大脳)にある、とセクシャリティが文化であり歴史であると語ったことをジェンダーに置き換えたものだと理解する。

邦文文献

あかたちかこ「児童自立支援施設からの報告」（ＳＷＡＳＨ編『セックスワークスタディーズ――当事者視点で考える性と労働』日本評論社、２０１８年）

市川季夫「男性相談の現状と課題」（須藤八千代・土井良多江子編著『相談の力――男女共同参画社会と相談員の仕事』明石書店、２０１６年）

井芹真紀子「〈不在〉からの視座 〈不在〉への視座――ディスアビリティ、フェミニズム、クイア」（『現代思想 ジュディス・バトラー』47（3）、青土社、２０１９年）

上野千鶴子・足立真理子・竹村和子『上野千鶴子対談集 ラディカルに語れば』平凡社、２００１年

上野千鶴子『ナショナリズムとジェンダー 新版』岩波書店、２０１２年

――――「戦争と性暴力の比較史の視座」（上野千鶴子・蘭信三・平井和子編『戦争と性暴力の比較史へ向けて』岩波書店、２０１８年）

ＮＰＯ法人ぱっぷす「活動報告書２０１７－２０１８」「Message from Supporters」

江原由美子『ジェンダー秩序』勁草書房、２００１年

大嶋栄子「暴力被害者の安全とつながりの感覚、その再生を目指して――精神障害者地域作業所（グループホーム）の実践」（『嵐のあとを生きる人たち――「それいゆ」の15年が映し出すもの』かりん舎、２０１８年）

岡崎佑香「文字通り病み痛む身体？――ジュディス・バトラー『問題なのは身体だ』の身体論」（『現代思想 ジュディス・バトラー』47（3）、青土社、２０１９年）

乙部由子・山口佐和子・伊里タミ子編著『社会福祉とジェンダー 杉本貴代栄先生退職記念論集』ミネルヴァ書房、２０１５年

鎌田とし子・矢澤澄子・木本喜美子編『講座社会学 ジェンダー』東京大学出版会、１９９９年

川崎市男女共同参画センター（すくらむ21）「『男性のための電話相談』の安定運営に向けた課題調査・

検討事業報告書」２０１７年
京極高宣監修編集代表『現代福祉学レキシンコン』雄山閣出版、１９９３年
児島亜紀子「ソーシャルワークにおけるフェミニスト・アプローチの展開――ポストモダン的転回を経て」(『女性学研究 Women's Studies Review』25、大阪府立大学、２０１８年)
佐藤文香「戦争と性暴力――語りの正統性をめぐって」(上野千鶴子・蘭信三・平井和子編『戦争と性暴力の比較史へ向けて』岩波書店、２０１８年)
清水晶子・マリィ、クレア「討議　ジュディス・バトラーを〈翻訳〉する」(『現代思想　ジュディス・バトラー』47（3）、青土社、２０１９年)
慎改康之『ミッシェル・フーコー――自己から脱け出すための哲学』岩波書店、２０１９年
須藤八千代「福祉事務所とフェミニスト実践――ジェンダー・パースペクティヴとフェミニスト・ソーシャルワークの展開」(杉本貴代栄編著『社会福祉のなかのジェンダー』ミネルヴァ書房、１９９７年)
――「『ドメスティック・バイオレンス』とソーシャルワーク研究―― AFFILIA of Women and Social Work における研究の視座」(『社会福祉研究』4、愛知県立大学、２００２年)
――「『女性福祉』とフェミニスト・ソーシャルワークの連続性と断絶性――フェミニスト・ソーシャルワークの視座」(『社会福祉研究』5、愛知県立大学、２００３年)
――『ソーシャルワークの作業場――寿という街』誠信書房、２００４年
――「ソーシャルワーク実践の再構築――フェミニスト・パースペクティブがもたらすもの」(杉本貴代栄編著『フェミニスト福祉政策原論――社会福祉の新しい研究視角を求めて』ミネルヴァ書房、２００４年)
――「相談の女性学」(須藤八千代・土井良多江子・湯澤直美・景山ゆみ子『相談の理論化と実践――相談の女性学から女性支援《エンパワーメント》へ』新水社、２００５年)

――「H. M. Bartlett『社会福祉実践の共通基盤』再読――状況論アプローチの視点から」（『社会福祉研究』9、愛知県立大学、2007年）
――『増補版　母子寮と母子生活支援施設のあいだ――女性と子どもを支援するソーシャルワーク実践』明石書店、2010年
――「『女性福祉』論とフェミニズム理論――社会福祉の対象論を手がかりに」（『社会福祉研究』12、愛知県立大学、2010年）
――「相談とは何か」須藤八千代・土井良多江子編著（『相談の力――男女共同参画社会と相談員の仕事』明石書店、2016年）
――放送大学特別講義「DV被害者の声――求められる支援のあり方とは」2018年6月インタビューデータ
須藤八千代・宮本節子編著『婦人保護施設と売春・貧困・DV問題――女性支援の変遷と新たな展開』明石書店、2013年
杉本貴代栄『社会福祉とフェミニズム』勁草書房、1993年
――「序　周辺から中心へ――社会福祉におけるフェミニズムの『方法』を探る」（杉本貴代栄編著『社会福祉のなかのジェンダー』ミネルヴァ書房、1997年）
――編著『ジェンダー・エシックスと社会福祉』ミネルヴァ書房、2000年
――編著『フェミニスト福祉政策原論』ミネルヴァ書房、2004年
――編著『フェミニズムと社会福祉政策』ミネルヴァ書房、2012年
――編著「社会福祉政策とフェミニズム――ジェンダー視点をすえた政策研究の歩み」社会福祉学会編『対論　社会福祉学2』中央法規出版、2012年
林千代「女性福祉とは何か」（林千代編著『女性福祉とは何か――その必要性と提言』ミネルヴァ書房、

２００４年）
――――「総合的な女性支援策の必要性」（林千代編著『「婦人保護事業」五〇年』ドメス出版、２００８年）
藤高和輝『ジュディス・バトラー――生と哲学を賭けた闘い』以文社、２０１８年
福島三恵子『母子生活支援施設のあゆみ――母子寮の歴史をたどる』せせらぎ出版、２０００年
堀千鶴子「婦人保護事業『五〇年』という地点に立って」（林千代編著『「婦人保護事業」五〇年』ドメス出版、２００８年）
宮本節子『ＡＶ出演を強要された彼女たち』筑摩書房、２０１６年
湯澤直美「女性福祉への視座」（山縣文治編『社会福祉法の成立と21世紀の社会福祉』ミネルヴァ書房、２００１年）

外国語文献

Bourdieu, P. *Domination Masculine*, Seuil, 1998.（『男性支配』坂本さやか・坂本浩也訳、藤原書店、２０１７年）
Butler, Judith. *Gender Trouble: Feminism and the Subversion of Identity*, Routledge, 1990.（『ジェンダートラブル――フェミニズムとアイデンティティの攪乱』竹村和子訳、青土社、１９９９年）
――――. *Notes Toward a Performative Theory of Assembly*, Harvard Uni Press, 2015.（『アセンブリ――行為遂行性・複数性・政治』佐藤嘉幸・清水知子訳、青土社、２０１８年）
Collins, G. B."Difinig Feminist Social Work." *Social Work*, 1986, 31(3), 214-219.
Dominelli, L. *Feminist Social Work Theory and Practice*, Palgrave Macmillan, 2002.（『フェミニストソーシャルワーク――福祉国家・グローバリゼーション・脱専門職主義』須藤八千代訳、明石書店、２０１５年）
Foucault, M. *Histoire de la sexualité tome I: La volonté de savoir*, Gallimard, 1976 .（『性の歴史Ⅰ　知への意志』渡

辺守章訳、新潮社、１９８６年）
Scott, J.W. *Gender and the Politics of History*, Columbia University Press, 1988.（『ジェンダーと歴史学』荻野美穂訳、平凡社、１９９２年）
Salih, Sara. *Judith Butler*, Routledge, 2003.（『ジュデス・バトラー』竹村和子訳、青土社、２００５年）

3　家族福祉論を通して、ジェンダーを社会福祉学に位置づける

鶴野隆浩

はじめに

ジェンダーと社会福祉学をつなぐルートとして2つのルートを設定する。1つは「家族福祉論」を経由するルート、もう1つは社会福祉の本質を問う理論研究のルートである。本章では両者を押さえつつ、前者を中心に検討することによって、ジェンダーと社会福祉学をつなげる道筋を明らかにしたい。

まず前者。ジェンダーと社会福祉学との関係を語る前に、家族福祉論と社会福祉学の関係を語らなければならない。というのも、社会福祉実践においてはまず目の前に「家族」があり、その「家族」をどの視点からどのように把握し、発生している課題に向き合うのかが問われているのに対し、社会福祉学においてはそもそも家族が十分に位置づけられておらず、本来、社会福祉学の核の1つとなる

べき家族福祉論が実質存在していないからである。そしてジェンダーと家族は極めて密接な関係にある。この社会福祉学と家族の関係の特異性が、ジェンダーと社会福祉学を考える場合の大きなポイントとなる。そもそも、制度としての家族があって、その制度としての家族単位で見る視点が、ジェンダー概念の導入により、家族の一員でもある個人を「ジェンダーとライフコース」の視点で見るということにつながるはずである。つまり、社会学において、家族社会学という連字符社会学を再考することなく、いきなりジェンダー概念で社会学を洗い直すことにならないのと同様、家族福祉論を通すことなくジェンダー概念で社会福祉学を洗い直すということにはならない。目の前に普遍的に存在していると見なされている「家族」を抜きにいきなりジェンダー概念で個人を見て支援ということになれば、結局は家族の一員と見なされない選別的な個人に焦点化した社会福祉実践へと矮小化されかねないからである。後述するように、日本の社会福祉学におけるジェンダー概念の導入が、ひとり親家庭やＤＶ家庭のような「被保護女性対象者」に押し込められがちな傾向にある理由が、このあたりにあると考える。

次に後者。ジェンダーと社会福祉学の関係を語るにおいては、学そのものの本質を問う姿勢の存在を確認する必要がある。社会福祉学の変節＝社会福祉の本質を問う理論研究の停滞が、社会福祉学ではここ最近常に語られている（岩崎 2017）。社会福祉学が社会福祉士養成教育に絡め取られる中、社会福祉学は社会の構造的抑圧には関心を示さなくなっているとともに、構造以前の問題として、そもそもソーシャルワークの機能であったソーシャルアクションも、一部の論者を除いて語られなくなりつつあり、養成教育の中では抜け落ちてきている（室田 2017）。ジェンダー概念は学のあり方そのものを問うインパクトを持っており、学自体の反省を迫るもののはずである。しかしその前提となる学自体を問う研究が社会福祉学では停滞しているのである。このことも、社会福祉におけるジェンダー概念を「被保護女性対象者」福祉に限定してしまっていることにつながっている。

それでは前者について深めていきたい。出発点として、なぜ社会福祉士養成課程において「地域福祉の理論と方法」はあるのに、「家族福祉の理論と方法」はないのか。なぜ、「子ども家庭福祉」と「子ども」領域にだけ「家庭」がついているのか。現場実践においては、家族抜きの地域福祉というものは考えられない。また、家族介護者という形を通して「子ども」領域以外でも必ず家族は関わる対象となる。こうした現状は、近代家族モデルに固執しジェンダー概念の導入が遅れた社会福祉学の歴史的経緯や、近代家族の問い直し以降もジェンダー概念が社会福祉学の基本理念の中に組み込まれていないことが影響している。そこで本章では、社会福祉学における家族とジェンダーの関係を考察し、家族福祉論を通してジェンダーの視点を社会福祉学に位置づける試みを行う。

1　社会福祉学と家族福祉論

（1）家族福祉論の流れと課題

まずは社会福祉学における家族福祉論の流れと課題について見ていきたい。

そもそもリッチモンドまで源流をたどれば、社会福祉は「全体としての家族」を対象とすることとなるのだが、日本の場合、歴史的に福祉問題を家族内で完結されるべき問題とし、家族という制度から排除された個人を家族という文脈抜きで対象としてきた。このことは、福祉問題は家族内で解決すべしということと、社会福祉の対象者となるのは家族という制度から排除された者である、ということを意味している。

そうした中、単なる欧米の翻訳ではなく日本で本格的に「家族福祉」を提唱したのは岡村重夫・黒川昭登の1971年『家族福祉論』である（岡村・黒川 1971）。「家族福祉という概念は1970年代に『個々の家族員が家族員として期待せられる役割を実行するように個別的に援助する家族福祉事業を実施してゆかなければならない』として、『全体としての家族』という家族集団それ自体を援助の対象とする福祉観に基づく岡村重夫の家族福祉論によって確立された」（杉井 2018: 132）ということになる。

ただ当時の社会状況の中、この家族福祉論は性別役割分業を前提とし、家族メンバーはその分業に則ったなすべき役割を家族内で実行することによって、自らも家族という制度から要求充足を受けられるというものであった。従って、家族内での役割遂行そのものを問題とすることはできなかった（鶴野 2006）。しかし、社会福祉理論を構築した岡村にとって、家族福祉論は岡村理論の中に論理的に位置づけられるものとして構成されており、その後もこれほど理論的な家族福祉論は出ていない。

しかし、1990年代に入り、女性による高齢者の家族介護の負担を中心に、家族内での役割が実は家族内の個人を抑圧し、人権を阻害しているという論が登場する。代表的なものが、野々山久也の1992年『家族福祉の視点』である（野々山 1992）。ジェンダー概念からの提起もあるが、この書の基本的な提起は、家族内でケアを必要とするメンバーと共に、そのケアを担っている「家族介護者」が支援の対象となっていないということであった。ここから子育て支援も含め、いわゆる「ケアラー」（家庭内で家族成員である高齢者や障害児・者へのケアに無償で従事する者）への支援が提唱されていくようになる。だが、ケアラーへの支援と「家族への支援」とは何が違うのか、そのあたりの理論的整理は不明瞭であった。

しかし、1990年代は家族という制度から見るのではなく、家族内の一人ひとりの個人から見る視点へと移行した時代といえる。社会福祉における家族の位置づけは、近代家族から個人尊重家族に移行したのである。つまり、個人の側から家族を位置づけ直すということである。「『家族』とは、それぞれの個人のライフコースが交錯しあう交点であり、その意味で、『家族』の全員が共通の1つの家族しかもたないというわけではなくなってきている。個人のライフコースの途上で、いくつもの交点があっても不思議ではない。つまり、こうした家族の相対化とネットワーク化こそ、いま顕著になってきている『家族の新事態』なのである」（岩上 2013: 14-15）、「個人にとって家族は、好むと好まざるとにかかわらず、たいていは誕生から死まで一生にわたって関わりをもつ人々である。それが個人にとって『幸せ』な関わりであるか『不幸な』関わりであるかは、当の個人のライフコース全般に決定的な影響を与えることになろう」（岩上 2013: 23）、ということが家族福祉論においては共通認識化されていく。

こうした家族内での個人に着目するものへと家族福祉論が変貌していく中、個人としての女性の「仕事と家庭の両立」がキーワードとなり、政策的な女性労働力の活用と重なっていく。家族が個人から語られるようになり、家族内のケアの負担が女性に著しく偏っているという指摘は盛んになされるが、ジェンダー概念が本格的に導入されたわけではない。

家族そのものを個人の立場から問い直すには、家族の秘めるイデオロギー性からの解放が必要となる。1つは家族がそもそも「幸福」で「ポジティブ」なものという幻想からの解放である。現場実践においては当たり前のことであるが、家族は権力構造と暴力の支配する場でもある。「家族は『福祉（well-being）』＝幸福の源泉であるという固定的なイメージが極めて強い中で、私たちは家族という関係性を通して幸福を追求するのであって、あえて家族の中に幸福が所与のものとして存在するのではないことを鋭く指摘したのである」（杉井 2018: 133）という点である。そして、家族は現実のありようを超えたイデオロギー的な概念でもあり、中性的な概念ではない点、つまり社会福祉に関わる人間にとって、自らの持つ家族イデオロギーからの解放を常に意識しなければいけないことの確認である。ここに、家族における女性の「役割」をどうとらえるのかの論点が今更ながら登場する。このような家族の持つイデオロギー性を常に意識しないと、労働政策の中に女性と家族がするりと組み込まれていく。「なぜ1990年代後半に『男女平等』が推進されたのだろうか。それは労働力確保や少子化傾向を好転させるために『効果』があること、男女平等は、『リスク』よりも『利益』になるという判断があったからであろう。男女平等を推進するということは、『効果』があってもなくても、公正でまっとうな社会を実現するためには不可欠であるから取り組まれたわけではないのである」（杉本 2014: 68）という指摘は重い。

（2）家族福祉論の社会福祉学への位置づけ

家族や家族福祉論を社会福祉学の中にどう位置づけるのかは、政策を超えた学に関わる本質的な問題である。「家族をどう捉え、家族のなかの女性役割をどう克服するのかは、社会福祉とフェミニズムの両者がともに抱える共通の課題なのである」（杉本 2012: 11）と言われるように、社会福祉学そのものの中にまで踏み込んだ理論的研究が要請され、その際には家族福祉論がキーとなりうるのである。しかし、岡村から野々山への家族福祉論の変遷は、あくまで家族を制度として前提にするのではなく、すべての家族成員のウェル・ビーイングを前提にするというものであった。それはあくまでも社会の中での家族という位置づけであり、そこでいう社会はあくまで「全体社会」であって、資本制社会としてはとらえられていない。「マルクスが見落としたこの市場の〈外部〉に、フェミニストは、家族というもう1つの社会領域を発見した。家族は、市場に対して労働力の再生産という機能を担っていた。家族は労働力市場に人間という資源をインプットし、アウトプットする端末だったのである」（上野 1990: 25）という部分にまで踏み込まないと、そもそも社会政策との関連で社会福祉の固有性を追求した孝橋や岡村から続く社会福祉学の本質を問う理論研究とはつながらない。

しかし、家族問題が深刻になるにつれ、目の前の対応に追われ、家族を社会福祉学に位置づける試みは弱くなった。社会福祉学はより「実践志向」を強め、理論研究は縮小していく。それは介護保険のスタートを始めとする政策の進展の中、目の前の課題にどう対応するのかへと研究がより「実践志向」になっていくことと重なっている。一方、家族福祉論はそもそも家族を個人にとって「ポジティブなもの」と見ていたわけだが、家庭内暴力が可視化してくる中、家族の持つ暴力性や権力性が明らかにされてきて、児童虐待防止法を始めとして様々な家族への介入の制度が進展していく。家族の持つ「幸福な」イデオロギー性は解体されていくが（少なくとも現場実践においては）、目の前の家族メンバーをどう救うのかに当然のこととして焦点があたり、学として家族を社会福祉学の中で位置づけ直す試みとしての家族福祉論は一部を除き急速に停滞していく（鶴野 2018）。ジェンダー概念で社会福祉学を洗い直すには、学としての家族福祉論の再建が一歩になると考える。

2　独特なジェンダー概念の社会福祉学への導入

（1）「個人化」を軸にしたジェンダー概念の導入

「『個人化』と『多様化』は、21世紀社会のキーワードである。ライフコースとジェンダーから家族をみていくということは、社会の趨勢をふまえて、あらためて個人と家族の関係を見据え、家族と向き合うことを意味している」（岩上 2013: 28）と言われるように、1990年代以降の家族福祉論の転換のキーワードは、家族の「個人化」と「多様化」であった（野々山の『家族福祉の視点』の副題は「多様化するライフスタイルを生きる」である）。家族の中で家族役割に埋没している個人を取り出し、個人の視点から家族を位置づけるというのが前者、そして性別役割分業や「モデル家族」に代表されるような「望ましい家族像」を標準化し、そこからはずれる家族を「問題家族」と位置づけ介入していくことではなく、多様な家族のあり方をまずは認め、そのあり方を支援していくというのが後者、であった。

個人を基礎に家族を見つめ直すということになれば、家族社会学で「個人から家族をみるにあたっては、序にも示したとおり、2つの視点が重要であると考える。1つはライフコース、もう1つはジェンダーである」（岩上 2013: 23）と言われるように、当然「ジェンダーとライフコース」の2つの概念で個人をとらえていくということになる。しかし、家族福祉論においては、「ライフサイクルからライフコースへ」という転換はなされたが、ジェンダー概念が本格的に導入されることはなかった。あくまでそこにあるのは、「家族の中でのケア負担の重荷＝とりわけ女性にその負担がかかっている」ということまでで、介護者（結果として女性がその多くを占める）の負担軽減の文脈につなげることであり、ジェンダー概念で本来明らかにされるべき、家族に埋め込まれた権力構造への洞察には至らなかったと言える。ジェンダー概念が家族福祉論に位置づけられなかったことは、社会福祉学に家族福祉論が位置づけられなかったことと併せ、家族の転換をジェンダーの視点から社会福祉学が受け止めることがなかったことへとつながっている。

しかし個人への着目は、家族の中で「ケアを必要とする存在」をケアするケアラーの存在を浮かび上がらせた。「個人化社会の進展は、子どもや病人、高齢者など、誰かの世話を必要とする人々に対するケアの体制を根本的に見直す必要を生じさせた」（岩上 2013: 170）。家族によるケアとして中性化されていた家族ケアが、「家族によるケア＝女性によるケア」であることを明らかにした。２０００年からの介護保険導入は、介護の社会化という旗印のもとであった（実態と理念は違うとして）。子育てにしろ、高齢者介護にしろ、そして障害児・者の家族ケアにしろ、女性が家族という空間でケアを一身に担っていることが明確となる。

ここでフェミニズムと社会福祉政策は一瞬接近する。「今から顧みれば、1990年代後半はジェンダー問題に光があたったはじめての時代であった」（杉本 2012: はしがき）、「1990年代に入ると、フェミニズムと社会福祉は接近し、フェミニズムの課題が社会福祉分野の政策課題として取り上げられるようになる。ここへ来てやっとフェミニズムは、社会福祉に影響を及ぼすようになったのである。しかしその影響の与え方は英米の場合とは異なり、いくつかの日本的特徴を持っていた。それらの特徴とは、①国際的な後押しがあったこと、②少子・高齢化という逼迫した政策課題に集中したこと、と整理できるであろう」（杉本 2012: 5）。このように家族ケアを中心としたジェンダー視点の導入は、アンペイドワークとしての家事労働を浮き彫りにし、男女性別役割分業を前提とした近代福祉国家そのものを問うものとなる。「女性が男性とは異なる種類の労働に従事させられること、福祉国家の発展のなかで形成されてきた『女性の仕事』＝ケア役割を考慮することはフェミニズムにとっての大きな課題でもあるのだが、社会福祉にとっても直面せざるを得ない大きな課題となったのである」（杉本 2012: 20）。しかしこうした文脈での近代福祉国家批判と社会主義諸国の崩壊により力を増した新自由主義からの近代福祉国家批判とが錯綜する中、新自由主義が依拠する「強い個人」（男女を超えた理念として）が力を持ってくる。

つまり、家族福祉論の転換は「個人」への着目であり、家族への問いかけとしては「近代家族」（性別役割分業と子どもの再生産）からの脱皮を訴えたものであったが、そこに現れたのは実に「近代的」な「個人」であった。ただここには重要な点が含まれている。ソーシャルワーク分野では、ポストモダンの方法論やパースペクティブが盛んに主張された時期でもあるが、「社会福祉」そのものは「人権」や「個人の尊厳」といったまさに「近代的価値」を基盤に成り立っている。家族の中での個人への着目は、政策的にも措置制度から契約制度への移行という中で、近代＝デカルト的な「個人」（つまりは契約主体としての）を強調するものであった。従って、「一方、家族形成や家族役割は、ジェンダーの視点を抜きにして考えることはできない」（岩上 2013: 23）という点が不十分であったことに加え、社会福祉学において導入されたジェンダーの視点は、近代自体を問うものではなかった点、例えば上野千鶴子の「家父長制と資本制」といった次元の話（上野 1990）ではなかったことはしっかりと押さえておきたい。

歴史的に見れば、社会福祉学の基礎の1つとなっていたマルクス主義が実質社会福祉分野から「終焉」して以降に、家族が問われることになったことも影響している。「個人－社会」の構図である岡村理論が現在も有効性を保ち続けているのに対し、マルクス主義に依拠した孝橋理論は影響力を失っている。孝橋理論も時代の制約から性別役割分業に依拠していたと言え、ジェンダー概念の導入からマルクス主義フェミニズムを経て社会福祉学へ、というルートが社会福祉学においては構築されなかったのである。現下の社会状況の中、マルクスが新たに見直されつつあるにもかかわらず、社会福祉学にそのような機運はない。つまり、家族と資本主義との関連が問われることにはならなかったのである。

上野の主張では、「近代社会の中で、女性は『資本制』の抑圧だけでなく『家父長制』の抑圧もともに受けている」（上野 1990: 11）、「女性が被抑圧者であるのは、女性がたんに再生産者であるからではなく、自分自身の行なう再生産とその結果である子供という再生産物 reproducts ――生産物という用語に対応させて再生産物という言葉を用いよう――から疎外されているからである。女性の再生産労働とその労働の成果である再生産物は、男性＝家父長 patriarch によって領有されている。それが『家父長制』の意味である」（上野 1990: 90）ということになるが、政策と一体となりつつ進行していく社会福祉学はブルジョアフェミニズムの域を出ることはなかった。

（2）ジェンダー概念導入の結果

いずれにしてもジェンダー概念は社会福祉分野に導入された。そのことにより可視化された問題は、杉本貴代栄の指摘では3つある。「このような結果（あるいは過程）として可視化されたジェンダー問題は、大別すると以下の3つの分野において取り上げられている。①高齢者介護や『ケア役割』をめぐって ②ドメスティック・バイオレンス（夫または恋人からの暴力）や児童虐待等の『新しい問題』をめぐって ③母子世帯問題等の従来からある『女性問題』の新たな切り口として」（杉本 2001: 16）。児童虐待やドメスティック・バイオレンスが可視化され、新自由主義的政策が進む中で「貧困の女性化」も可視化されるようになる。特に性役割の問題は、ケアへの着目への中で意識されるようになる。

しかし、性役割は問うが、ジェンダー概念が明らかにした、「男／女」という分類思考・構造そのものを問うことはなかった。「これに対して『性役割』は、人がその性別に応じて社会の中で期待される行為のパターン、と定義されます。期待をもつことは心の状態ですから、性役割とは男女の性質や行動の違いそのものではなく、そうした違いに関する人々の考え――『女はこうあるべきだ』『男ならこうしてほしい』といった――を表す概念だということになります。ここで重要なのは、性役割への『期待』は実際の性差とイコールではないということです」（加藤 2017: 70）というジェンダー概念の基本的なスタンスは社会福祉学においては浸透していない。家庭内暴力の顕在化は否応なく、家庭内の権力構造、ジェンダー規範の根強さを表に引きずり出すこととなった。「しかし同時に、アイデンティティには個人と社会との対立関係が、あるいは権力関係が刻まれており、抑圧や暴力の足場となりうることも事実です」（加藤 2017: 27）という当たり前の事実が、個々の実践の中では明確になりその構造との格闘が繰り広げられているのに対し、家族福祉論や社会福祉学では「個人尊重家族」から次へのステップがなかなか見られなかった。

このように見ると、ジェンダー概念が社会福祉に与えた影響は、安定した近代家族を前提とした福祉国家の女性抑圧構造の顕在化であり、具体的には「女性」を支援対象者とする「女性福祉」という分野の共通認識化、そしてそれと一部重なる形での「介護者福祉」（ケアラーへの支援）への着目と言えよう。ただ、これは社会福祉における新たな分野の創出、あくまで対象者の拡大という文脈でとらえることも可能となり、社会福祉という営み自体をジェンダー概念で洗い流して再検証する、という所にまでは至らなかったと考える。

3　女性福祉への収斂化

（1）「女性福祉」のクローズアップ

杉本は以下のように指摘している。「日本におけるフェミニズムの影響が、欧米とはことなる契機と経緯であったとしても、福祉を支える思想の1つとして社会福祉に与えた影響はさまざまな分野に及んでいる。それは従来の社会福祉の思想のなかにフェミニストの疑問や批判を持ち込んだことであるのだが、それらをあえて括って整理すれば、①女性が抱える特有の困難を明らかにしたこと、②社会福祉に内在する家族の問題を明らかにしたこと、の2つに分けられるであろう」（杉本 2012: 9）。ここまで見てきたように、ジェンダー概念あるいはそれを支えるフェミニズムが社会福祉学に与えた影響には独特のものがあった。それは社会福祉学そのものを問い直すことには必ずしもつながらなかったが、この指摘のように、女性が抑圧されている家族のありよう（しかもその抑圧に社会福祉が加担している側面もある）が問われるようになったことに加え、女性が抱える特有の問題が問われるようにもなったことは評価されるべきである。そして「私たちがともに暮らしているこの現実の世界には、いまだに不当な性差別や性暴力がはびこっていて、人々の生を息苦しいものにしています。ジェンダー論が取り組むべき問題はまだまだたくさん残っているのです」（加藤 2017: はじめに）と言われるように、問題は依然深く広く存在している。

そもそも社会福祉学は、ソーシャルワーク、ソーシャルポリシー、ソーシャルアドミニストレーションから成る体系として存在しているが、基本的には対象者別の各論がベースとなっており（法律が対象者別である）、子ども、高齢者、障害者、生活困窮者といった対象者別各論の一つとして、婦人保護・母子家庭を対象とする文脈で「女性福祉」ともいうべき各論は存在してきた。ここにジェンダー概念によって顕在化された女性が固有に抱える問題を再編成する形で「女性福祉」がクローズアップされてきた。「こうした女性福祉が対象とする課題は、貧困の女性化、ケア労働の女性化の問題として象徴的に現れているが、その他、母子家庭問題、高齢女性と介護問題、障がい女性とセクシュアリティ、売春と婦人保護事業、配偶者からの暴力、女性労働と保育問題、アジア諸国の女性福祉、生殖と母子保健、外国籍女性の問題、福祉施設のパターナリズムや性別役割分業の問題などで見受けられる。このように女性福祉の研究対象は、性差別を受けている女性が抱える福祉問題が中心である」（河嶋 2008: 1-2）とされている。こうした問題への社会福祉実践は問題の拡大と並行して広がっている。従来の「婦人保護・母子家庭」から「女性福祉」への拡大について、杉本はこのように整理している。「むろん、婦人保護の分野においても『女性の権利』の視点は不可欠であることは言うまでもないのだが、『女性の権利』の議論が、婦人保護という一定の領域に『閉じ込められていた』理由は明らかである。婦人保護事業の外では女性は、社会福祉の対象にもなっていなかったからである」（杉本 2014: 62）、「そこでは『女性福祉』とは、2つのことを意味して使われている。従来から論じられてきた、婦人保護事業を中心とする『女性問題』を扱う〈分野〉としての『女性福祉』と、ジェンダーから派生する『ジェンダー問題』を取り上げる〈視点〉としての『女性福祉』である」（杉本 2001: 15）。児童福祉法、老人福祉法といった法律として女性福祉法があるわけではなく、「売春防止法」、「母子並びに父子及び寡婦福祉法」、「配偶者からの暴力の防止及び被害者の保護等に関する法律」等々といった形で総合的な法体系になっていないことから、法制度とリンクせざるを得ない側面を抱えている社会福祉学は、明確に女性福祉をその学の体系の中に位置づけているわけではない。しかし、様々なこうした問題が家庭や親密な関係の中での「私的な問題」としてではなく、社会問題として社会福祉の対象となったことは大きな意義を持つ。

(2)「女性福祉」へのジェンダー概念の押し込め

しかし、古典的に存在していた「女性福祉」領域を一気に拡大させた功績は認めるとしても問題を「女性福祉」という領域に押し込めたともいえる部分は存在する。杉本の指摘する2つの「女性福祉」からすると、前者を拡大させたという評価ができるであろう。しかし、あくまで女性問題という文脈は変わらないわけであり、ジェンダーに派生する問題を広範に対象とする女性福祉、さらには社会福祉そのものを問い直すジェンダー概念、というところにまでは至っていない。「社会福祉研究において女性の貧困問題は、女性福祉領域に閉じ込められ、さらに母子世帯の生活保護受給世帯に中心が置かれすぎてきた」(須藤 2001: 44) ことからの解放には大きな意義がある。また福祉社会学や社会政策学を中心に20世紀型福祉国家の持つジェンダー問題、例えば男性稼ぎ手モデル＝近代家族モデルに依拠した体制の問題なども明らかにされた。しかし一方で20世紀型福祉国家へのジェンダー概念からの批判と、新自由主義からの同福祉国家への批判は重なりあうこととなり、強い個人を前提に市場を中心とした福祉体制へと再編成されていく中、「女性福祉」が対象とする問題は国家的な問題というよりも、国家という概念が薄められた「福祉社会」の問題という形に移行されていった。そして近年、国家が父権性を強める中では違った意味で（近代ではなく前近代的な意味で）、例えば児童扶養手当の減額や政治によるジェンダーフリー・バッシングのように、国家が女性を抑圧する構造が強まりつつある。

一方、「『ジェンダー』という言葉は、今日では主に人文社会科学の領域における一種の学術用語として定着しています。けれどもその歴史は、女性や性的マイノリティによる解放運動と切っても切り離せません」（加藤 2017: はじめに）と言われるように、そもそもジェンダー概念は抑圧や差別との闘いの中から生まれた概念であるはずだが、社会福祉に取り込まれた時には、抑圧や差別の構造的問題を問うことよりも目の前の課題をいかに解決するかという社会福祉の持つ特性が現れたように見える。これはそもそも社会福祉学自体の問題であり、社会構造を問う視点やソーシャルアクションと社会福祉との関係の話となる。そこには、あくまで個人という近代を前提とする点、修正資本主義として資本制そのものには切り込めない社会福祉という構造があったと考えられる。そのことが、21世紀の進行の中で、ジェンダーフリー・バッシングが起き、政策も反転していく中で、それに抗する動きが社会福祉学や社会福祉実践の中から大きな流れとしては見られなかったことにつながるのではないだろうか。社会福祉学において、ソーシャルワークはますます目の前の人を支援する実践へと傾斜していき、ソーシャルポリシーはますます国家の政策動向の後追感を強めていく。資本制の文脈と切り離され、ジェンダーがそもそも内在している（社会福祉学も本来そのはずだが）運動論やソーシャルアクションとも切り離され、ジェンダー概念は「女性福祉」という領域に収斂されていくというのが社会福祉の現状ではないだろうか。

4　ジェンダー概念からの組み立て直し：現状認識から

（1）社会福祉領域のジェンダー・バイアス

社会福祉領域にはジェンダー・バイアスがあふれている。そもそも社会福祉という営みが「弱者救済」といった印象を多くの国民が持っているとともに、社会福祉の支援を受けることに対して、税金投入の観点からのバッシングも数多く存在している。つまりそもそも社会福祉という営み自身がイデオロギー的色彩を受けている。加えて社会福祉は本来家族内の互助で行われるべきという考えも根強く、家庭内で女性が無償労働で本来行うべきものという意見は強い（そもそも「家族でできなくなったから、社会で」というのも広く歴史的にみれば根拠がはっきりしない）。そして自助では無理だから共助、そしてそれでも無理な場合は公助という流れになりつつある昨今の政策だが、いずれにおいても担い手としての女性労働（＝低賃金あるいは無償）という認識が強い。まさに、ジェンダー概念によって「女性福祉」領域を明確化するということを超えて、社会福祉そのもののジェンダー・バイアスと向きあわなければならない。

ジェンダー視点は、「分ける（男女）」ことの暴力性を問うものでもあるが、そもそもは「分ける（男女）」ことにより、女性の問題を顕在化させるということがまずは出発点となる。女性の貧困との関係でより具体的に見ていくと、ケアラー（家庭でケアを行う存在）としての女性、ケア労働者（職業としてケアを行う存在）としての女性の二側面を取り上げることができる。いずれもケアの問題であり、ケアが不当に低評価されているということなのだが、この問題の本質は、「ケアの社会化」や

「脱家族化」によっても女性の置かれた困難な状況は変わらないという点である。「さまざまな差別や偏見がそうであるように、ジェンダーバイアスも社会的、経済的、心理的に立場の弱い者、困難な状況やハンディをもつ者に、よりいっそう大きな負荷としてかかってくる。家族や子どもが病気や障害をもつ母親には、介護や世話を含む役割が否応なく増し、〈妻〉〈母親〉の献身が期待される」（小柳2001: 53）。こうした問題は20世紀的問題であり、近代家族（性別役割分業と子どもの社会化を家族機能とする）レベルの問題である。日本社会はまだこのレベルの問題を引きずっている。そして制度だけではなく、社会福祉の担い手のジェンダー視点も問われなければならない。この点は社会福祉養成教育においても不十分な点である。「そして、忘れてはいけないのが、援助者自らのジェンダーチェックである。私たちは自分が意識する以上にジェンダーの視点を内包しており、他者を評価、判断するときに用いている。無自覚的に取り入れてきたジェンダーに気がつき、ジェンダーによる差別や偏見、思い込みを修正していくことが、ジェンダー教育の基本である」（小柳 2001: 57）、と指摘されているが、社会福祉士養成課程における資格必修科目には、未だに「社会理論と社会システム」（社会学）があるだけで、必ずしもジェンダー視点をしっかりと学ぶことにはなっていない。

（2）福祉労働の「女性化」

意識の問題だけではなく、福祉労働の主力であるケアワークは圧倒的に女性の低賃金労働者に支えられてきた。「『福祉の仕事』が『女性の仕事』として女性に偏っていること、なかでもホームペルパーに代表されるような不安定で不利な仕事が女性によって多く担われている現実は、職業としての社会福祉の中の性差別を問うことを必要とする。同時にこのことは、ジェンダー視点が明らかにした社会福祉の抱える問題――福祉労働のジェンダー分化――を考察するためにも必要な作業のはずである」（杉本 2001: 20）というのは介護保険のスタートした直後の2001年の主張であるが、その後福祉労働は男性にも拡大していった。

しかし、労働の非正規化と連動する形で低賃金労働という実態は男性にも拡大している。高度な専門性が社会福祉学や社会福祉養成教育において謳われながら、実態としては逆に低賃金非正規労働に支えられざるを得ないという乖離が生じている。福祉労働＝女性労働というイデオロギーがそのまま引き継がれているとも言える。このことは社会福祉実践それ自体が内包するジェンダー問題である。社会福祉制度自体が低賃金女性労働者を前提として組まれている。「貧困の女性化」は社会政策や社会構造にビルトインされており、そのことは格差社会によって女性内での格差拡大をも顕在化させている。「彼女らエリート女性労働者と、多数派の周辺的な女子労働者、そしてそのどちらにも属さない無業の主婦（『働かなくてすむ』ことで特権的立場に立った専業主婦）に、女性は三極分解するだろう。そしてその女性の多様化を、『選択の自由』、『個性化』イデオロギーが、あたかもそれが女性自身の選択であったかのように、おおいかくすだろう」（上野 1990: 306）という上野の1990年の主張はさらに深刻化し、三極ではなく二極へと分化しつつある。現在、ケアワークの主力を外国人労働者に移していこうとする動きが活発になっている。ケアワークを低賃金労働として位置づけるには、女性を「家庭内でのケア労働＋低賃金非正規の社会的ケア労働」と位置づけるだけではすまなくなってきているのである。以下の上野の30年近く前の主張通りの社会になってきている。「資本制は私的領域をミニマムにすることで、家父長制の桎梏を脱しようとしているように見える。すくなくとも、女性を私的領域における再生産労働の専門的なにない手として排他的に割り当てることからは、以前のような利益をひき出さなくなりつつある。だがそれに代わって進行しているのは、労働市場全域におけるグローバルな家父長制の再編である。かつて女が家庭で行っていたことを、いまは女性や高齢者や移民が周辺労働として行なう。家事労働の外部化や福祉労働の現場で、すでにその事態はすすんでいる」（上野 1990: 307）。

経済のグローバル化の進展の裏返しとして、ナショナリズムや排他主義の勃興の中、懐古的な家族イデオロギーを復活させようという動きも表れつつある。しかし、家族の実態の変化は、家族のみで要支援者のケアを担うということ自体を不可能としている。「ケアラー＝女性」という構図が不可能になっていく中、女性が抱える困難として杉本は、「1つ目は、日本が高齢社会に足を踏み入れたこと」、「2つ目は、ドメスティック・バイオレンスや児童虐待といった社会福祉の『現代的な課題』が、社会的な問題として取り上げられるようになったこと」、「3つ目として、母子世帯が増加し、その抱える困難が明らかになったこと」、「最後の理由は、少子化が進行していること」、の4つをあげている（杉本 2012: 22）。

無償あるいは低賃金でのケアの担い手としての女性への着目が、ジェンダー概念が社会福祉領域に果たした大きな役割であったわけだが、高齢者分野においては中年単身男性による家族介護が大きな問題となっており、日本社会そのものの格差拡大や貧困拡大は「男女という区分」を実質失わせてきている。日本型企業社会はすでに崩壊し、生活困窮の拡大やリスク増大は、男女に共通するに至って

図１「年齢階級別非正規雇用労働者の割合の推移」

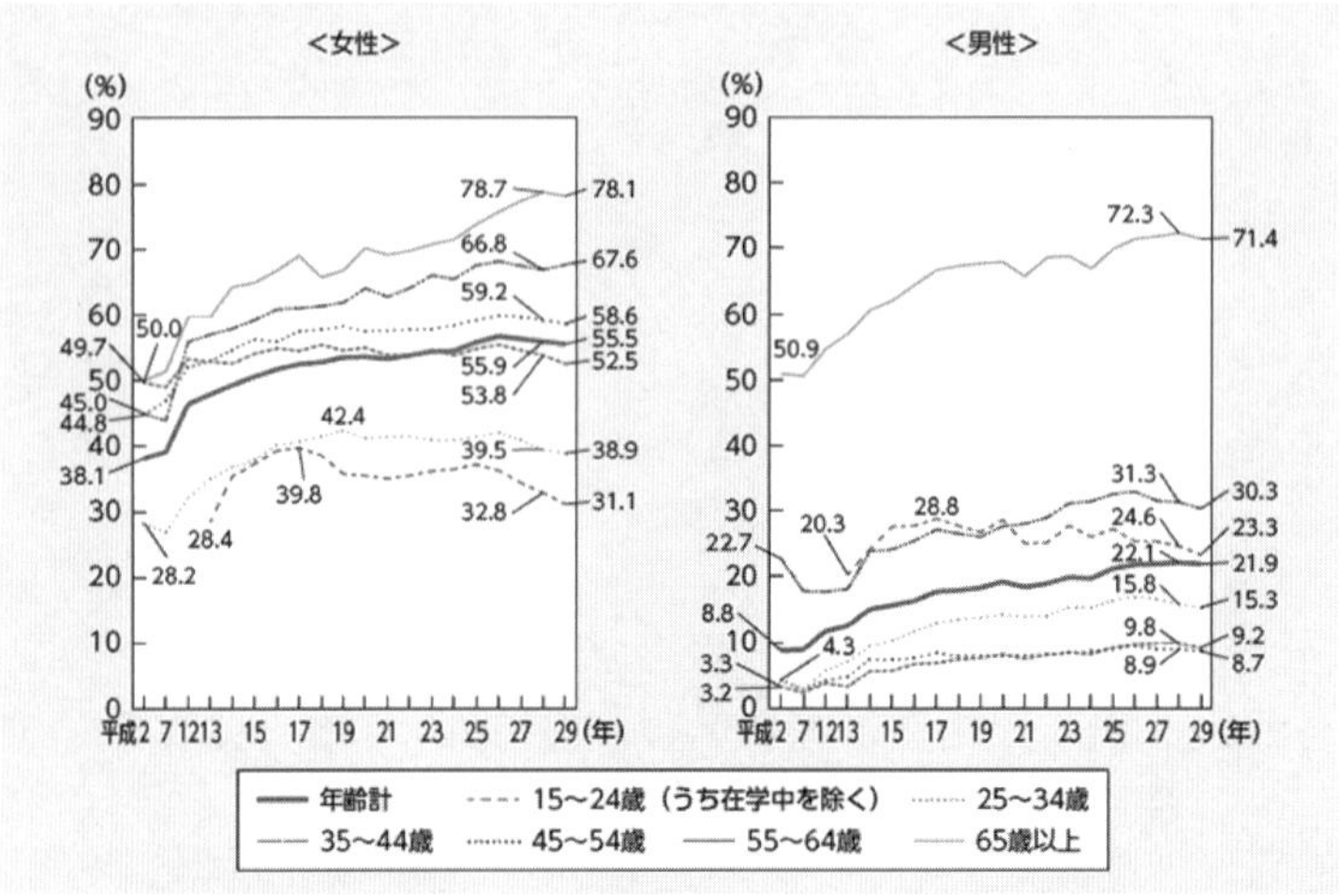

1. 昭和60年から平成13年までは総務庁「労働力調査特別調査」（各年2月）より、14年以降は総務省「労働力調査（詳細集計）」（年平均）より作成。「労働力踏査特別調査」と「労働力調査（詳細集計）」とでは、調査方法、調査月等が相違することから、時系列比較には注意を要する。
2. 非正規雇用者の割合＝「非正規の職員・従業員」／（「正規の職員・従業員」＋「非正規の職員・従業員」）×100
3. 平成23年値は、岩手県、宮城県及び福島県について総務省が補完的に推計した値を用いている。

出典：内閣府男女共同参画局「年齢階級別非正規雇用労働者の割合の推移」（『男女共同参画白書平成30年版』、2018年）

図2　母子家庭の現状（所得状況）

○ 母子世帯の総所得は年間270．3万円。「全世帯」の50％、「児童のいる世帯」の38％に留まる。（平成28年国民生活基礎調査）
○ その大きな要因は「稼働所得」が少ないこと。稼働所得は「児童のいる世帯」の33％に留まる。
（参考）「子どもがいる現役世帯」（世帯主が18歳以上65歳未満で子どもがいる世帯）のうち、「大人が一人」の世帯員の貧困率は50．8％と、依然として高い水準となっている。

所得の種類別１世帯当たり平均所得金額及び構成割合

	総所得	稼働所得	公的年金・恩給	財産所得	年金以外の社会保障給付金	仕送り・企業年金・個人年金・その他の所得
	1世帯当たり平均所得金額（単位：万円）					
全世帯	545.8	403.7	104.3	18.4	6.3	13.1
児童のいる世帯	707.8	646.9	27.0	9.7	17.4	6.7
母子世帯	38% 270.3	33% 213.8	7.6	0.5	42.6	5.8
	1世帯当たり平均所得金額の構成割合（単位：％）					
全世帯	100.0	74.0	19.1	3.4	1.2	2.4
児童のいる世帯	100.0	91.4	3.8	1.4	2.5	0.9
母子世帯	100.0	79.1	2.8	0.2	15.7	2.1

（出典）平成28年国民生活基礎調査
※上記の表における母子世帯は、死別・離別・その他の理由（未婚の場合を含む。）で、現に配偶者のいない65 歳未満の女（配偶者が長期間生死不明の場合を含む。）と20 歳未満のその子（養子を含む。）のみで構成している世帯をいう。

出典：厚生労働省子ども家庭局家庭福祉課「母子家庭の現状（所得状況）」（『ひとり親家庭等の支援について』、2018年）

いる。しかし、日本型企業社会の崩壊による困難さは男女共通のものとなったと言えつつも、女性に困難の比重がより多くかかってきている事実は明確である。非正規雇用の男女別割合では明らかに女性の方が非正規率は高いし（図1）、子育てをしている女性シングルの家庭の貧困率の高さは異常な状態にある（図2）。杉本は、「上記のような『時代の変化』を受けて、『女性が抱える困難』は、ますます高まっているというのが私の認識である。従来よりも雇用は不安定化し、格差は拡大し、今まで日本においては明らかではなかった『貧困の女性化』は顕在化しつつある。さらにグローバル化というような『新しい問題』も加わりつつある」（杉本 2012: はしがき）としている。したがって、女性であるが故に抱える困難性に着目した対象者別分野を設定し、支援を行うことの必要性はその通りである。しかし、ジェンダー概念によって「性別で区分する」こと自体の問題も問われているわけであり、性別にとらわれないユニバーサルな支援の体系づくりも並行して進めなければならない。このことは「民族」についても同様である（鶴野 2019）。

（3）ジェンダー視点の欠落

「社会福祉学は、女性学的視点やフェミニズムの影響を受けることが少なかった領域である」（河嶋 2008: 1）と言われるが、続いて学としての社会福祉学におけるジェンダーの位置づけについて見ていきたい。社会福祉学のありようは養成教育にも直結する。例えば高齢者や障害者の性の問題は、現場において以前から大きな課題として問題認識をもたれ、様々な事項が取り組まれてきたところではあるが、そのような問題はなかなか真正面から取り上げられてこなかった。田中は次のように述べている。「社会福祉学領域においては、セクシャリティの問題はタブー視されてきた感があり、積極的にこの問題は取り上げられることがなかった。その傾向は社会福祉専門職養成教育の場面においても同様である。学生の教科書同様、教員用のテキストにおいても、セクシャリティに関する記述は一部分のみである」（田中 2012: 77）。また、グランドセオリーとしての孝橋理論や岡村理論にジェンダー視点がないのは時代背景から理解できるが、その後の社会福祉学においても社会学のようにジェンダー視点が本格的に導入されることはなかった。例えば家族社会学においてジェンダー視点の欠落など考えられないが、これだけ家族に直接関わる実践を内包した社会福祉学において、ジェンダー視点は一部の論者しか語ってこなかった。まさに「社会福祉の分野の多くは女性に支えられておりながら、ジェンダー視点がないことはかねてより杉本貴代栄さんのようなジェンダー研究者によって批判の対象となってきた」（上野 2010: 132）のである。このことは、現場実践が家族に向きあうにもかかわらず、社会福祉学は家族そのものに向きあうことが遅れていたということでもある。

本格的に家族そのものに向きあうこととなったのは、家族内での暴力・虐待事案の頻発（顕在化）によるところが大きい。20世紀の社会福祉学は家族そのものに対する性善説を引きずっていたように見えるとともに、家族内でのケアを家族がなすべき機能と位置づけた上で、そのなすべき機能を補完・代替するものとして社会福祉を位置づけていたとも言える。「補完主義の原則の下では、社会福祉学は家族の内部に立ち入らない傾向があった。家族という領域をケアの担い手として自明視し、不問にしてきた。そういう意味で社会福祉学はジェンダーブラインドであったといえる」（上野 2010: 132）。つまり、極めてジェンダーにからむ領域であるにもかかわらず、フェミニズムの影響を受けなかった領域であったということである。それは社会福祉が社会政策の一翼として（一翼であるかは意見が分かれるが）、国家への社会的統合を果たす機能を担っていることに繋がっている。その社会的統合は無償であれ低賃金であれ、女性をケア労働者と位置づける上で成り立っているとも言える。「いや、そのような『女性頼みの領域』であることこそが、ジェンダー視点による再検討が遅れた理由でもあるのだろう。さらに社会福祉が構造的性差別社会に深く根を下ろし、その成り立ちや構造自体に性差別を組み込んでいることが、フェミニズムによる取り組みが大幅に遅れた理由なのである」（杉本 2001: 14）。

家族に引き戻して考えると、家族におけるケアは労働であるということが社会福祉の中ではなかなか受け入れられない。従って、家族と資本制をつなぐルートである家事労働という概念が社会福祉学においては許容されていない。このことが社会福祉学においてジェンダー視点の導入が遅れたことの最大要因ではないかと考える。家事労働というのは、「『家事労働』は『市場』と『家族』の相互依存関係をつなぐミッシング・リンクであった。『市場』と『家族』へのこの分離が生じた近代産業社会という歴史的に固有な空間の中で、この分離をつなぐ要の位置に、家事労働は存在している。家事労働とは、近代が生み出したものであり、超歴史的な概念ではない」（上野 1990: 31）と上野が指摘するように極めて重要な概念である。しかし、愛情の色彩を帯びた家事労働を労働として直視することがなかなかできない社会福祉領域においては、アンペイドワークという概念が深まらず、家庭内のケアを労働の観点からではなく、役割論の中（男か女か→家庭か社会か）に埋没させたことが大きい。よって、男女という「分類」による支援のレベルまでが精一杯であり、「分類」の暴力にまではまだ社会福祉学は至っていない。「私たちは、さまざまな実践を通して、人間を女か男か（または、そのどちらでもないか）に〈分類〉している。ジェンダーとは、そうした〈分類〉する実践を支える社会的なルール（規範）のことである」（加藤 2017: はしがき）というのがジェンダー概念の基礎である。だが、LGBTの議論も「マイノリティ」への支援の文脈としてとらえられがちである。そもそも分ける暴力が人々の困難を生み出しているという点に到達するには、まだまだ超えるべきハードルは高い。

5　ジェンダー概念からの組み立て直し：社会福祉学の問い直し

（1）家族のイデオロギー性

このように社会福祉学におけるジェンダー概念の導入の意義は、資本主義やそこにビルトインされた家父長制を問うことではなく、近代的個を前提にして、新しい支援対象者を発見したと評価することができる。一方フェミニズムの立場からすると、近代そのものを問うことから、社会福祉の前提そのものをジェンダー概念から再検討することになる。ここに新たにケアの概念の再検討が求められることとなる。ケアはまさに社会福祉実践そのものに繋がる概念であるとともに、対象者別に分断された社会福祉領域を本質から統合する可能性を秘めた概念である。ケア概念については、看護分野を中心にメイヤロフ（Mayeroff＝1987）が取り上げられてきたが、フェミニズム分野においてはファインマン（Fineman＝2003）が取り上げられる。須藤八千代は、「しかしファインマンは、『平等とジェンダー中立モデルに固執する』初期のフェミニズムを批判し、『伝統的家族の改革を通じて女性解放を図るという考え方のまちがい』を指摘する」（須藤 2015: 164）と紹介している。ケア概念は、ケアをまずは社会的なものとして位置づけ、その上で社会・家族がどのような割合でそれを担うのかという議論を可能にする。またケアは労働でもあり愛情でもあるという特殊性を持つが故に（鶴野 2014）、ケアを受ける側よりもケアを提供する側の論理が表に出る傾向があるが、本来ケアは「受ける－提供する」を超えた概念である。適切なケアを受ける権利、ケアを「提供する－しない」の選択の権利といった、権利の文脈に再度社会福祉実践を引き戻す意義を持っている。これがシティズンシップとしてのケアである。「ケアの提供が誰にとっても『ふつうの役割』になることは、とりもなおさず、ケアを受けることもまた『ふつうの役割』になることを意味している。それが『シティズンシップとしてのケア』の発想である」(岩上 2013: 174)。

このように、ケア概念から社会福祉を問い直すことは、ジェンダー概念からの問い直しに連動する。従って、家族福祉論のように「家族」から出発するのではなく、「家族の機能」として位置づけられてきたものをまずはいったん社会に位置づけてみて、そこから家族のような親密な関係をどのように保障するのか(あるいは親密な上の暴力性からいかに解放するのか)という展開になる。これはエスピン・アンデルセンが福祉国家の類型を修正した中で導入した「脱家族化」である。杉本はこのエスピン・アンデルセンの定義をひいて、以下のように述べている。「脱家族化とは、彼の定義によると、『家族の福祉やケアに関する責任が、福祉国家からの給付ないしは市場からの供給によって、緩和される度合い』あるいは『社会政策が女性を自律的に〈商品化〉し、独立の家計を形成することができる程度』を指し、福祉政策の展開によって主要には女性がいかに介護・育児負担を軽減され、自律の基盤を獲得しているかを計る指標である」(杉本 2012: 15)。

このような国家・政策レベルでの脱家族化の話と、社会福祉実践での現場における家族との関わりの話はかなり距離がある。確認すべき点は家族概念そのものがイデオロギー的であり、それは政策のみならず個々の社会福祉実践者をも縛るという点である。よって、社会福祉実践者が自ら持つ家族イデオロギーを相対化し、自らの実践を社会的文脈の中にとらえ直すことが必要である。家族福祉論かららすれば、家族内でケアを担う女性を個人として尊重するという文脈は、家族モデルの存在そのものを問うことにつながる。近代家族モデルから個人尊重家族モデルへの転換とは単なるモデルの転換ではなく、モデルの存在自体を問うことになる。社会福祉実践においては、モデルは理念となり、望ましい家族像として支援目的になりかねない。社会福祉は常にこうした権力性を有しており、政策・実践における家族イデオロギーの存在にはセンシティブでなければならない。個人尊重家族の理念の先には、家族の定義はその個人それぞれという世界があり、それは家族という言葉をあえて使う必要もない世界かもしれない。しかし社会福祉実践は定義の世界ではなく、目の前に存在している「家族」と呼ばれる存在に対し、支援者が何らかの価値判断をもって接するものである。それゆえに家族イデオロギーの自己覚知は極めて重要であり、そうでないと、例えば、「このような支配概念のもとでは、未婚あるいは離婚のシングルマザーは伝統的な異性愛家族また平等主義的家族に対立する家族として、そこから『逸脱した母親』として懲罰の対象となる」（須藤 2015: 164）ということも起きる。ジェンダー概念の社会福祉学への導入は、社会福祉自体の持つイデオロギー性を問うものでなければならない。

（2）ジェンダー概念と社会福祉理論

ここからはジェンダー視点から社会福祉学を組み立て直す議論に入っていきたい。社会福祉学を組み立て直すということは、単に新たな分野を社会福祉学に付け加えるということではない。そもそも社会福祉学とは何かという本質的な議論に関わるものである。河嶋の「フェミニズムの視点からの社会福祉研究には、女性福祉、ジェンダー、複眼的視点の3つの立場からの研究が可能である」（河嶋

2008: 3)、「フェミニズムの視点に基づく社会福祉学のパラダイム転換を図るにあたって、社会福祉固有の視点を確認することは重要である」(河嶋 2008: 7)という指摘を確認しておく必要がある。つまりこれまでのジェンダーにセンシティブでなかった社会福祉学の歴史を振り返ると、社会福祉学そのものの批判的考察が必要となる。

「フェミニズムの視点から社会福祉学のパラダイム転換にとっては、新しい視点を付加するというものではなく、社会福祉学のグランドセオリーの検証など、多様な学問領域のフェミニズムの先行研究の成果を手繰り寄せ、分析に必要な理論をゼロから検証することが求められている」、「ジェンダーの視点、複眼的視点を内包したフェミニズムの視点からの社会福祉の理論の再構築が求められる」(河嶋 2008: 8)。

そのためにも、社会福祉学はそもそも社会構造を明らかにすることを前提とし、マクロな社会変革とミクロな援助実践のいずれをも内包し、統合するものであることを再確認する必要がある。そして、ミクロな実践から社会変革へのルートであるソーシャルアクションの機能を再確認する必要がある。社会の抑圧構造を明らかにし、目の前の抑圧されている人を支援し、その構造からの離脱を図るとともに、抑圧構造そのものの変革をめざし、ミクロな視点から構造変革の運動を機能として持つのである。

加えて、社会福祉の「普遍化」政策の進展のもと、最も困難な状況に置かれている人々が見失われる危惧が生じている。そもそも社会福祉の視点は、最も困難な状況に置かれている人々の中から生まれる視点である。よって、女性のみならず、様々なマイノリティの人々の困難に着目し、支援するとともに、常にマイノリティを生み出す搾取構造を持つこの社会自体を問う視点が必要となる。ジェンダー概念の社会福祉学への導入は、忘れられかけている「社会の矛盾が眼前の生活に困難を抱える人々を生み出しているという視点」に基づき「社会福祉の本質を問う」理論研究の重要性を呼び覚ませてくれる意義を持っている。

6　ジェンダー概念からの社会福祉学の再構築

（1）フェミニズムから学ぶこと

これまでの議論を整理すると、社会福祉学にジェンダーの視点を導入することは、ジェンダーの視点から新たな分野を構築するということに留まらず、社会の抑圧構造を認識し、その抑圧構造によって困難を抱える人々を支援しつつ、その支援の立場から抑圧構造を変革する運動を内包するという社会福祉の本質を呼び覚ますことである。こうして「ジェンダーの視点により構造的な性差別を内包する社会福祉をとらえ直すということは、従来の社会福祉研究において抜け落ちていた、あるいは少ししか取り上げられなかった女性の問題を『付け加える』という『女性福祉』の主張の延長線上にあるのではない」、「ジェンダーから派生する問題（その多くは女性の側に出現する問題であるが）を社会福祉の領域で取り上げ、社会福祉総体をとらえ直すという、新たな『社会福祉学』の構築を目的としているのである」（杉本 2001: 15）という出発点にまでたどり着いた。フェミニズムから学ぶ点は極めて多く、「そして、フェミニズムの観点から接近がみられた学問領域は、同時に社会福祉を支える基礎理論となっているものも多い。社会の大きな変化の中で、社会福祉の固有性および、ジェンダー研究の知見を取り入れた社会福祉学の基盤にある基礎学問の新たな展開を踏まえた上で、社会福祉実践を支える社会福祉援助理論の確立や社会福祉とは何かを問う社会福祉学の学問的発展が望まれる」（河嶋 2008: 10）ということになる。

（2）理論の問い直し

組み立て直すポイントとして、そもそも社会福祉学が前提としている主体の問い直しが必要である。これは岡村理論が前提としている「近代的個」であり、遡るとデカルト的な「我」である。近代的個が確立されたとは言えないプレモダンを内包する日本社会においては困難な道である。しかし、個人が社会を構築するという近代国家のフィクションは急速に崩れつつある。近代的個を前提とするのではなく、結果として近代的個が確保される構造としての社会福祉学の確立が求められている。理念としての近代的個を前提に理論を組み立てることは現在の社会福祉政策とシンクロしており、非常にわかりやすい。岡村理論が現在も成り立っているのはこの点である。

しかし岡村理論は20世紀型福祉国家を前提にした上で社会福祉の固有性を追求したのであって、福祉国家の崩壊を受けた21世紀において、近代的個を理念としても実効性は薄い。このことは、個の重要性を否定しているのではない。個は出発点ではなく、結果でなければならないということである。須藤が、「岩間がいう『中核的価値』を体現する『本人主体』は、どのような場で、どのような過程を経て、誰によって育まれるのだろうか」（須藤 2015: 176）という点である。

まずは徹底的に「近代的個」が実現されていない現実を明らかにし、その構造的原因を追求することが組み込まれた社会福祉学でなければならない。「重要なことは、社会福祉の中にあるそれらの多様性や矛盾を確認すること、あるいはなぜ社会総体がそのように多様な形式で社会福祉をその内部に位置づけるのかを、ていねいに解きほぐしていくことであろう。歯切れが悪いかもしれないが、そこに社会科学としての社会福祉研究の意味と可能性がある」（岩田 2016: 417）という岩田の指摘にもつながる。「普遍主義」の掛け声のもと見失われがちになっている、最も困難を抱えた人々への眼差しを取り戻し、その現実から「普遍主義」を再構築しなければならない（鶴野 2019）。

また、社会福祉学は固有の方法論を持たない学際的学問であることが明らかになっている（鶴野 2019）。社会構造を問うということから、どのような方法論に依拠するのかは重要な論点である。目の前の対象者をいかに救うかという部分に社会福祉学は急速に傾きつつあり、社会構造を問う学問は社会福祉学から福祉社会学へ移行している。その点で、ジェンダーが既にビルトインされている社会学から学ぶべき必然性は大きい。特に福祉社会学が担ってきた役割と知見から学ぶべく、社会学的想像力を核とする社会学とその方法論を援用することは重要である（鶴野 2019）。河嶋はこの点に関しても、「フェミニストが用いる社会理論は、社会福祉のパラダイムを検証し、社会福祉問題について、ジェンダーの観点からだけではなく、複眼的視点で対象を分析するための新たな方法論やアプローチを見定めるために有用であると考える。社会福祉学は応用科学であり、社会福祉学の基礎科学として、心理学、社会学、法学、医学などの理論をグランドセオリーとしてきた。社会福祉は、実践科学で具体的な問題解決を求めることから、実利主義に傾倒しがちだが、さまざまな観点から社会現象を考察する分析の道具として生み出された多様な社会理論は、学問の普遍的とされる定説を検証する理論として、社会福祉学に新たな概念的枠組みを提供してくれると思われる。社会福祉が対象とする生活問題をジェンダーの視点でとらえ直そうとすれば、こうした学問的領域において、援用する理論のとらえ返しが必要である」（河嶋 2008: 8-9）と言及している。

結　論

社会福祉学は家族を明確に位置づけないままに、ジェンダー概念を部分的に導入した。概念として家族をジェンダーとライフコースに分解すること、一人の「個」に着目し、そこに「家族」なるものをあとづけることは理論的な方向性である。しかし、社会福祉学は目の前の人々を支援する社会福祉実践を抜きには語れない。そしてそこにはプレモダン的な文脈を持ちつつも存在している「家族」が存在している。よって、社会福祉学をジェンダー概念で洗い直すには、家族の処理が先に必要となる。

そのためには、まずプレモダン・モダンの家族イデオロギーからの解放を前提にして、家族福祉という領域をまずは普遍化させなければならない。その家族福祉は新たな縦割りの分野ではなく、地域福祉と同様に社会福祉学を横に貫く分野である。社会福祉学の中に家族福祉論を明確に位置づけることが出発点である。「家族」は社会福祉実践において普遍的に存在しているにもかかわらず、社会福祉学においては普遍的に位置づけられていない。そしてジェンダー概念はまさに「家族」概念との闘いの中で生まれてきたものでもある。家族をあいまいにしてはいけない。社会福祉学に家族福祉論を位置づける試み、まずはそこまで家族福祉論を一般化する（鶴野2014）。

家族福祉論が普遍化し、社会福祉学の根底に家族福祉論が位置づけられ、社会福祉実践が家族福祉の視点や方法に依拠した形になったならば（地域福祉と同様）、そこからは改めてその家族を問い直すことが可能となる。家族が社会福祉において普遍化している以上、家族の問い直しは社会福祉そのものを問い直すこととなる。家族が普遍化していなければ、ジェンダー概念がいくら家族問題を問うても、女性福祉といった個々の分野にとどまり、社会福祉学の本質には迫れない。家族が普遍化すれば、そこから人が生活することにとって家族とは何なのか、家族と言われるものの本質は何なのかを問うことができる。となれば、そもそも家族なるものでなければ果たしえないものはあるのかを問うことができる。社会学と違って、実践とのリンクを常に意識しなければいけない社会福祉学はそれだけ「面倒」なわけである。家族社会学がジェンダーとライフコースの社会学へと発展的に進化しているのと同様、社会福祉学も上記のようなプロセスをたどることによって、個にとってのケアや親密圏という議論に入っていける。やがては家族福祉論という分野が社会福祉学の中から発展的に解消され、ジェンダー概念や「分ける」暴力からの解放が一般化すれば、女性福祉という特定の分野に埋没することなく、当たり前にジェンダー概念を基礎とした社会福祉学が組み立てられる、そういう戦略を筆者は描いている。

邦文文献

岩上真珠『ライフコースとジェンダーで読む家族』（第3版）有斐閣、２０１３年

岩崎晋也「学問としての社会福祉の展開と課題」(『社会福祉研究』130、鉄道弘済会、2017年)
岩田正美『社会福祉のトポス――社会福祉の新たな解釈を求めて』有斐閣、2016年
上野千鶴子『家父長制と資本制――マルクス主義フェミニズムの地平』岩波書店、1990年
上野千鶴子「ジェンダー研究・当事者学の立場から」(『社会福祉学』51(3)、日本社会福祉学会、2010年)
岡村重夫・黒川昭登『家族福祉論』ミネルヴァ書房、1971年
乙部由子・山口佐和子・伊里タミ子編著『社会福祉とジェンダー　杉本貴代栄先生退職記念論集』ミネルヴァ書房、2015年
加藤秀一『はじめてのジェンダー論』有斐閣、2017年
河嶋静代「フェミニズムの視点による社会福祉研究の視座」(『アジア女性研究』17、アジア女性交流・研究フォーラム、2008年)
小柳しげ子「ソーシャルワークにおけるジェンダーの問題」(『社会福祉研究』81、鉄道弘済会、2001年)
杉井潤子「家族問題と家族福祉」(日本家政学会編『現代家族を読み解く12章』丸善出版、2018年)
杉本貴代栄「社会福祉とジェンダー――研究の方法・到達点と課題」(『社会福祉研究』81、鉄道弘済会、2001年)
杉本貴代栄『福祉社会の行方とジェンダー』勁草書房、2012年
杉本貴代栄「社会福祉とジェンダー・バイアス――社会福祉は『女性の権利』をどう扱ってきたのか」(『社会福祉研究』120、鉄道弘済会、2014年)
須藤八千代「女性と貧困」(『社会福祉研究』81、鉄道弘済会、2001年)
須藤八千代「『逸脱した母親』とソーシャルワーク――大阪2児置き去り死事件とフェミニズム」(乙部由子・山口佐和子・伊里タミ子編著『社会福祉とジェンダー　杉本貴代栄先生退職記念論集』ミネル

ヴァ書房、２０１５年）
田中秀和「社会福祉学におけるセクシャリティの課題」（『新潟医療福祉学会誌』12（2）、新潟医療福祉学会、２０１２年）
鶴野隆浩『家族福祉原論』ふくろう出版、２００６年
鶴野隆浩『社会福祉理論としての家族福祉論――社会福祉理論の課題と新しい家族福祉論』みらい、２０１４年
鶴野隆浩「『家族福祉の理論と方法』の構想」（『大阪人間科学大学紀要（Human Sciences）』17、大阪人間科学大学、２０１８年）
鶴野隆浩「社会福祉学と福祉社会学――社会福祉学の存立根拠を問う」（『大阪人間科学大学紀要（Human Sciences）』18、大阪人間科学大学、２０１９年）
日本家政学会編『現代家族を読み解く12章』丸善出版、２０１８年
野々山久也編著『家族福祉の視点――多様化するライフスタイルを生きる』ミネルヴァ書房、１９９２年
室田信一「社会福祉におけるソーシャルアクションの位置づけ」（『社会福祉研究』１２９、鉄道弘済会、２０１７年）

外国語文献

Fineman, Martha. *The neutered mother, the Sexual Family and Other Twentieth Century Tragedies*, Routledge, 1995.（『家族、積みすぎた方舟――ポスト平等主義のフェミニズム法理論』上野千鶴子監訳、学陽書房、２００３年）
Mayeroff, Milton. *On Caring*, Harper & Row, 1971.（『ケアの本質――生きることの意味』田村真・向野宣之訳、ゆみる出版、１９８７年）

4　性被害体験を生きる

——変容と停滞のエスノグラフィー

大嶋栄子

性暴力はもちろんそれ自体が暴力であるが、それだけではなく、サバイバーを沈黙させる「取り乱れさせない抑圧」としてもある。それは「痛み」を痛いと感じさせないようにし、その「痛み」を「なかったことにする」暴力でもあるのだ。

藤高和輝（2018: 190-191）

はじめに

性暴力は、人に対する様々な暴力のなかでも、心身の最奥部にまで傷跡を残すといわれる。このような現実と直面するソーシャルワーカーは、当事者に起こる様々な変容あるいは停滞をどのような時間軸で捉えることができるだろうか。ソーシャルワークの援助過程では、援助の要請がその対象者（クライエント）から表明されると、本人の抱える困難やニーズに着目し、周囲の環境との相互作用を視野に入れながら全体状況をまずは評価（アセスメント）する。そして解決すべき課題を共有すると、その具体的方法や資源を組み立てながら、本人が自分ごととしてこれを遂行するのを支える。

しかし現実は、そのようなクライエントによる問題解決や、直線的な変容を確認するというより、共有したはずの課題とは異なるものが、全く予期せず現れることが日常茶飯事だ。事態が解決へと思うように進まない、あるいはクライエント自身が変容どころではなく現実に圧倒されて、身動きが取れないことも多い。

ところで性暴力を含めた心的外傷を抱える人への援助は、長距離走によく似ている。①周囲が本人の困難に気づいた地点か、②本人が激しい感情の爆発や人への拒絶で、走る（＝生きる）ことから脱落しそうな時期か、あるいは③本人が自分の体力に折り合いをつけ、順位より完走を意識する時期かなど、時期に合わせた本人の走り方と伴走の仕方があるように思う。

このような快復の時間軸を持つ必要を私に教えてくれたのは、心的外傷の研究者ではなく、その体験を生き延びた当事者である。多くの医学書に書かれてある多彩な症状は、援助者を震え上がらせ、本人に対して無用な警戒心を持たせることに貢献したとさえ思える。むしろこうした事実を抱えながらも、日常を生きざるをえない人たちを側で見守り、支えるうえでの距離感について、あるいは何気ない日常の支援が持つ意味を、きちんと知らせる言葉こそ求められていると感じる（大嶋 2018: 116）。

だがソーシャルワーカーにとって、クライエントが援助過程で長く停滞することは、援助の先行きが見えずに不安や苛立ちをともなう。どんなに適切と思われたアプローチであっても、一向に動かない現実に周囲が諦めの様相を見せ始めると、クライエントを支えていたネット（網）が解《ほど》けて援助者たちは当事者を忘却し始める。しかし、いま目の前にはないものを「あるかもしれないもの」として自身のイマジナリーを総動員し、忘れないでおくことが必要だ。性被害体験を生きる人とのソーシャルワークとは、そのような長い時間軸への想像力を駆使する仕事である。

本章は、Tという一人の当事者による語りと、その時々の援助関係が描き出す事実によって構成される。[*1] ギリギリの生は、いつも緊張感を多分に孕んでいる。私にとってTとの20年は、性被害を知ると同時にそれに付随して起こる鮮烈ないくつかの出来事を中心として、4つの時期区分で振り返ることができる。それを本章ではあえて直近から過去へと書き起こしてみる。通常は対象者との出会いから現在に至る出来事や援助過程を時系列で辿り、現時点からの解説を加えることが多い。しかし実際のところ私たちが向き合うのは、「いま、ここ」のソーシャルワークを求めている当事者である。つまり、目の前にある困難な状況を理解するために、どこまで彼女の過去に踏み込むか、なぜ踏み込まないか。私は何を掬い取れたのか、逆に取りこぼしてしまっていたことは何か。綺麗に時系列に沿って並べたのでは、決して援助者がその場所に立たされたときに、何をどう捉えどのように彼女の側に立ち続ければ良いのかを伝えることはできないだろう。

私たちソーシャルワークの援助過程は、いつだって何もわからないところから始める。どんなに長く援助関係を続けても、相手をわかり得ないと感じる多くの瞬間に直面しているではないか。そう考えると、むしろそのときに切り取られるしかない断片から、援助過程を浮き彫りにできたらいいと考えた。そして、性被害を生きるTはなぜ長い停滞を余儀なくされたのか。私は、Tを変化することからの逃避＝停滞へと追い込んでいく背景に、その時代を生きる象徴とも言えるジェンダー実践があったと捉えているが、それは具体的にどのようなものかについて考察したい。Tの語りは4つの時期区分時に収集したものだけでなく、現在からそのときを回想するものが入り混じる。私にとってそれは、冒頭に引用した藤高の「取り乱させない圧力」に対するTの対抗的実践と感じられた。時空を行き来しつつ、取り乱しながら、被害者として生きるとしか言いようのない生の問題性と、同時にその裏側にある加害者の生に対して、ソーシャルワークは何ができるのかについて言及していきたい。

1　2017年12月：ホームレス（Homeless）／ハウスレス（Houseless）

電話をかけてきたTの声は、いつものように淡々と、むしろ明るささえ含んでいるように感じられた。「今住んでいるアパートの家賃を滞納していて、いよいよ28日までに退去しなくてはいけなくなったんだよねー」。語尾が伸びるTの声のトーンと内容が、まるで噛み合わない。そのアパートはTがグループホームから退去する際に契約し、10年以上住んでいた。管理会社から届く再三の勧告を無視していたところ、期日までに滞納金の支払いをして荷物を撤去しなければ、施錠され立ち入りができなくなる。生活保護を受給しているTには、毎月の家賃が支払われているが、それらはすべてギャンブル（パチンコ）に消費されていた。Tはそれ以外にも稼働収入を申告せずこれをギャンブルや生活費の一部としていたため、同じ時期に、事実を知ることとなった保護課から必要な書類の提出と返金を求められる事態も予測された。通院していた精神科クリニックに状況を伝えたが、自分でやったことの結果を引き受けるしかないであろうと言われ、だがその具体的内容については示されなかったという。

この電話の2年前、2015年にTは2回ほどカウンセリングを希望して、法人が運営する相談室を訪ねて来たことがあった。1回目のときは派遣会社に登録し仕事を始めた。10年以上も引きこもり状態だったが、1日だけで終わる仕事もあるというのでやってみた。自分が予想していた以上に身体が動いたので、次は少し期間を伸ばす、別の職種にも挑戦するなど驚くほど順調に経過している。自分が人の中にいられるなんて、思いもしなかった。そして働いて収入を得ることも久しぶりで、社会に参加している感覚を味わっているという内容だった。2回目のときは糖尿病が思わしくないためインスリン自己注射が始まっている。食事をコントロールするのが相変わらず難しい。体重増加にともない股関節の痛みが出ている等、身体状況の報告が主だった。愛犬を連れ、この子が生きているうちは自分も生きなくてはならないという。その犬は、Tの姪がどうしてもと母親（Tの妹）にせがんで飼い始めたのだが、まもなく姪の関心が犬から離れてしまうと持て余され、一家のお荷物となった。しかしTは、誰から言われるでもなく犬をせっせと世話し、犬はTがその人生をかけて「献身する者リスト」に追加された。

私はTの話を聞きながら、聞いてみたいことがあった。しかし当の本人はいつものように淡々とした事実を話すだけだ。近況を踏まえて何かを整理する、あるいは懸念される事柄を抽出し検討することもなかった。それまで何度も1カ月の生活費をギャンブルで使い果たし家族から借金していたこと、過食で体重が増加したこと、周囲の人に対し頑なに心を閉ざしてきた事実とこのときの語りはどうつながるのかわからない。そしてTが繰り返し受けた性被害に関するフラッシュバック、生身の身体への嫌悪感についても何がどう変化したのか、しなかったのかもわからない。私は、Tがわざわざ会いに来て近況報告したかったとは思えなかった。最後まで言葉にできなかったこととは何だったのだろうと考えていた。自分に起こった出来事とは性暴力であると知るようになって、15年以上が経過している。これまでも、Tとは過食やギャンブルという現実逃避による生き延び方が、生活の中で大きな軋みとなっていることを何度も確認し合うが、変えようとしなかった。「このままではダメだとわかっている」と話すが行動は変わらない。依存症の治療では否認という心理機制がよく知られている[*2]が、Tの場合には、それを無視してでも生き延び方を変えない。その頑なさの背景にあるものを考えつつ、お手上げするしかなかった。

12月28日に退去ということは、あと1週間しかない。とりあえず行く当てはあるのか聞くと、妹からは着信拒否をされているし、母親にはもうかなり借金をしているので頼るのは無理だという。私は12年以上前の入院を最後に疎遠となっていた精神科医に連絡を入れた。フラッシュバックによる自傷行為が深刻なため何度も入院したTだが、治療者に対してはどこかよそよそしさがあった。しかし当時の主治医はそうしたTの頑なさを逆なでせずに、淡々と付き合ってくれた。このときも、こちらの急な依頼にもかかわらず事情を考慮し、診察を受けると言うとベッドを確保してくれた。生活保護課に掛け合うと、使っていた家財道具の保管について費用支給が決まり、慌ただしく荷物の整理を済ませると、年の瀬も押し迫った12月29日に入院となった。Tは28日にアパートの立会いに臨み、滞納分に関しては誰からも借金できず分割で返済することとなった。実は数カ月前から電気、ガス、水道などのライフラインがすべて滞納のために使えなくなっており、近くの公園のトイレやコンビニで用を足し、毛布にくるまって暖をとっていたという。アパートはあるが、Tはそのときまさに「ホームレス同然」の状態にあった。

正月が終わると、私は入院中のTに面会した。担当のソーシャルワーカーは大学を卒業して間もない女性で、まだ廃棄されずにいたTの分厚いカルテに驚きながらも、必要な手続きを着々と進めてくれた。入院はあくまで急場を凌ぐものであるため、強烈とも言えるギャンブルへの耽溺、つまりは依存症の治療に関してほとんど触れることはなかった。事務的対応だが冷たい感じはなく、Tはそうしたソーシャルワーカーの態度にむしろ救われたと話した。「自分でも自分がどれだけひどい状態か、わかっていないわけじゃない。でも〝コイツ、終わってるな〟っていう目で見られたら、もうそれだけで〝いいです、帰ります〟って言いそうになる」。しかし生活保護費が居宅から入院基準に切り替わると、最低限の買い物とわずかな返済だけで金はすぐ底をつく。Tは退院を希望したが、これまでの経緯を考えると短期間の入院で新たに居宅を構えることは生活保護課が認めなかった。周囲は代わりにグループホームへの入所を勧めたが、すでに2回の入所経験があり「人と一緒に暮らすのはムリ」と渋った。ならば救護施設しか行ける場所がないだろうとその概要を伝えたところ、個室ではないという理由で拒絶した。自分で居宅を維持できなくなってなお、自分が譲れないことに関しては妥協が難しい。Tの抱える生き難さは、徹底して目の前の現実を見ないということによって何重にも複雑に入り組み、ねじれた形となっていた。

1カ月後、偶然に法人が運営するマンション型のグループホームに空きが出ると、そこへはすんなりと入居した。預けておいた家財道具を運び込み、Tの新しい生活が始まった。間もなく妹が姪の進学のためにと貯蓄しておいた金をTがほぼ使い果たしてしまったことがわかり、滞納している水道光熱費と家賃や母親への借金、申告しなかったアルバイト収入などを合わせると、返済額は相当な額に及んだ。しかしそれは担当したグループホームのスタッフが、生活保護担当者からの情報や面接場面等でTから引き出した言葉の断片を、つなぎ合わせることでようやく明らかになった。Tはどこまでも、こうした現実の全てから遠いところに居た。

2　2010年2月：記憶の欠落／解離

私は2010年の10月に上岡陽江との共著『その後の不自由』（医学書院）を上梓した。そのなかで、1章を当事者のインタビューを中心に編集することが決まっていた。当時も今も、日本社会で薬物依存症（特に違法薬物）は疾患ではなく、犯罪として認識されることが多い。私がこの本で上岡と共に描きたかったのは、スティグマを付与される女性依存症者の多くが、過酷な暴力被害を体験していること、そして治療者がともすれば彼女たちが引き起こす様々なトラブルの収束に気を取られ、見過ごしてしまいがちな暮らしの現実だった。上岡と誰のインタビューを掲載するか、編集者を交え話し合う中で、私は上岡にTのことを紹介した。

Tは小学校時代の担任、会社員として働いていたときの上司、そして整体師から性被害にあっている。その後精神科で治療を受けるようになってからも、別の整体師、そして入院中に同じ病棟の男性患者からさらに被害にあう体験を持つ。Tが自分に起こっていたことを性暴力と知るのは、1999年5月、最初の施設入所にさかのぼる。精神科でたくさんの処方薬を言われるままに服用していた時期を経て、Tは占い、自傷、過食、そしてギャンブル（パチンコ）へとのめり込む「嗜癖」の対象を変えながら生き延びてきた。またTは、解離によって被害を呼び寄せると同時に、自分を護ってきたと考えられる。[*3]

Tは2005年にグループホームを退所したが、その後一切の連絡を断ち自宅に引きこもった状態で経過していた。ところが2010年2月、突然法人が利用者の通所施設として運営していた「地域活動支援センター」（当時）を訪ねてきた。そしてフラッシュバックがひどくて辛い、精神科クリニックの通院もままならないと訴えた。その流れで思い出話が始まるのだが、Tは実のところ、グループホームで生活していたときのことをほとんど覚えていないと話した。私は驚いて、3回ほどに分けて面接を設定し、もう少し詳しく話を聞くことにした。Tは「自分のなかでは、この10年くらいのことが断片的にしか残っていない」という。私の記憶やグループホームの記録でしかTは自分の過去を辿れないのだという。この聞き取りはTの承諾をえて『その後の不自由』第4章、「生き延びるための10のキーワード」のひとつ「時間の軸」としてまとめられた。

私はこの5年というＴさんにとってどのように流れていたのかずっと気になっていました。施設を離れる少し前から、自室に引きこもったＴさんの生活を受け入れつつ、同時に私は「このままでは何かが大きく変化することがない」という思いで彼女を見ていました。それは、流れていく現実の時間に逆らうかのようにその時点に留まり続けるＴさんへの少しの共感と、大きな落胆の入り混じった感覚だったように思います。

（上岡・大嶋 2010: 196）

私は面接でＴさんに、施設に入所していた時期のほとんどを解離していたため覚えていないと聞かされ驚きました。実は入所中にふたたび被害にあってしまうという体験をしたのですが、そのときのこともどこかピンときていませんでした。

ところが面接を再開して間もなく、Ｔさんは入所中の被害をフラッシュバックによってありありと思い出しました。どのように相手から脅かされ、口止めされたのか、記憶は強烈な恐怖とともに蘇ったのです。出来事から数年が経過し、それを被害と認識したときにはじめてＴさんは、その出来事を〝体験〟したのでした。

（前掲書：197）

本の元になった聞き取りのなかで、Ｔは引きこもっていた5年について詳細に語っている。

グループホームを出たあとは〝それいゆ〟へも行かなくなって。食べることや眠ることとみたいな最低限やらなきゃいけないことはできていたけど、それだけで過ぎた感じかな。いつか〝それいゆ〟へ行けるようになりたいっていう思いはあったけど、さあ動き出そうという気持ちにはなれなかった。ちょうどそのころから性被害のフラッシュバックも出始めていてしんどかったんだよね。だけど、自分のアパートにいれば安全だっていう感じがあった。誰にも場所を教えていなかったので安心だった。やっぱり生活する場所が安全だっていうのは大事なんだと思う。これから先どうしようという思いと、でも動けないという現実の繰り返し。ただ、自分が会いに行きたいと思ったときに、自分には行ける場所があるっていうのが頭の隅にあったかな。いつか動き出す日がくるっていう思いはあった。

（2010年2月聞き取り）

Tはこの時面接を再開するきっかけとなったのは、フラッシュバックのつらさだというが、それまでも何度となくフラッシュバックが起こり、それが少し落ち着くと何が起こっていたかを私をはじめスタッフに話すことはあった。しかし聞き取りのなかでTは次のようにも述べている。

人って、壊れないように話さないことで自分を守っている側面があると思うんだけど。多分グループホームにいるときも一人暮らしのときにも、フラッシュバックが起きたら自傷したりパチンコしたりで、それ以上のことを話さないようにしていた。でも今はまたそのときとは違って、とにかく話さないと辛い。生きていけない感じがする。

グループホームにいるときの私は、嫌われないようにしなくちゃいけないというのが働いてしまう。だけど今は自分である程度生活しているから、今の（スタッフとの）関係の方が〝助けて〟が言いやすい。やっぱり、生活を任せているときには嫌われるのが怖い。この5年間の記憶はほとんどないけど、どこかでそれなりに生活してきたっていう自信があるのかもしれない。解離しながらも、なんとか生きてきたんだなって思う。

（2010年2月聞き取り　傍点は筆者）

性被害のことを話すことについては、今までなんども失敗している。話したそのときは一瞬ラクになるんだけど、その後〝返し〟がきてすごくしんどくなることを何回も経験した。誰にでも話せるように錯覚するの。そうすると、自分が思っていた以上に自分が体験したことはひどいことだから、話した後で自分がやられてしまう。それで、葛藤がひどくなって、今度は全く話せない時期を体験して……。

援助者からすると、今は話す時期じゃないっていうのがあるのかもしれないけど、そのときは話したいので、時期じゃないって止められたらそれはそれで自分を拒絶されたような気分になりそう。結局、その時期じゃなかったかどうかは、痛い思いをしないとわからない。

（2010年2月聞き取り　傍点は筆者）

5年間の空白を一気に埋めるかのように、Tは話し続けた。そしてギャンブルは止まっていないこと、相変わらず生活費の大半を一気に使って母親から借金の繰り返しだと苦笑していた。また心配していた糖尿病の他に髄液減少症の疑いなど、様々な身体疾患の治療と称して通院に多くの時間が取られていることがわかった。このときのTの語りは、フラッシュバックに翻弄されながらも力強さを感じるものであった。そしてグループホームでの日々は記憶から欠落していると言いながらも、性被害のフラッシュバックに苦しむ自分を、Tの眼は冷静にかつ的確に捉えているように感じた。設定した面接が終了するとき、私は改めて止まっていた時間を動かしてみてはどうかと提案した。Tのペースでよいから、通所を再開しグループワークを始めてみるのはどうか。ちょうど「レジリエンスミーティング」で、新しい書籍の輪読が始まるところだった。[*4] Tは以前とは違って今なら本が読めるかもしれないと言い、すっきりとした表情で帰っていった。

しかしTはその日を最後に通所することはなく、再び長い沈黙の時期へと入っていった。

3　2003年8月：再生のための自閉／グループホームでの日々

Tがグループホームに入所したのは2003年8月である。現在グループホームは「共同生活援助事業」として「障害者総合支援法」に基づく障害福祉サービスの一類型だが、当時は地方自治体による「精神障害者のための共同住宅」という枠組みで補助金が拠出される事業であった。札幌市白石区の住宅街にある古い民家を改造し、6名の女性が入居して共同生活をおこなっていた。

このグループホームにはTと同じように様々な被害体験を背景に持つ女性が生活していたが、この場所は、法人が掲げていたミッションのひとつである「女性が安全に暮らせる場を提供する」を具現化したものだ。私は1999年まで精神科病院でソーシャルワーカーとして働き、並行してフェミニストカウンセリングを仲間とともに実践していた。精神科病院勤務の12年で、多くの女性患者がその疾患の背景に暴力の被害を抱えていることを知った。しかし疾患を診断し、治療する精神科病院でも、クライエントの語りに耳を傾けながら問題を整理するカウンセリングルームでも、実現できなかったことがある。それは、困難な状況にある女性の暮らしを直接的に支えることだ。そのような思いでグループホームと小規模作業所を2002年に開設したが、それからちょうど1年が経とうとしていたころだった。

Tの入所は、私がそのときの状況を見かねて決めたものだった。Tは1999年に、私が当時関わっていた別の施設利用を経て、その後アパートを借り生活していた。

私がリカバリーハウスに入ったときは、ちょうどかかっていたクリニックで週に1回大嶋さんもカウンセリングしに来ていたでしょ。その日私は診察で、目眩がひどくて疲れ果ててたの。「もう妹の世話で、へとへと。疲れて動けない」って言ったら、「もうあんた、ダメだわ」って。とりあえず入所しなさいって、そのままハウスに連れていってもらったのは覚えてる。そして、ひたすら寝たの。とにかく「ご飯だよ」って起こされたらご飯食べて、また寝て。寝て、寝て、寝てっていう感じだった。

（2019年3月9日聞き取り）

Tの妹は地元でシングルマザーとなり娘を育てていたが、入所の前年に娘を連れ札幌へ引っ越してきた。Tの家族はみな自分の考えや気持ちを言葉にしない共通点を持つが、妹はなかでも飛び抜けてそれが強いという。アパレル関係で働いていたが、妊娠したことも家族には隠し、相手の男性と引きあわせることもなかった。Tによれば、妹は札幌へ来てから毎日Tのアパートに姪を連れて来るのだという。Tがまだ小さかった姪の食事を作り、公園で遊ばせるなどまるで自分のアパートが保育園のような状態だったため、自分の精神状態も不安定なのに加え、妹と姪の面倒をみていたら疲労が頂点に達してしまった。しかし妹はTに面倒をみて欲しいと頼んだわけではない。Tの家族は「状況から察する」ことを互いに前提としているが、妹が来ても断らず、むしろ自分から世話焼き役割を発揮してしまうのがTには習慣となっているのだという。その後、妹もTと同じメンタルクリニックに通院を始めるが、Tのこうした家族への献身はその後も長く続き、T自身が自分の課題と向き合うことから目を逸らす大きな原因ともなっていた。

入所してからのTは、ほとんど外出することなく2年間をグループホームのなかで過ごした。法人ではは本来グループホームを利用する場合、入所者がそこで長い期間生活するというより、その場を通過することを意識した支援をしている。そのため昼間は作業所（当時）へ通所する、アルバイト就労、通学等何でも良いから「外の世界とつながる」ことを入所の条件としていた。しかしTはその条件を聞き入れず「外へ出たくない。人が怖い」と言い続けた。人と一緒に暮らすのは無理だが、フラッシュバックがあまりに辛く、一人でもいられない。そんなときに妹が姪を連れて札幌へ来たが、その面倒をみることで考えないようにしたところ、自分が心身ともに疲れ切ってしまった。加えてTはパチンコで生活費を使い果たすという課題も抱えていたため、入所は必然だった。

Tは半年ほどすると、自分の部屋から出てリビングで時間を過ごすようになった。それは人の中に居ようという〝良い兆し〟なのではない。そういうときTは、リビングにある3人掛けのソファに横になる。スタッフが夕食作りをして、作業所から戻ってきたメンバーたちが談笑するすぐ脇で、Tはじっと黙って横になっていた。そこがなぜ定位置となっているのか、私はその理由をTに尋ねたことがあった。

「ソファの背に自分の背中を押し付けているとね、安心するの。誰にも後ろから襲われないっていうのが、身体で感じられる。部屋にいて、みんなやスタッフの声が聴こえるだけで安心するときもあるけど、それだけじゃダメなときがある。一人でいたら、また切ってしまいそうになる」

誰からも侵害されない自室が安心な場である反面、そこにすら居られないことがあること。そして背中という皮膚がソファに触れていることでようやく、自分という輪郭を感じ取れること。ソファの背がTを侵襲から防御する盾となっていること等々これらのエピソードを通して、私は「安全な場所」が意味するものの多様さについて学ぶこととなった。

グループホームに入所してから、皮肉なことにTのフラッシュバックは以前よりも頻回になり強まった[*5]。そのため自室ではなくリビングで過ごす時間が増えただけでなく、自傷行為が徐々にひどくなった。洗面所で血だらけのタオルを洗っているTに、驚いて声をかけたことは何度もあるが、手首など見えるところに傷はない。二の腕、太ももの内側などを深く切るのでハラハラした。切る瞬間の痛みで生きていることを確認する、あるいは遠のく意識をこちら側へと戻す効果など、Tなりのグラウンディング（自分という場所に戻ること）だった。[*6] またTは、女性としての自分の身体に強い嫌悪感を持っていた。服を脱いで自分の裸体を見るのが嫌だと、何日も風呂に入らない。促されてようやく入浴する際には夜中で、しかも電気を点けずにいた。自分の身体がどうしようもなく汚れているという強固な思いは、異常なほどの過食としても現れた。Tは太って醜くなった自分の身体が性の対象でなくなることを望んだが、同時に食べているときだけ何も感じないで済むという。急激な体重の増加は身体への負担が大きい。近くの内科を受診したところ、高脂血症と糖尿病の初期と診断され、食事療法が始まった。しかしTにとってそうした診断も治療も「表面的に従う」ものでしかなく、状況は改善されなかった。眠りに落ちるその瞬間まで口の中に物があるという状況が、のちに口腔内の不衛生からくる歯周病、そしてそこから重大な身体疾患へと波及することを何度も伝えたが、Tは取り合わない。

ほとんど自閉的な暮らしをしていたTだが、当時のグループホームには中庭があり、そこに大家が残していった葡萄棚と家庭菜園があったので、それを手入れするのがTの役割となっていた。

水やったり、雑草抜いたり。それぐらいのことしかできないけど、出かけることもできなかったから自分の役割みたいな気がしてた。きゅうりが大きくなったり、トマトが赤くなって、それがハウスの食事になったりするとみんなが喜んでくれるから、自分でも嬉しかったんだよね。これで、私はここに居てもいいのかなって。私、32歳からこの10年間の写真ってほとんどないの。

目で見えるものが残っていない。記憶としてしか残っていない。それもね、頭の記憶っていうと変だけど、そうじゃなくて身体の記憶？　体感っていうのかな。それいゆで食べたご飯とか、畑の野菜の味とか、ああいう記憶。年越し会の材料を一緒に買い出しに行って料理を作ったとか。何もできなくても、みんなと食べたものとかハウスでの出来事とか、そういう体感としての記憶がある。

（２０１０年２月聞き取り）

フラッシュバックには薬物療法で対応していたが、自傷行為が激しくなると入院して命を守ることが必要になった。おそらく最後の入院を終えてグループホームへ戻り少し経った２００５年の春だと思うが、Ｔが「妊娠したかもしれない」と言い出し、私はとても驚いた。先述したような身体へ嫌悪を顕にしているＴと妊娠がまったく結びつかないからだ。私は多分に詰問調でＴに何があったのか問いただした。Ｔは入院中に同じ病棟にいた男性患者と何度か性関係をもったこと、男は複雑な家族関係を背景にもち、Ｔの話に親身に耳を傾けてくれたこと、そして男に特別な感情はないが関係を求められて断らずに応じたところ、病院の外で関係を続けたと、Ｔは淡々と語った。性被害がときに繰り返される場合、当事者があえて危険な状況に身をさらす事例に関して文献を通じた理解はあった。しかし実際に目の前でＴが話す内容と、入院するたびに増えていく自傷の跡がうまく繋がらずに私の頭は混乱していた。ただ、男の行為はＴの精神状態に付け込んだ加害行為であると伝えたが、Ｔには届かなかったように感じた。実際のところＴがそれを被害と認識するのは２０１０年２月の聞き取り後であり、このときの出来事はおよそ5年間凍結されることになる。そしてさらに9年が経過し、今回の原稿を書くにあたって境界線に関する聞き取りを行った際に当時の出来事に触れ、Tが侵入されやすい相手には、同じパターンがあるのではないかと指摘した。Tは次のように答えた。

「どうぞ」って言う人が決まっている。

楽な方を拒絶する。病院で知り合った男もそうだった。あれもひどかった。あの人も表で見せる顔と自分と2人のときとは全く違う。怖い。なんでそういう人に自分が開けちゃうのか。

（2019年2月11日聞き取り）

この出来事を最後に、フラッシュバックからの回避行動は自傷行為から過食とギャンブル（パチンコ）へ移行していく。2年の入所でTの体重は30キロ余り増え、生活保護費が入るとその全てを数日のパチンコで使うことも珍しくなかった。これでは地域での暮らしに戻れない。破綻するのが目に見えている。自傷行為、パチンコ、過食、これらはすべてTの性被害体験がもたらすフラッシュバックを回避する、あるいは強い自責感を和らげる効果があるため反復された。しかし同時に多くの困難さ、具体的には身体的な傷や命の危険、生活費がなくなり借金が増えること、健康への悪影響等々をもたらした。Tは性被害体験という困難から精神のバランスを欠いた状態にあると同時に、「わかっちゃいるけど止められない」依存症状態にもあった。そして依存症からの回復を目指すという観点からは、依存対象を手放すことを勧めるのだが、Tの場合にそのアプローチには限界があった。なにしろ、Tは「このままではいけないとわかっている」としながら、より暮らしに影響の少ない別の方法で性被害体験を乗り切ろうとする動機を、このときには持ち得なかったのである。

援助は袋小路に入ったような閉塞感に覆われていた。Tはもう自分でなんとかやっていけそうだからと、グループホームからの退去を申し出てきた。私にはTの苦しさの大元が何も変わらないままで社会へ戻ったときにどうなっていくか、最悪のシナリオが見えているので止めはしたが、同時に、かといって自分が何かを変えられるわけでないこともわかっていた。新しくアパートを借り、家財道具を揃えるとTは出ていった。2005年8月、退去の前に誕生会を最後にやって欲しいと言われてTの好きなものばかりを料理した。それから次にTと会うまで、5年の年月が流れることを、このときの私は想像していなかった。

4　1999年5月：生き延びるためのアディクション／性被害という開示

最初にTを私に紹介したのは、1997年に仲間たちと開業した「フェミニストカウンセリングルームぽれぽれ」（以下ぽれぽれ）の同僚である。Tは札幌までJRを使いカウンセリングに来ていた。他市から通うクライエントは何人かいたが、その主訴が「占いがやめられない」というもので、依存症という観点で関わって欲しいと私に相談があった。

ぽれぽれは、日本にフェミニストカウンセリングを紹介した河野貴代美による養成講座を受講した有志によって開設された[*7]。市内のマンションを借りて運営していたが、カウンセリングを担当するスタッフはそれぞれ精神科医師、臨床心理士、大学教員など本務先を持ちながらそれぞれの休暇を持ち出して業務をおこなっていた。私は精神科病院で働くソーシャルワーカーとして講座に関心を持ち受講を終えたが、個別カウンセリングのほかにアサーティブトレーニング[*8]のグループワークを担当した。

1999年5月、私は勤務していた病院を退職しぽれぽれの専従となったが、並行して前職の経験を生かし、当事者主体で運営しているアルコール依存症者対象の社会復帰施設が、新たに女性の施設を開設するプロジェクトを任されていた。当時の依存症治療では、当事者たちによる相互援助である自助グループの活動が重要とされ、そのエッセンスを暮らしに取り入れた当事者主体の社会復帰施設が、全国で次々と開設されていた。しかし女性依存症者の特性を踏まえた施設は数が少なかったのである。

さて、同僚によればTは自分の考えで行動するのが難しい、自分の判断を占いで確認するが、すぐにまた不安にかられ占いを繰り返しているのだという。遠方からのカウンセリングだけで行動を変容させるのは困難ではないかということで、同僚から担当を代わって引き継ぐことにした。

Tは約束の時間にぽれぽれに現れた。地元の精神科にかかるようになったのは2年ほど前だが、抑鬱状態と言われて服薬を続けている。その少し前に、下垂体に腫瘍が見つかり手術したことを機に仕事を辞め妹のところに居候していた。昼間、妹が仕事へ行ってしまうと一人で何もすることがなく、時々車で実家へ行き家事の手伝いをするくらいで毎日がとても長く感じる。自分はこの先、仕事ができるようになるのか考え始めると不安で、心臓が苦しくなるなど発作のような状態に陥った。そんなとき雑誌に掲載されている占いコーナーが目に止まり、電話をして自分の悩んでいることを話してみたところ気持ちがとても落ち着いて楽になった。最初は時々電話するくらいで済んでいた。ところが、しばらくすると占い師に言われた内容が気になり、別の占い師に電話をして違うアドバイスを求めるようになり、徐々に電話の回数や占いの課金が増えて、無職状態のTは借金を重ねるようになる。相談時には地元で弁護士が入り自己破産申請をおこなっていたが、それでも占いへの電話が止められない。主治医に話したが取り合ってもらえずに、たまたま新聞に紹介されていたぽれぽれが、女性を対象としていたので来室するようになったと語った。

私はTに、依存症にはアルコールや薬物のような物質だけでなく、対象がギャンブルや買い物といった行為やプロセスも含まれるので、治療は可能であることを伝えた。ちょうど立ち上げを任されていた依存症女性の社会復帰施設が間もなく開設されるので、よければその施設に入所してみることを勧めた。Tはその頃生活保護を受給するようになっていたが、担当者の理解も得られ、札幌市へと転居し開設したばかりの社会復帰施設での暮らしが始まった。

　最近、施設に入ったころのことを思い出すんだけど。とにかく施設に入る前は占いが止まらなくてひどかったでしょ。毎日明け方までいろんな占いにかけて、昼間はご飯食べて寝てっていう感じ。1分で数百円だからあっという間にすごい金額になる。そのころ銀行振り込みだったのね。ATMでなんかやってられないくらいあって、とにかく振り込み用紙を何十枚ももらって書いて窓口に〝どん〟って出す感じ。

そのころ精神薬で頭がぼーっとしていたから、断片的にしか覚えていないんだけど、窓口の人がすごく変な顔をして私を見てたのだけは記憶にあるの。だって振込先が〝○○未来〟とか〝フォーチュン○○〟とか怪しいでしょ(笑)。それに振り込み金額が一度に何十万だから。占いに電話をかけて、3日以内に振り込みしなくちゃいけないから、しょっちゅう振り込んでるし。とにかく昼はちゃんとしていなくちゃいけない。振り込みしないといけないから。だけど夜はおかしくなってまた占いに(電話を)かけるの繰り返し。

(2010年2月聞き取り)

Tは施設に入所したものの、3カ月で退去し、アパートを借りた。しかしあれだけひどかった占いへの電話が、入所するとピタリと止まった。毎日昼間は〝ミーティング〟と呼ばれる自分の依存症に関する行動の振り返りをおこなうグループへの参加、そして夜の自助グループと、男女を問わず気さくで明るく話しかけ周囲に打ち解けているように見えたTは、施設で模範的な利用者だった。

施設に入所して占いを止めるのはしんどくなかった。変な話、ここ(社会復帰施設)で苦しいことを1年我慢して過ごせば、何かいいことが起こるに違いないって思っていた。でも3カ月しか持たなかった。自分でも意外だった。とにかくいい人をしてしまうでしょ。それなのに常に人と一緒に過ごすことが、もう苦痛でたまらなかった。施設での生活は無理だけど、一人ならその〝苦行〟をやり遂げられると思ってアパートを借りたの。

(2010年2月聞き取り)

あの頃、毎日夜は自助グループ行っていたでしょ。女のメンバー4人いたからね。KさんとMさんは50代だったけど、いま自分がKさんと同じくらいの年だなんて信じられない。すっごくおばあちゃんだったよね、Kさん。Mさんは「何がミーティングだ」とか「AA嫌いだ」とか言い放題でしょ、私すごくMさんのことが好きだった。裏表なくて、自分が思っていることまっすぐ正直に話すでしょ。いいよねー。そしてNちゃんと私。Nちゃん、いっつも手首切ったりとかしてて、大嶋さんの家にピンポンしに行ってたよね。その度に大嶋さんが「縫ってもらわなくちゃ」って、病院へ連れて行ってたでしょ。私、それ見て「なにやってんのかなー」とか思ってた。もうとにかく表面的には合わせていたけど、いい人だからね、基本。でも内心は嫌で嫌でたまらなかった。「もうたくさんだー」って感じだったの。でも、出てアパートを借りるでしょ。すごく安心したんだけど、もうそれから息ができなくなってパニック発作がひどくなって、今度は私が毎晩のように大嶋さんの家にピンポンだったよね。

（2019年2月11日聞き取り）

Tが社会復帰施設に入所したのはわずか3カ月だが、あれは一体何だったのかというくらいその後一度も占いにのめり込むことはなかった。女性用の共同住居を退去した後、Tは新たに開設した女性依存症者の通所施設に来ていた。そこでは従来のようなミーティングだけでなく、言語化が難しい各自の心情を、創作や陶芸といった手工芸で表現する取り組みを始めた。またぽれぽれでおこなっていた「アサーティブトレーニング」も導入し、対人関係における自分の考えや気持ちを、相手を尊重しつつ伝えるロールプレイでは、利用者たちが依存症に陥る背景ともなった抑圧的な人間関係、自分への罪悪感などが浮き彫りとなった。ミーティングでも、単にアルコールやクスリをどう使って社会生活が破綻していくかという依存症者定型の語りではなく、なぜ〝酔いが必要だったのか〟に焦点をあてる語りを彼女たちに促すようにした。すると、社会の中で女性というだけで劣位に置かれ虐げられる体験や、母親が娘である彼女たちに期待しつつ同時に嫉妬するといったアンビバレントな環境で、自分を思うように肯定できずに苦しんできたことなど、まさにジェンダー不平等な現実が語られる時間となった。

ある日、いつものように始まったミーティングの中で、Tが初めて勤めた会社の上司と長い間不倫関係にあったと話し始めた。同じ相手との関係で2回中絶したこと、ある日そのことが社長の知るところになるが、呼び出されたTは一方的にその日のうちに会社を解雇されたという。相手はその後も会社で働き続けるが、Tは社長から「市内から転居しろ」と命じられる。何が起こったのかよくわからないまま、Tは隣町に住んでいた妹のアパートへ引っ越し、実家とアパートを行き来する生活となった。そしてそれから間もなくTは別の会社で働き始めるが、下垂体の腫瘍が見つかり手術することを告げたところ会社を退職するよう言われてしまう。無事に手術は成功したが、Tはそれから働くことができなくなった。地元の精神科へ通院し始め、精神薬を服用しながら貯金を切り崩して生活し、気がつくと占いへ毎日電話をかけるようになっていたと語った。Tはこの語りの後から、夜間にパニック発作を起こすようになる。

7年だよ、付き合ってたの。今思うと支配されていたよね。友達と遊びに行って帰って来たら、（男が）家の玄関横に立って待ってる。どこで誰と何してたって、尋問が始まる。（男は）私の家の近くに住んでいたから。帰ってくるまでじっと待っている。怖かった。いつからいたんだろうこの人、「とにかく乗って」って車に乗せられて聞かれた。本当は言わなくてもいいことなのに、なんだか言わなくちゃいけない気持ちになっていた。Yちゃん見ていて、「あ、このくらいの年で自分は一人で中絶の手術を受けに行ったんだ」と驚いた。なんで一人でできたんだろう。今思うと、あの人はすごい変な奴だった。中絶したその日も待っていて、とてもじゃないけど、その日はセックスなんかできるような状態じゃないから「セックスはしません」って言ったんだよね。そしたら「なんでできないんだ！」って怒り出しちゃって。意味わかんない。ただそのとき「女の人はそういうふうにしなくちゃいけない？」って思ったのかな。なんでそう思うのか辛いけど。会社でも他の人としゃべるな、仲良くするなって。最初はその人のいうことあまり聞いていなかったと思うけど、だんだん言うことに従うようになっていった。

（2019年2月9日聞き取り）

札幌へ来てからTは精神科クリニックへ通所していた。ぽれぽれの同僚だった精神科医が心理士、看護師の仲間と立ち上げた女性のためのメンタルクリニックだ。入所していたときのTとは別人のようで、明け方にならないと眠りにつけないため生活時間がずれ込み、通所施設にもなかなか顔を出せない。また途中で何度か入院をすることになるが、このときの精神薬は今から想像もできないくらい多量であった。通所はしばしば寸断され、Tと会う機会が減っていった。

2002年にはいると、私は立ち上げた女性の社会復帰施設の援助方針をめぐり、男性スタッフと衝突するようになっていた。私はこのころ大学院で女性依存症者の回復過程に関する研究を本業との二足のわらじでおこなっていた。依存症の中高年男性の援助モデルを、そのまま女性に当てはめることの課題を批判的に検討していたこと、またジェンダー不平等な環境にこそ目を向けるべきではないかという私の主張は男性当事者スタッフには届かず、「依存症に男も女もない」という、経験至上主義の彼らと真っ向から対立したことから、退職し自分で新たな場を立ち上げる決意をしたばかりだった。

Tが通院していたクリニックへは、私も週に一度カウンセリングを担当する非常勤として勤務していた。Tには主治医を通じて新しい通所施設とグループホームを開設することを伝えたところ、2002年9月の開設に合わせ、久しぶりにTは定期的な通所を再開した。〝それいゆ〟と名付けた現在まで続く新しい場所は、「様々な被害体験を背景にもつ女性の福祉的支援をおこなう」ことを目的として掲げた。そして言語により自分の抱える困難さを整理するプログラム、そして創作系活動のプログラムの2本を柱とした。前者のなかに「サバイバーズミーティング」があるが、これは性被害体験をもつメンバーたちの時間だった。[*9] 性被害体験それ自体を話すことを目的とせず、体験を生き延びるということの意味に焦点をあてることにした。Tはそのなかで自分に起こった最初の被害、小学生だったときの担任よる性被害について語った。それは私との面接で最初に語られ、次にグループの中で語られた。その日は長い沈黙がグループの中に流れて、みんなで静かにお茶を飲み、いつもより上等なお菓子をいただき解散したように記憶している。Tは少しフワフワすると言いながら、自分のアパートへと帰って行った。帰りがけに、「妹が妊娠し、子供が生まれた。仕事も辞めてしまった妹が、札幌へ越してくるというので、自分がいろいろと手伝ってあげなくてはいけない」。Tは先ほどの語りとまったく異なり、まるで切り離されたような短い語りを残した。その日を境にTは通所しなくなったのでどうしているのかと電話すると、妹のことで忙しくなった、しばらく行けないと言い電話が切れた。Tとの関わりが再開されるのは、グループホームへの入所となる2003年8月である。

5 心的外傷を抱える人へのソーシャルワーク

(1) 当事者の困難に気づく

人があることで困っている。それを「困っている」こととして他者に伝え、必要な助けを求める事ができる前提として、①それは大抵の人が同じ状況に置かれる場合に、〝困る〟と認識することだと考え、②自分の力で解決しようとしても難しいので、他者の力を借りることはおかしなことではないと感じ、③この人(あるいは機関)に助けを求めてもよさそうだという見込みをもって、実際の行動へ移す。次に相談の場面では、まず自分が困っている内容を大づかみで説明する。次に相手から聞かれることに答え、より詳細な経過を話す。最後にどのような解決の方向性を自分が求めているか、相談の着地点に関する自分の希望を伝えておく。

長い間自分が相談に応じる側ばかりで仕事をしていると、こうした結構複雑、かつ入り組んだプロセスを自動的に相談者へ求めていることを忘れてしまいがちだ。

Tの場合には、最初の性被害を母親に訴えたところ否定されている。①「夢でも見てるんじゃないの」という母親の言葉は、Tが話したことは〝ありえない〟ことで、Tの空想だと断定され、その認識が否定されたことになる。②そもそもそれはありえない空想だから、他者の力を借りるようなことではないという否定が続き、しかも③で、母親という最も自分にとって助けを求めてよさそうだと思っていた相手からの否定であったことの意味は大きい。次にTは会社員時代の上司から被害を受ける。①初めは恋愛関係にあると思っていたが、男から行動の詮索や支配を受けるようになった。これはおかしいと感じたが、自分の認識に確信が持てなかった。[*10] ②男に妻子がいたので、不倫となれば自分にも非があると責められる可能性があった。それを選択したのは自分だとすれば誰かに助けてもらうことではない。③男から他の人と会話をする、外出することを禁止されていたので、助けを求めていいとも、誰ならそれをしてもいいとも考えられないまま経過した。しかし事実が社長の知るところとなり、呼び出され不倫を利用に即日解雇されただけでなく、同じ町に住むことを禁止された。一方、相手の男は仕事を続け、Tへの支配も続けようとしたが、Tが妹宅へ転居し連絡に応じなくなったことで関係が消滅した。Tは「社会ってこんなもんか」と思ったという。男の子を中絶した費用を自分の貯金で支払い、誰にも付き添われることなく一人で産婦人科を受診した自分を、かなり後になってTはようやくそれを被害と認識し、嘆き、怒り、哀しむ。

Tの家は公務員の父と専業主婦の母、Tが長子で妹2人の5人家族だ。絶対君主である父は未治療のアルコール依存症であったと思われ、母はその父が職業生活を全うすべく生活のあらゆることに父を優先させた。父の言うこと、決めたことが絶対で、誰もそれに逆らうことはない。家では父の機嫌を損ねないようにすることが子供の役割で、女に教育は不要という父の持論でTは進学の希望さえ口にしたことがない。Tの役割は妹たちの面倒をみて母を助けることであり、母の相談相手として母の愚痴を聞くのが役目である。表面的には常識的で社会において適応的な家族であったが、現実的な課題が家族にふりかかったときに話し合う、あるいはお互いの考えを述べ合うことはなく、解決というより問題それ自体が収束するのを待つというものであった。絶対君主の父が亡くなると、問題が目の前にあることを家族は「見ない、感じない、信じない」ようにするという暗黙の了解で繋がっていた。Tは自分ではなく家族の要請に応えることで自分の存在価値を確認し、自分自身のニーズは後回しにする習慣を身につけていった。

ところでソーシャルワーカーが当事者の困難に気づくのは、そのときの主訴に触れることから始まる。しかし性被害の場合には、主訴の伏線として、あるいはこちらの違和感としてひっかかるだけで主訴とならないものがある。

Tの主訴は「占いへの依存が止まらない」というものだった。依存症について医学的診断基準が最も早く確立されたのはアルコールだが、その後病的賭博、そして近年ではインターネットゲームへとその適用範囲が広がっている。もちろん占いの場合にはそのような基準もなければ、依存の対象となるということすら認知されてこなかったと考える。一方で嗜癖（以下アディクション）という概念があり、こちらは依存の本質が身体依存ではなく精神依存であるとすれば、依存症のメカニズムそれ自体は、対象が何であっても起こり得るものとして考える。例えば、リストカットのような自傷行為をアディクションとして捉える論者もいる（Terner 2009）。

精神科医である斎藤学は「女性が飲むには理由がある」と述べた（斎藤 2003: 39）。男性が習慣的な飲酒から身体依存が形成され依存症と診断されるのに対し、女性の場合は家庭内役割へのストレス、子育てへの不安、結婚生活と経済的自立の両立など様々に「慢性状況反応型」であり、発症の経緯が異なると指摘した。加えて多くの欧米文献は、女性のアディクションの背景には幼少期の性虐待をはじめ、パートナーからの暴力など多くの被害体験が見られることを指摘している（Briggs and Peppere 2009; Call and Nelsen 2007; Griffin et al. 2005; Najavits et al. 2004; Plotzker et al. 2007）。そのため、女性のアディクションに関わる場合には、心的外傷体験への支援を同時並行的におこなう必要性を説くものがある（Najavits＝2020）。私自身は精神病院でアディクションと出会うが、臨床の中で欧米の研究者が指摘したように女性患者の発症機序に多くの暴力が関係していることを実感していた。アルコールにせよギャンブルにせよ、のめり込むことで何を見ないようにしているか。言い換えれば〝酔い〟がもたらすものを理解しない限り、女性にとって単純にアディクションが止まることがすなわち回復と言えない。その意味で、女性のアディクションを理解し支援するにはジェンダーという視点をどうしても外すことができないのである（大嶋 2019: 14）。

Tはカウンセリングにたどり着く前に精神科へ通院をしていたが、そのときの主訴は不安と抑うつ感である。しかし精神薬が処方されるだけで十分な診察もなく、そのうち占いへののめり込みが顕在化する。精神科医は「それは自分の診察範囲ではない」と占いが止められないという訴えを退けた。そのためTはカウンセリングルームを利用することにした。もしカウンセリング担当者がアディクションという切り口を持っていなければ、どのような展開になっただろう。またアディクションとジェンダーの相互作用に関する知見を持たなければ、援助の方向性は現在のそれとまったく異なるものとなっている可能性は高い。さらに、Tの家族関係の中に見るジェンダー不平等をどう考えていくのかも重要である。そこに直接の暴力があるだけでなく、語られないが暗黙に維持されるジェンダーに振り分けられる役割の不平等さと、それに抗うことによって受ける制裁は、Tの行動様式をかなりの程度で規定している。こうした自分の思考や判断が否定的に回収される体験の積み重ねが、社会人となったときに加害者である上司からの支配的関係へとなだれ込みやすい素地となった可能性は否めない。そしてすぐさま主訴となり得なかった性被害という事実が浮かび上がる／語られるときようやく、それは本人にとって「困っていること」として援助者と共有し、助けを求めて良いこととして認識される。だとすれば、ソーシャルワーカーにとって当事者がそれを「自分の困りごと」とするまでの援助が、最初の大きな仕事となる。

(2) 激しい感情の爆発と人への拒絶――「生きる」ことからの脱落を支える

しかし自分に起こっていたことを性被害と認識し始めると、身体が記憶し凍結していた記憶が様々な誤作動を起こすようになる。ヴァン・デア・コークは「身体はトラウマを記憶する」として、脳が精神機能をどう支えているかを研究する神経科学、心と脳の発達に対する有害な経験の影響を研究する発達精神病理学、そして私たちの行動が周囲の人々の情動と生物学的作用と物の見方にどう影響するかを研究する対人関係神経生物学という、3つの新しい研究分野の誕生により、トラウマと虐待、ネグレクト（養育放棄）の影響に関する知識が爆発的に増えたと指摘する（van der kolk＝2016: 13）。かつてJ・ハーマンは、トラウマ性事件が当事者に対して①過覚醒、②侵入、③狭窄といった心身の統合に深刻な不具合を生じさせる状態像を整理している（Herman＝1999）が、ヴァン・デア・コークによれば1990年代に脳画像法技術が発展し、脳が情報を処理する方法についての高度な理解を得ることが可能となった。その結果トラウマを受ける脳がどう変化していくのかを可視化することで、トラウマに関する知識が一変したのだという。

トラウマは現に生理的な変化、たとえば脳の警報システムが再調整されたり、ストレスホルモンの活動が増す、情報をふるいにかけ関係のないものを捨て、関係あるものを残すシステムが改変されたりする。生きているという身体的な感覚、体を通して感じたり表現したりする感覚を伝達する脳領域をトラウマが損なうことも、今ではわかっている。トラウマを負った人が脅威を過剰に警戒し、自然な日常生活が送れなくなる理由も、こうした変化で説明がつく。またトラウマを負った人がなぜあれほど頻繁に同じ問題行動を繰り返し、経験から学習するのに苦労するのかも、これで理解しやすくなる。彼らの行動は、道徳的な欠陥のせいでもなければ、医師の弱さや性格の悪さの表れでもなく、脳内で実際に起こった変化に起因することが、今では知られている（van der kolk＝2016: 14　傍点筆者）。

私がTの性被害について初めて聴いたのは2000年で、ハーマンの書籍を仲間の専門職たちと輪読していた頃である。それまでも何人か性被害のクライエントを担当したが、私にできたのは相手の話を否定せずにじっと聴くことだけだった。カウンセリングルームや精神科クリニックでは、加害者を告訴するクライエントもいて、裁判に必要な書類を一緒に作ることもあった。しかし起こった事実を時系列に辿れない、そのときの生活状況の細部を思い出せない、あるいは無理に思い出そうと言葉にすればそのたびに過覚醒の状態に陥るため、作業は常に難航した。本人の心身への強いダメージが長く続く様子を見て、こちらも辛くなり無力感に襲われた。また少し精神的に安定したかと思えば、援助者のちょっとした言葉尻に感情を爆発させる人もいて、性被害のクライエントだと聞くと、担当することが怖くなり腰が引けたようになる自分を感じた時期がある。そういうときに限ってクライエントの自傷行為が激しくなり、入院などでさらに期日の迫る公判に向けた作業が進まずに、一人で気をもむこともあった。こうした加害者に向けるべき怒りを、自分に好意をもつ人（安全な人）に向け変える「外傷性転移」については、ハーマンだけでなく斎藤のいうように「この人ならわかってもらえる、あるいはわかってもらいたい人に怒る。このように怒りを抑制してきた人々の、その怒りに出口を与え、方向を見極めさせ、やがてバランスに配慮できる力を引き出すことは、私たちの日常の仕事の一部」（斎藤 1994: 74）と頭ではわかりながらも、筋違いの怒りは微細なこちらの落ち度にも絡まって表出されるために、同僚たちと細かなカンファレンスを通じ援助者がクライエントの感情を抱え込みすぎないよう注意した。

私の中ではクライエントが性被害について語り始めたときに、まずはその場から逃げ出さないことだと教わったし、そのようにしてきた。しかし上岡は「トラウマは深く話しても楽にならないし、解決もしない」という。これは一見矛盾する話のようだが、そうではない。援助者と関係性が作られる前にトラウマを深く話してしまうと、聴いた援助者（治療者）、あるいはその場所（治療機関）がフラッシュバックを起こす引き金となってしまうという指摘である。逃げないけれど、長く付き合っていくことだからこそ、ゆっくりと聴き取る。そして事実のディテールではなく、そのとき本人が何を感じたか、今はどうかを聴くことが必要だ（上岡・大嶋 2010: 231）。

また私が当事者の生活を直接的に援助していくことを決めたのは、入院でもカウンセリングでもなく、トラウマによって大きく自己意識が変容してしまった本人が自分とどう付き合うのか、暮らしのレベルを支えられながら逡巡する場所を保障したかったからである。私のこうした考えは平川の影響に依るところが大きいが、平川はＤＶ被害者の支援を通じて次のように述べる（平川 2002: 179-197）。

> 彼女たちは住み慣れた地域でつくってきた小さな生活のネットワークを捨て、友人との連絡を絶って、セイフホームに移動するわけである。セイフホームとはこうした非日常的空間において、人生の新しい意味を孵化（インキュベイション）させるための、安全とつながりの場である。ここで重要なのは女性たちの自閉する力を保障するための自由であり、経済的保障である。この自閉という境界領域と時間感覚に耐えられない女性たちは、もうひとつ別の人生を歩き始める事が難しい。セイフホームのなかで、女性たちは傷ついたからだと心を休め、夫の元に戻る選択肢と、ひとりで生きる選択肢のあいだで揺らぎ、迷う。（前掲書：183　傍点筆者）

Ｔがグループホームに入居以来自室に引き籠る時期が長く続いたとき、私はこの平川の言葉を支えにTと付き合っていたように思う。Tはなかなか動き出せないどころか、人への怯えと拒絶は解離を伴って長く続き、そのうち自傷行為で何度も地域生活が寸断された。長い停滞は人生の新しい意味を孵化させるために必須のものであると自分に言い聞かせるのだが、その反面「これで本当にいいのだろうか」という迷いも感じていた。

動き出せないはずのTがギャンブルをするときだけは機敏な動きを見せることにも、正直なところ戸惑う気持ちがあった。これでは孵化を助けるではなく単なるイネイブリングではないかという考えがよぎるため、そのときはトラウマに関する様々な研究成果に目を通すことにした。しかし、私にはほとんどなにもできなかったという事実が重たかった。Tがグループホームから離れるとき、生活を丸ごと抱えながら、次の過程へと送り出すのが自分たちの役割だとしながら、Tはむしろ多くの課題を抱えたままだったことに、私は一種の敗北感を感じていたと思う。

しかし2010年のインタビューで、初めて聞いたTの長い解離の時間と、それでもかすかに体感としての記憶があるという語りは、Tのペースで起こっていた変化を私に知らせてくれた。トラウマに関する臨床家であり、同時に医療人類学の研究者として著名な宮地尚子は、傷つきに関するエッセイ集の中で、状況に対して「手をこまねいて観ているしかない」ときがあるという。「よけいなことをせず、ただ見守り続けることもまた、むずかしい。そして苦しい」としながら、しかし伴侶を喪った友人を斎場で見つめながら、最後はつぎのような言葉で結ぶ。「『なにもできなくても、見ていなければいけない』という命題が、『なにもできなくても、見ているだけでいい。なにもできなくても、そこにいるだけでいい』というメッセージに変わった」（宮地 2010）。

性被害を生きる人の日常をつぶさにみている仕事は、援助者であってもシェアすることが難しい領域だと感じている。本人と向き合うとき、自分はどのような支援ができるかをまずは自分自身に問いかけてみる。次に見えないなかまや海外の先達を思い描いて、こんなときあの人だったらどうするだろうと問いかける。そうしているうちにやっと、もし自分が本人であったらどうして欲しいかと考えることができるようになる。平川は、危機介入支援の場を何度経験しても、この順序は逆にならないという（平川 2002: 180）。私は頭に浮かぶ多くの先達がいる自分を、大変恵まれていると感じる。

現在、日本ではトラウマに関する多くの書籍が出版されており、トラウマそれ自体に関する研究業績だけでなく、トラウマを抱える人への具体的支援に関して著されたものも増えている。しかしソーシャルワークのように当事者を生活（life）する者として、またその人の人生を生きる（life）者として捉え、トラウマサバイバーを支える仕事における留意点や当事者の変化の様相を、環境との相互作用という点から書き起こしたものは、見当たらない。欧米では性暴力をはじめとする多くの最前線でソーシャルワーカーが活動しているが、日本ではこの重要な仕事が未だに非常勤で不安定雇用の公務員か、フェミニスト達によって草の根的活動として継続されてきた仕事に集約されているのが実情である。

（3）被害体験を生きる

実はトラウマからの回復について、私は多くを知らない。自分の仕事は、137頁の②で説明した外傷を抱える人への援助における2期、すなわち「本人が激しい感情の爆発や人への拒絶で走る（＝

生きる）ことから脱落しそうな」時期にある人への支援が中心ということが関係していると思う。しかしながら、30年以上もこの領域で仕事をしていると、少ないが良き変化をみることがある。かつてのクライエントと一緒に仕事をする、あるいは治療や支援がひと段落した後に社会生活へと戻っていった後も定期的に会うことを続けるなどで、どのように暮らしているかを知る。*11

ハーマンはトラウマ記憶と現在の自分の「再統合」を回復のひとつの姿として描くが、初めのころ私にはその意味するところが、今ひとつ捉えきれずにいた。2000年代はじめはようやくトラウマに関する書籍が出始めたが、治療的に携わる精神科医は極めて少なかった（現在もさほど増えている印象はないが）。そのため、フラッシュバックに対しては薬物療法が主流であり、EMDR（PTSDやトラウマ治療に特化した技法で、主に眼球運動を用いた脱感作と記憶の再処理を目的としている）を実施できる機関も限られていた。しかし、薬物療法は症状の緩和はしても恐怖で凍りついた状態に陥ることそれ自体を変化させせない。私自身は処方薬依存に苦しむ女性も多く支援していたので、薬物療法のネガティブな側面（使用量が増えることによる自己コントロールの喪失、生活動作への影響の大きさ、精神的依存の強さ等）が気になった。

そのため私自身はソーシャルワーカーとして、具体的な暮らしに関わることを中心に支援してきた。そのひとつが「食べる」ことで、身体へのケアという意味合いがあった。そして身体が整い始め、食べることを通して本人との関わりが安定してきたときに、グループワークへと招き入れてきた。それは同じ体験を抱える他者との出会いと、体験や情感の分かち合いを目的とするグループである。そして2005年にソマティクス（普段感じることの難しい身体の緊張などを、ゆっくりと動かすことでリラックスさせ、身体がもつ本来の感覚を取り戻す方法）と出会い、セラピストの協力でボディーワークを始めた。

ところで、ヴァン・デア・コークはトラウマからの回復における課題は、体と心――すなわち自己――の所有権を取り戻すことだといい、次の4つが必要になるという。①落ち着いて意識を集中した状態になる方法を見つける、②過去を思い出させる光景や思考、音、声、身体感覚に反応するときに、その落ち着きを保ち続けることを学ぶ、③今を思う存分生き、周囲の人々と十分にかかわる方法を見つける、④どうにか生き延びた手段についての秘密も含めて、自分に隠し事をしないで済むようになる。しかし同時にこれらには順序があるわけでなく、人によっては重なり合って達成される場合もあると述べている（von der kolk = 2016: 333）。

①と②に関しては、特別な訓練を経たよき治療者を探すことが私の重要な仕事になる。③と④は私にも手伝えることが多いと考えている。自分で自分につく嘘があることを、私はアディクションの当事者から教えてもらった。女性のアディクションはトラウマとの相関が非常に強いのだが、彼女たちにとって耐え難く感じられる怖れ、自分が潰れそうになる不安から一瞬自分を別のところへ連れていってくれるのがアルコールや違法薬物、過食やギャンブルである。その事実を隠して使用するとき、彼女たちは「これで大丈夫」と自分に嘘をつくのだ。私の仕事は、なぜアディクションが必要だったのかを教えてもらうこと、それ以外の方法もあることを伝え、それをすでに実践している人に出会わせることだ。同じことは、性被害の場合にも言える。

嵐のような時期が過ぎると、自分に起こってしまった出来事を哀しむ時間がやってくる。このとき、本人たちは辛そうに見える。喪ったものを悲しむだけでなく「得られたであろうもの」を想い、哀しむ作業が加わるからだ。この時期の援助者の役割は、生活者としてロールモデルを示すことである。彼女たちが失ったものの中には時間がある。体験を通じて示すこと、地域社会にあるリソースと彼女たちを出会わせるなど、援助者がやるべきことは多いと考えている。

Tはようやく「激しい感情の爆発や人への拒絶で走る（＝生きる）ことから脱落しそうな」時期にたどり着いたばかりで、この先、どれくらいの時間が彼女に残されているのか気がかりだ。あれだけひどかったギャンブルがこの1年半ほど止まっているが、良くなってきた感じはさほどない。しかし、表面的でよそよそしい感じが薄れ「いい人」でもなくなった。今年初めに、法人が賛助会員向けに発行している機関誌に利用者が昨年の振り返りと2019年の抱負をそれぞれ綴った。Tからも原稿が送られてきたのだがそれを見たときに、私は一人で大笑いした。次のように書いてあった。

「人間界に舞い戻り1年が経ちました。辛かった―、何もかも辛かった――！！毎日通所するのも、毎日人に会うのも、土日にスタッフが部屋に巡回にくるもの。お金を管理されることや、私の居場所を確認する電話やメールが来るのも、たまにある大嶋さんとの面接も。でも、気がついたらそれが当たり前の日常になり自分から報告するという、珍しいことが起こるようになったりして、不思議。2018年やり残したことは、困っていることをスタッフに相談できなかったこと。相談する習慣がないので、自分で勝手に決めて（物事を）進めようとするところが変わらなかった。そしてスタッフのいうことを聞かない。というか、聞く気がなかった。なんのために此処に居るのか、自分がよくわかっていなかった。感謝の気持ちが全然なかった。ひどいやつだった。自分を大切に出来なかった。悲しい。」

Tがグループホームを出てから14年が経過し、施設入所はこれで3回目となる。私がやっていることは基本的に前の2回と変わっていないが、Tがこんなにはっきり自分の感じたことを表現するのは初めてだ。昼間は通所施設へ通うのだが、14年のあいだに身体をいいだけ痛めつけてしまい、外来受診で1日が終わるために参加できない日も多い。しかし「人が怖い」と外出を拒んでいたときとは違い、なんとか人の中に居る。嫌なことは嫌だと言うようになり、その理由を隠すことがなくなった。「いい人」のときのTは、自分でついた嘘にいたたまれなくなると姿を消していたが、今は強情だが開き直れる分、こちらも率直な言葉で話せるようになった。なぜギャンブルが止められなかったか、なぜ自分のことは後回しなのか、なぜ助けてと言いづらいのか。Tをそこへと追い込んでいったからくりを、個人的な事柄としてではなく再構築していけたらと考えている。しかしその作業は、今まで見てこなかった別の怒り、あるいは哀しみと出会う作業かもしれないが、Tの周囲にいる多くの人が、Tの「いまここ」に集中し続ける落ち着きを支えている。

6　加害者の生／援助者のポジショナリティ／おわりに

性暴力は非対称な関係の中に発生するが、加えてそれが社会における構造的な抑圧によって隠蔽されることにより、被害者を二次的に傷つける。藤高はそれをJ・バトラーと田中美津に共振する思想として「とり乱させない抑圧」と呼ぶ（藤高 2018: 191）。被害者に名乗り出ろと言い、被害者の落度をあげつらい、性被害の詳細な報告と再現を強要するなどして、被害を矮小化する。藤高が指摘するように、やがて被害者が声をあげることを諦め、あるいはその苦痛から心身を病むことで沈黙するときまで抑圧が続くこと、それ自体への批判が必要だ。多くの「取り乱し＝ジェンダー」に割り当てられた不平等な抑圧に対して抗う姿勢」をどのように次の「取り乱し」へとつなげていくのか。多くの性被害と向き合うはずのソーシャルワークは、この問いにどう応答するのか。

一方宮地は環状島というモデルを用いて、被害者、家族や援助者、そして加害者などトラウマに関わる人のポジションを描く（宮地 2007）。

きれいに分けることは困難だが、当事者は〈尾根〉の内側、〈内斜面〉に位置し、非当事者は〈尾根〉より外側、〈外斜面〉に位置する、と大まかに考えてよい。当事者の中では、症状や被害、負担の重い人ほど内側に位置する。当事者ではないが支援者や関心をもつ者、わずかながらでもコミットしようとする者は〈外斜面〉に位置することになり、コミットメントの程度が強い者ほど〈尾根〉に近づく。関わっているうちに、非当事者にまで被害が及んだり、代理外傷（二次的受傷）を負うことがあるので、当事者性をおびるようになり、〈尾根〉より内側に行くこともある。〈外海〉は、そのトラウマの問題に関心を持たない人たちの領域である。〈外海〉の波打ち際には傍観者、その外には全く無関心な者、そしてその外にはまったくその問題について知らないでいる者がいる（前掲書 : 12）。

環状島には〈重力〉（トラウマによってもたらされる被害者への様々な影響や症状）と〈風〉（トラウマを受けた人と周囲との間で巻き起こる人間関係の混乱や葛藤などの力動）という二つの作用が働くことを、宮地は様々な例で示す。さらに環状島に立ち続けることを左右するものとして〈水位〉（トラウマに対する社会の否認や無理解の程度）があり、ジェンダーや民族、階級などに関する平等思想は水位を下げるものとして挙げている。環状島モデルは、自分のポジションを認識させるだけでなく、そこで起こりうる葛藤などのリスクについて知らせている。そして同時に藤高の議論にも通底する、援助者の役割を問う。〈重力〉と〈風〉に抗し〈水位〉を下げるという運動にとって重要なのは、当事者や非当事者が島の上に立ち続け、発言し続けることだと宮地はいう（前掲書：37）。そのためにはタフさと環状島特有の〈重力〉と〈風〉を読み解くリテラシーが必要だ。油断をすればいつでも〈水位〉は上がり、〈重力〉や〈風〉にあおられて、いつの間にか島の上には誰もいなくなってしまう。それは加害者の勝利だと宮地はいう。すべてが沈黙され、忘却されること。最もそれを望んでいるのは加害者である。そして環状島の上に立つ被害者や支援者を分断し、孤立化させ、消耗戦に持ち込んで息の根をあげることを待ち構える動きが確実に存在するという宮地の指摘に、ソーシャルワークはどう応答するのか。

加害者はすでに環状島にはいない。しかしその幻影は内斜面から尾根へと這い上がろうする被害者を恐怖に縛り付ける。私たちは被害者の凍りついた記憶を通して加害者と出会う。しかし加害者はごく普通の社会における成員として生き、むしろ被害者からの申し立てに当惑し、事実の誤認だと述べることはよく知られた事実である。また家族の中で被害／加害関係が引き起こされる場合に、たとえどのような被害体験が深く加害を引き寄せたのだとしても、加害行為それ自体を容認すべきでない。その意味で、ソーシャルワークが被害体験に寄り添うことの意味と意義は、加害行為の根絶をより確実に実現するというミッションによって導かれている。

Tの物語（ナラティヴ）は、Tを環状島の〈内斜面〉に見いだすところから始まり、何度も内海へ転落しかけた20年を描いている。しかしこの間〈水位〉は大きく変化し、Tが内海へ沈没することをなんとか防ぐことに貢献した。それは多くの「取り乱し」のつながりあいと、環状島に立ち続けた人たちの力に依る。私は本章でTの生きた軌跡を書き残しておきたかった。ギャンブルに耽溺した人の物語ではなく、原家族における家父長制とジェンダー役割による抑圧を背景に、最初の性被害を看過された痛みを抱え、その後も繰り返される被害体験を懸命に生き延びた女性の物語として残したかった。それがTをみてきた証人としての私が果たすべき役割である。

だが残された課題がある。それはソーシャルワークが周辺科学の知を集積した学として、多くの性被害を生きる人の暮らしを支える技法（メソッド）を持ち、被害体験の細部に宿るジェンダー不平等を感知しながら、変化を呼びかける学としての言葉を持てずにきたことだ。T自身が今後「逃れようのない状況に自分らしく対処していく*12」（大嶋 2019: 119-131）ように、私はこれからその問いを引き受けていかなければいけないと考えている。

注

＊1　Tとの援助関係は私が当時所属した異なる2つの援助機関を経て、2002年9月以降は現在主宰するNPOにおいて引き継がれている。本章で使用したTの聞き取り調査は、（1）2010年2月、（2）2019年2月2日、9日、11日、3月9日に実施された。なお、本論考は「一般社団法人日本社会福祉学会」が定める研究倫理規定に基づいている。Tとのインタビュー調査については、次のことに配慮した。第一にインタビューの目的と方法を　書面にて示し承諾を得た。第二に、スクリプト化したものと完成原稿をTが読了後に、個人を特定するなど　改変すべき点はないかを確認した。

＊2　否認とは自分の状況を認めたくない心理的状態をいう。治療者が患者に対して指示的で直面化（飲酒問題を直接的に突きつけることによって、患者の否認を打破する）する傾向は治療転帰を不良とするとされる（樋口進・齋藤利和・湯本洋介編『新アルコール・薬物使用障害の診断治療ガイドライン』新興医学出版社、2018年、59頁）。

＊3　性被害が最初に起こったとき、それが他者にどう語られる／語られないかは、その後当事者が生き延びていくうえで大きな分岐点となる。Tの場合には母親がそれを否定した（「何言ってるの、お姉ちゃん。先生がそんなことするわけないでしょ。夢でも見てたんじゃないの」）ため、記憶は凍結された。会社の上司による性被害も長く恋愛という置き換えをするなど、自分の意識をあえて不鮮明にした状態で加害者の要求に従う形が繰り返される。こうした解離は一方で、起こっていることを自分から切り離せるため、極度の混乱や自己破壊を一時的に回避できるという利点を持つ。

＊4　「レジリエンスミーティング」とは、当時の地域活動支援センターでプログラムとして実施していたグループワークである。レジリエンスは当時また耳新しい概念だったが、元来の物理用語としての「反跳力＝元に戻す力」を心理的逆境体験に援用した概念であり、「回復力」と訳される。現在はビジネスにも応用されている。このときグループではテキストの輪読と解説、そしてディスカッションを

行う形式をとっていた。

＊5 フラッシュバックは多くの場合、トラウマ状況と同じ条件（音、匂い、空気感等）がトリガーとなることはよく知られている。一方で当事者にとって適応に緊張を伴う環境と比べ、それが表出されたとしても自己にダメージが少ないと認知される（たとえそれが無意識であったとしても）環境下に置かれたときにフラッシュバックが起こりやすい。「ほっと一息ついたあたりから本人には様々な症状が出始める」という、ＰＴＳＤに関するフィールドワーカー達に共有される「〝安全の感覚〟と症状の関連」に関する知恵である。

＊6 グラウンディングという技法は、トラウマ記憶から注意をそらしながら現実の世界を取り戻す技法で、精神的・身体的・鎮静的の3種類がある（Najavits, Lisa M. *Seeking Safety,* 2002〈『ＰＴＳＤ・物質乱用治療マニュアル』松本俊彦・森田展彰監訳、金剛出版、２０１８年、１５４頁〉）が、ここでは主に身体的なグラウンディングを指している。

＊7 河野は養成講座の講師を引き受けるにあたりカウンセリンググルームの開設を条件とした。学んだことをクライエントに還元せずにどうするのかと詰め寄られ、受講生は紆余曲折を経て7年間におよび民間心理相談室を運営した。フェミニズム理論と相談援助の理論を架橋する取り組みは、多くのＤＶ被害裁判、性被害裁判等に大きな成果を挙げた。フェミニストカウンセリングについての詳細は河野貴代美『フェミニストカウンセリング』（新水社、１９９１年）を参照。

＊8 河野貴代美『女性のためのグループトレーニング』（学陽書房、１９９５年）をテキストとしながら河野より指導を受け、それを元に5～6名のグループで実施していた。

＊9 開設当時の通所者は10名程度と少なく、そのほとんどがアルコールをはじめとする依存症者であった。依存症の発症機序として様々な被害体験があるが、半数に性被害が認められた。グループに参加することで当事者性の表明となるが、内容は主に書籍の輪読、性被害に関する新聞や雑誌の記事などを読み話し合いをおこなった。グループのテキストとして、Bass, Ellen & Davis, Laura. *The Courage to heal : A guide for Women Survivors of Child Sexual Abuse*,1992（当時の翻訳本は絶版となっている。ここでは新装翻訳本を記載。原美奈子・二見れい子訳『生きる勇気と癒す力』三一書房、2013年）を使用した。

＊10　宮地は一般的に性暴力が被害者に100%の無垢性を期待すると述べ、純潔な女性であってこそ守られるという性道徳概念、貞操観念がそこに入り込んでいると指摘する。また性関係が長期化することにより心理的支配が作り出した檻は目に見えないので、被害者への同情や共感が得られにくいと述べる。宮地尚子『性的支配と歴史――植民地主義から民族浄化まで』大月書店、2008年、36－37頁。

＊11　私はトラウマからの回復をある時点への到達と捉えない。それはアディクションからの回復とも非常に近い。壮絶な過去を乗り越えるとか、過酷な出来事を体験してもそれを克服したという語りは、本人との現実と乖離し、かつ本人を追い込む危険があると考えている。回復とは揺らぎである。伊藤詩織は次のように述べる。「『もう忘れて、乗り越えて』と、私自身それを何度も、しかも近しい人からも言われたことがあります。でも、『乗り越えるものじゃないんだよな』と思うんです。友人も家族も、ましてや加害者もいるこの世界で日々一緒に生きていかないといけない。一緒に生きていってどうするか考えていきたい」（伊藤詩織「Me Too が忘れ去られても、語ることができる未来に向けて」『現代思想』46（11）、2018年、8－16頁）。

＊12　この言葉は文春オンライン（bunshun.jp）から引いた國分功一郎の言葉。國分はその著書『中動態の世界――意思と責任の考古学』（医学書院、2017年）において、人はすぐ目の前にある、与えられた、持ち越されてきた参照の枠組みで判断を下すしかない（p.285）と述べる一方、スピノザのいう自由、すなわち、自らを貫く必然的な法則を認識しそれに基づいて、その本質を十分に表現しつつ行動する（p.262）可能性に触れている。

邦文文献

大嶋栄子・特定非営利活動法人リカバリー『嵐のあとを生きる人たち――それいゆの15年が映し出すもの』かりん舎、２０１８年

大嶋栄子『生き延びるためのアディクション――嵐の後を生きる「彼女たち」へのソーシャルワーク』金剛出版、２０１９年

大嶋栄子「分有される傷と体験」（信田さよ子編著『実践アディクションアプローチ』金剛出版、２０１９年、１１９－１３１頁）。

上岡陽江・大嶋栄子『その後の不自由――「嵐」のあとを生きる人たち』医学書院、２０１０年

斎藤学『封印された叫び――心的外傷と記憶』講談社、１９９９年

斎藤学「嗜癖とジェンダー」（『アディクションと家族』20（１）、２００３年、39－52頁）

平川和子「ジェンダーと女性の人権――暴力被害女性への危機介入支援の現場から」（金井淑子・細谷実編『身体のエシックス／ポリティクス――倫理学とフェミニズムの交叉』ナカニシヤ出版、２００２年、１７９－１９７頁）

藤高和輝「『とり乱させない抑圧』に抗して――ジュディス・バトラーと田中美津」（『現代思想』46（11）、２０１８年、１９０－１９９頁）

宮地尚子『環状島＝トラウマの地政学』みすず書房、２００７年

宮地尚子『傷を愛せるか』大月書店、２０１０年

外国語文献

Briggs, Cynthia A. and Pepperell, J. *Women, Girls, and Addiction*, Routledge, 2009.

Call, Christine R. and Nelsen Judith C. "Partner Abuse and Women's Substance Problems", *Journal of Women and Social Work*, 22(4), 2007, 334-346.

Griffin, Margaret L., Amodeo, Maryann and Fassler,Irene et al. “Mediating Factors for the Long-term Effects of Parental Alcoholism in Women: The Contribution of Other Childhood Stresses and resources”, *The American Journal on Addictions*, 14, 2005, 18-34.

Najavits, Lisa M. *Recovery from Trauma, Addiction, or Both: Strategies for Finding Your Best Self*, Guilford Press, 2017.（『トラウマとアディクションからの回復――ベストな自分を見つけるための方法』近藤あゆみ・松本俊彦監訳、浅田仁子訳、金剛出版、２０２０年）

Najavits, Lisa M. *Seeking Safety: A Treatment Manual for PTSD and Substance Abuse*, 2002.（『ＰＴＳＤ・物質乱用治療マニュアル「シーキングセーフティ」』松本俊彦・森田展彰監訳、金剛出版、２０１７年）

Najavits, Lisa M., Sullivan, Tami P. and Schmitz, Martha S. et al. “Treatment Utilization by Women with PTSD and Substance Dependence”, *The American Journal on Addictions*, 13, 2004, 215-224.

Herman, Judith. L. *Trauma and Recovery*, Basic books, 1992.（『心的外傷と回復〈増補版〉』中井久夫訳、みすず書房、１９９９年）

Plotzker, Rosalyn E., Metzger, David S.and Holmes, William C.“Childhood Sexual and Physical Abuse Histories, PTSD, Depression, and HIV Risk Outcomes in Injection Drug Users: A Potential Mediating Pathway”, *The American Journal on Addictions*, 16, 2007, 431-438.

Terner, V. J. *Secret Scars: Uncovering and Understanding the Addiction of Self-Injury*, Hazelden, 2002.（『自傷からの回復――隠された傷と向き合うとき』小国綾子訳、松本俊彦監修、みすず書房、２００９年）

van der Kolk, Bessel. *The Body Keeps The Score: Brain, Mind, and Body in the Healing of Trauma*, Viking, 2014.（『身体はトラウマを記憶する――脳・心・身体のつながりと回復のための手法』柴田裕之訳・杉山登志郎解説、紀伊國屋書店、２０１６年）

5　〝LGBT〟とソーシャルワークをめぐるポリティクス

宮﨑　理

なぜ、あなたはあなた自身の輪郭をたどってみようとしないのか。私が私自身のためにそうしようと長い間、試みているようには。

——掛札悠子（1997）「抹消（抹殺）されること」より

はじめに：個人的なことは政治的なこと

「個人的なことは政治的なこと」（The personal is political）とは、キャロル・ハニシュ（Carol Hanisch）によって1969年に書かれ、翌年刊行の『2年目の記録——女性解放運動』に掲載されたエッセーのタイトルである。このエッセーは、「プライヴェートなものを政治化することをこそ求めるもの」であり、「個人的なセラピーで問題が解決すると思うな。個人的なものにしか見えないものが、実はすぐれて政治的な、あるいは社会構造に起因する問題であることに気づけ」という呼びかけであった（藤野 2017: 31）。後にハニシュは、「『政治的』とは、さまざまな権力関係をめぐる、語の広い意味で用いられており、選挙戦の駆け引きのような狭義の政治を意味するものではない」と述べている（Hanisch ＝2017: 322）。

本章では、フェミニズムそのものと言っても過言ではないこの言葉を手掛かりにして、「〝ＬＧＢＴ〟とソーシャルワーク」について論じる。それによって、同テーマをフェミニズム／ジェンダー研究の文脈に位置付けるとともに、性の多様性をめぐって人びとが「個人的なこと」として考えたり経験したりしている事柄が、「政治的なこと」としてソーシャルワーク研究のテーマに接続されるということを示したい。そして、「〝ＬＧＢＴ〟への支援」の必要性が論じられつつある今日、そもそもソーシャルワークは人びとの性の多様性にどのように相対することができるのかを模索する。これが本章の目的である。

その目的のために、本章は５つの部分に分けられる。まず、筆者がこの論考を著す契機となった「個人的なこと」を提示する。つぎに、「ソーシャルワークとジェンダー」というテーマのひとつとして、性の多様性について論じることとの意義を確認する。そして、多様性尊重のイシューとして「〝ＬＧＢＴ〟への支援」が論じられている現状を、ソーシャルワークの「非政治化」（depoliticization）を鍵概念として読み解く。さらに、筆者にとっての「個人的なこと」を再び想起し、ジュディス・バトラー（Judith Butler）が提示した「哀悼可能性」（grievability）概念を手がかりに、「個人的なこと」を「政治的なもの」へと接続する道筋を探る。そのうえで、ソーシャルワークが人びとの性の多様性と相対するうえで課題となることを明らかにし、その克服の可能性を論じる。

なお、本章では規範的な性のありようから外れていると社会的にみなされてしまう人びとを総称してセクシュアル・マイノリティと表す。昨今頻《しき》りに用いられている〝LGBT〟とは、L＝Lesbian（レズビアン）、G＝Gay（ゲイ）、B＝Bisexual（バイセクシャル）、T＝Transgender（トランスジェンダー）それぞれの頭文字をとったセクシュアル・マイノリティの一部を表す言葉である。しかし、〝LGBT〟がセクシュアル・マイノリティの総称として用いられてしまい、そこには含まれない多様な性のありようを生きる人びとの存在が見えなくされたり、〝LGBT〟内部の差異が無視されたりしがちである。本章では、それらを批判的に捉え、〝LGBT〟とダブルクォーテーションで括って表記する。

1　死と哀悼をめぐって：Yさんとの「個人的なこと」

〝LGBT〟とソーシャルワークについて論じるにあたって、筆者にとっての「個人的なこと」のひとつを提示することから始めたい。それは、先に挙げたハニシュの呼びかけに対する筆者なりの応答である。ハニシュがエッセーを書いた当時と現在では文脈が異なるし、筆者のような者は呼びかけの相手として想定されていなかったであろう。ハニシュがエッセーを書いた背景には、１９６９年当時のアメリカ合衆国における女性解放運動内部の路線対立――女性が直面する問題には個人的解決法があるとするのか、あるいは客観的状況を変える政治的実践が必要だとするのか――があった。しかし、「個人的なことは政治的なこと」という言葉は、ハニシュの手から離れ様々に解釈され、その後のフェミニズムの理論と実践の展開に大きな影響をもたらしてきた。そうであるならば、そこから少なからぬ学びを得てきた者として、自分なりの方法で応答することはむしろ自然なことであろう。

ここで筆者が提示する「個人的なこと」とは、数年前の晩夏に亡くなった友人Yさんとのことである。Yさんは短い闘病の末、あっという間もなく逝ってしまった。「もっと早く見舞いに行くべきだった」とか、「もらったメールに返信しておけば良かった」とか、おそらく、「ほとんどの人びと」が友人を亡くしたときと「同じように」、後悔しても仕方がないことを後悔し、悲しみに浸るという、ごく「普通」で「あたりまえ」のことを筆者もなそうとした。しかし、そうした感情の内に留まることはすぐに不可能ならしめられた。なぜならば、筆者を支配した感情は、後悔や悲しみよりも、不安や恐れだったからである。それは、つぎのようなものである――Yさんは、いったいどの性別で哀悼されるのであろうか。

Yさんは、トランスジェンダーだった。出生時に社会的にあてがわれた性別は「男性」であったが、自らを「女性」であると認識し、筆者と出会った時にはすでに「女性」としての生活を送っていた。ゆえに筆者が知っているのは、「女性のYさん」である。もしYさんの「女性」としての生き方が周囲の人びと（というよりは、決して親しかった訳ではないにせよ葬儀を取り仕切るような関係にある人びと）に受け入れられていなかったならば、「男性のYさん」（それはもはやYさんではない）として葬儀が行われるかもしれない。Yさんが自認し生きた性別の通りに哀悼されないことは、本人の尊厳に関わる重大な問題である。しかし、問題はそれだけではない。筆者にとっては、自分自身の死を突きつけられることにもなる。なぜならば、「筆者の知らないYさん」として哀悼されるということは、筆者とYさんによって生きられた経験、すなわち、筆者の生を形作る大切な一部分が殺されるということに他ならないからである。筆者は、そのことに不安や恐れを抱いたのであった。

性の多様性について考えるとき、まずもって筆者が想起するのは、規範的な性のありようから外れていると社会的にみなされてしまう人びとの死や哀悼をめぐる事柄なのである。彼／彼女らにとって、死と哀悼の問題は切実である。筆者は性別違和を抱える人びとから、「私たちは死んでも違う性別で扱われなければならないのか」という悲痛な声を何度も耳にしてきた。実際に、筆者は自認するのとは異なる性別で営まれたある人の葬儀に参列したことがある。それはまるで見知らぬ人の葬儀に参列しているような、本当に辛いものであった。あるいは、同性同士で親密な関係を持つ人びとが、パートナーの葬儀から締め出されるということも見聞きしてきた。自ら死に赴いたセクシュアル・マイノリティである人びとの葬儀が、そもそも営まれることすらなかったということもある。

これらの事柄は、筆者が経験した「個人的なこと」であり、もちろんあらゆる人びとに普遍化できるものではない。しかし、ハニシュの呼びかけに応え、これらの「個人的なこと」を社会構造的な問題であり様々な権力関係をめぐる「政治的なこと」として捉え返したい。日本社会において、〝LGBT〟という言葉が人口に膾炙《かいしゃ》するようになり、ソーシャルワークにおいても、「〝LGBT〟への支援」を主張する議論が散見されるようになった。セクシュアル・マイノリティが不可視されているような時代は終焉したと言っても良いのかもしれない。だがしかし、本当に日本社会において人びとの性の多様性は承認されつつあるのだろうか。21世紀の5分の1が過ぎようとする今日、朝目覚めてSNSを開く度に、〝LGBT〟に関する「肯定的な」話題を目にするようになった。それと同時に、筆者は先に挙げたような「個人的なこと」を経験している。いったいこれは、何なのであろうか。

2　ソーシャルワークにおけるジェンダーとセクシュアリティ

（1）性の多様性に関するソーシャルワーク研究の現状

ジェンダーとセクシュアリティは、どちらも人びとの性に関する概念である。これらは様々に定義づけられるが、ここでは差し当たり、「社会的・文化的・歴史的な性のありよう」のことをジェンダー、「性的行動や活動と関係があり、社会的に構築された資質、欲求、役割、アイデンティティの表現」のことをセクシュアリティと操作的に定義しておく。1999年に香港で開催された第14回世界性科学学会（World Association for Sexology; WAS）総会において採択された『性の権利宣言』では、セクシュアリティには、「セックス（生物学的性）、ジェンダー・アイデンティティ（性自認）とジェンダー・ロール（性役割）、性的指向、エロティシズム、喜び、親密さ、生殖」が含まれると言及されている（WAS 1999）。

日本のソーシャルワーク領域において、性の多様性に関する研究が積極的に取り組まれてきたとは言い難い。そのようななかでも、例えば加藤慶は、セクシュアル・マイノリティである学生たちのセルフヘルプグループと共同で行ったアクションリサーチ（加藤2008）をはじめ、アメリカ合衆国における性的指向・同性愛をめぐるソーシャルワーク専門職養成教育に関する議論を取り上げて、日本の社会福祉専門職養成教育について検討した研究（加藤2014）や、セクシュアル・マイノリティに関する日本のソーシャルワーク教育の現状と課題について論じた研究（加藤 2017）に取り組むなど、継続的に複数の研究成果を発表してきている。

また、児童自立支援施設において、セクシュアル・マイノリティである児童を受け入れるための支援方法の確立に向けた実態および職員の意識調査に取り組んだ石澤方英と尾﨑万帆子による研究（石澤・尾﨑2013）や、エンパワメント視点からＬＧＢＴＱの子ども達に対する学校ソーシャルワークによる支援のあり方を考察した寺田千栄子による研究（寺田2019）などがある。日本において、セクシュアル・マイノリティとソーシャルワークに関する研究は、まだ緒に就いたばかりである。

他領域では、教育学や心理学、医学などにおいて関連する研究が散見される。ソーシャルワークに関係しそうなものを挙げると、例えば、産婦人科で「女性すべてが異性と性交渉を持つものとする前提」があるために、女性と性交渉経験がある女性への保健医療サービスの不在を招きやすいことを明らかにした藤井ひろみによる研究（藤井2008）や、トランスジェンダーで自殺企図経験がある人びとの割合が極めて高いことを明らかにし、メンタルヘルスやケアの必要性を提起した平澤恵美による研究（平澤2016）などがある。

ところで、ブラック・フェミニストのベル・フックス（bell hooks）は、「フェミニズムとは、ひと言で言うなら、〈性差別をなくし、性差別的な搾取や抑圧をなくす運動〉のことだ」と定義している

（hooks ＝2003: 14）。この定義に依るならば、〝ＬＧＢＴ〟を含む性の多様性に関するイシューも、フェミニズム／ジェンダー研究の範疇である。実際にフックスは、『フェミニズムはみんなのもの――情熱の政治学』（hooks ＝2003）や『ベル・フックスの「フェミニズム理論」――周辺から中心へ』（hooks ＝2017）などのなかで、レズビアン女性について1つの章を割いて論じている。

では、フェミニズム／ジェンダーをテーマにしたソーシャルワーク研究は、どのような状況なのであろうか。フェミニズム／ジェンダーをテーマにした日本のソーシャルワーク研究において、性の多様性が論じられることは少ない。例えば、「社会福祉の分野にフェミニズムの主張――フェミニスト・パースペクティブ――を持ち込むことを試みた」（杉本 1993: i）、杉本貴代栄の『社会福祉とフェミニズム』（杉本 1993）では、「『女性問題』をその一部とした『フェミニスト・パースペクティブ』への転換」（杉本 1993: 14）が主張されているが、セクシュアリティについての議論は見られない。また、ＤＶや性暴力などの問題が「『女・子ども』とひとくくりにされた『弱者』のための『女性福祉』に囲い込まれるのではなくて、新しいソーシャルワーク論には、性差別と暴力文化を撤廃するフェミニズムの視点に基づいた考えと実践が組み込まれるべき」（河野 2001: 5）と指摘する『新しいソーシャルワーク入門――ジェンダー、人権、グローバル化』（河野 2001）においても、「ソーシャルワークの現代的課題」と題した章の「エイズ／ＨＩＶ」という節で、「男性同性愛者」について数行の記述があるのみである。「ソーシャルワークとジェンダー」というときに、それは規範的な「女性」と「男性」――異性愛でありシスジェンダーである――ということが前提とされており、それ以外の性のありようについては、ほとんど論じられてこなかった。[*1]これらの研究は日本のソーシャルワークのなかにフェミニズム／ジェンダー研究の知見が取り入れられるようになった初期のものであるが、現在においても状況に大きな変化があるとは言い難い。日本において、「女性」に関するソーシャルワークとセクシュアル・マイノリティに関するソーシャルワークは、ほとんど交わることなく論じられてきたのである。

（2）ジェンダーとセクシュアリティのつながり

だがしかし、ジェンダーとセクシュアリティは深いつながりを持っている。そのことは、両者の関係を考察することで見えてくる。

竹村和子は、異性愛主義（同性愛や両性愛などの人びとの排除）と性差別（女性に対する抑圧）は個別に存在しているのではなく、「近代の性力学を推進する言説の両輪をなすものである」と述べ（竹村 2002: 37）、「一方に性差別、他方に異性愛主義という個別の抑圧装置ではなく、性差別と異性愛主義を両輪とした〔ヘテロ〕セクシズムであり、ただ一つの『正しいセクシュアリティ』を再生産するメカニズムである」と指摘する（竹村 2002: 40）。竹村がいう「正しいセクシュアリティ」とは、①次世代生産を行う「正しい」性行為、②終身的な単婚である（竹村 2002: 38-39）。「正しいセクシュアリティ」の下では、「女性」が抑圧され、異性愛ではない人びとは排除されてしまう。

また、ジェンダーとセクシュアリティの関係は、つぎのようにも説明可能である。ジェンダー規範において、「女性」と「男性」の特性は非対称的なものとして捉えられている。非対称的であるということは、単に異なるというだけでなく、優位と劣位を作り出すものである。この点が、これまでのジェンダーに焦点を当てたソーシャルワークの議論において中心的に批判されてきた点である。性別役割分業に対する批判は、その代表例である。「男性」は外で働き、「女性」は家庭内の役割を担うべきであるという考え方には、単なる男女の違いだけでなく、前者を後者よりも価値あるものとする見方が含まれている。

さらに、「女性」と「男性」の非対称性は、相補性を持つものと捉えられる。「女性」と「男性」は異なっており、互いに補い合うべきであるという考え方は、異性愛主義と親和的である。ここで同性愛や両性愛などが排除されてしまう。逆の説明をするならば、異性愛が成立するためには、そもそも「女性」と「男性」いう2つの性別が必要であるといえる。そして、異性愛が「自然」であるとされるためには、「女性」と「男性」が異なるものであり非対称的な特性を有している必要がある。すなわち、ジェンダーとセクシュアリティは異なるものであるが、分かちがたい関係なのである（風間2018: 14）。

また、既存の性の規範について、エスノメソドロジストのハロルド・ガーフィンケル（Harold Garfinkel）はつぎのように述べている。

自分を性的には正常だと思っている人たちの視点からすると、まわりの世界はみたところ正常な性別構成になっている。その構成は、男と女という「自然な」、つまり「道徳的な」存在に厳格に二分されている。この二分法によって人々は、「自然に」「本来的に」「まず第一に」「最初から」「ずっと」「永遠に」男あるいは女となる。（Garfinkel ＝2004: 234）

このような規範の下では、人びとの性別は常に2つしかなく、絶対に変化することがないとみなされている。「女性」や「男性」には明確に分けられないような性のありようの人びとや、性別移行をするトランスジェンダーの人びとは排除されてしまうのである。

ジェンダーとセクシュアリティの両方について論じることの必要性は、フェミニズムの歴史と現実とも関係している。それは、フェミニズムが、女性を抑圧する社会構造を問題化し「女性」の解放を目指してきた一方で、「女性」の枠組みから特定の人びとを排除してきた側面もあるからである。

例えば、つぎのような歴史が挙げられる。1970年代のアメリカ合衆国では、女性解放運動や女性学は「従来私的な領域に属すると考えられていたセクシュアリティの問題を可視化することとなった」が、当時の女性運動は「男性との平等な権利を保障しようという政治的企図」を持っていたので、レズビアニズムとは「慎重な距離」が取られていた。第二波フェミニズムの先駆者のひとりであるベティ・フリーダン（Betty Friedan）も、レズビアン運動を「ラベンダー色の脅威」と呼んで遠ざけた。それは、レズビアン同士の関係性は常に男役と女役による性別役割分業をともなっており、「男性」による支配・抑圧を再生産すると認識されてしまったからである（河口 2003: 33-34）。

日本社会でも、類似した状況がある。田中玲は、「今のフェミニズムの流れを見ていると、ネイティブ、かつ、ヘテロセクシュアル中心の雰囲気がある。同じ『女』であっても、レズビアンやバイセクシュアル、ポリセクシュアル、パンセクシュアル、アセクシュアルの『女』のことや、トランスジェンダーで『女』になった人のこと、また、法律上女性だがインターセックスのことは想定していないようにみえる」と指摘する（田中 2006: 28）。〃ＬＧＢＴ〃という言葉が人口に膾炙するようになった今日でも、同じような状況[*2]があるのではないだろうか。

「女性」に対する抑圧もセクシュアル・マイノリティに対する抑圧も、どちらも軽んじられるべきではなく、問題化されなければならない。そうであるにもかかわらず、誰が（何が）問題として取り扱われるのかということを巡っても抑圧の構造が存在する。単に「どちらも性に関することだから」という理由からではなく、異なるものでありながらも分かちがたい抑圧の構造を問題化するという観点から、「ソーシャルワークとジェンダー」というテーマのなかで、〃ＬＧＢＴ〃を含めたセクシュアル・マイノリティの人びとに関わる問題も論じることが必要である。

3　多様性と非政治化

（1）多様性のイシューとしての〃ＬＧＢＴ〃

今日、〃ＬＧＢＴ〃をめぐる事柄は、「多様性」（diversity）に関するイシューのひとつとして論じられている。近年日本でも多用されるようになった〃ＬＧＢＴ〃という言葉は、もともとは１９８０年代のアメリカ合衆国で用いられ始めたものである。その端緒について、東優子はつぎのように述べている。

ＬＧＢＴは、主体的な名乗り（の頭文字を組み合わせたもの）である。当初は、未曾有の「エイズ禍」を経験したゲイ・コミュニティが牽引する形でＧＬＢという概念が生み出され、これを自称することで共有される問題を告発し、連帯を示した。その後、より不可視化された存在である女性が先頭になるように順番を入れ替え、ＬＧＢを名乗るようになった。Ｔが追加されたのは（単体では80年代から使用されていたが）一番後で、90年代前後のことである。（東 2016: 67）

アメリカ合州国において、〝ＬＧＢＴ〟という言葉が登場するまで用いられてきた「性的マイノリティ」は「性のありようが多数派とは異なるあらゆる人々」を内包する言葉であることから、「誰」を指し示しているのか曖昧で「政治的駆け引きの道具」となってしまうという指摘があったという。一方、〝ＬＧＢＴ〟は「誰」なのかが明確であると考えられた。また、「性的マイノリティ」は、当事者運動が用いてきた言葉であったとしても、本質的には「他者（マジョリティ）からの名づけ」であるという問題点もあった。そこで主体的な連帯の言葉として登場したのが、〝ＬＧＢＴ〟という言葉であった（東 2016: 66-67）。

しかし、日本において〝ＬＧＢＴ〟という言葉が頻繁に用いられるようになったのは、こうした文脈とは異なる。日本であまり用いられてこなかったこの言葉が広く用いられるようになったのは、２０１２年７月に『東洋経済』や『週刊ダイヤモンド』などのビジネス雑誌が、「ＬＧＢＴ市場」に関する特集を組んだことに端を発している。例えば『東洋経済』では、「国内市場は、少子高齢化に加えて若者の消費離れが進み、縮小の一途をたどっている。そんな中、６兆６０００億円規模のＬＧＢＴ市場は最後に残された巨大市場といえる」と述べたうえで（週刊東洋経済編集部 2012: 123）、あるポータルサイト運営会社代表のつぎのようなコメントを紹介している。

日本の法律では、彼ら・彼女らは結婚ができないため、将来の貯蓄より今を楽しむためや自己への投資にお金を惜しまない。気に入ったサービスは口コミで仲間内にあっという間に広める。加えて、レズビアンの消費傾向はキャリア系独身女性のそれとほぼ差がなく、総括したこの市場規模は大きい。（週刊東洋経済編集部 2012: 123）

これは大変奇妙な言説である。そもそも〝ＬＧＢＴ〟という言葉で表される人びとが、それ以外の人びとと大きく異なる共通した消費行動を取るというのであろうか。また、日本で同性婚が認められていない現状は社会的承認に関する問題であり、消費の期待を持ち出して評するようなものではない。さらに、男女の賃金格差は依然として大きく、レズビアンであるか否かに関わらず一般的に独身女性の可処分所得がそれほど高いとは言い難い。このように日本において〝ＬＧＢＴ〟という言葉は、セクシュアル・マイノリティの人びとが連帯を示したり共通する問題を社会的に提起したりするための主体的な名乗りではなく、経済的有用性を論じる文脈で「他者（マジョリティ）からの名づけ」として用いられ始めたのである。

ところで、２０１５年3月には、「渋谷区男女平等及び多様性を尊重する社会を推進する条例」が制定され、自治体による日本で初めての同性パートナーシップ制度がスタートした。しかし、この動きは、人権的な観点というよりは政治的な思惑から進められた側面が大きいことが指摘されている。

川坂和義は、同条例を主導した長谷部健区議（当時）のインタビュー発言を引用しながら、「ＬＧＢＴの問題や同性カップルの法的、社会的問題が、『人権』の問題ではなく、渋谷の『国際都市』の名声に関わる『ダイバーシティ（多様性）』の問題として捉えられている」と述べている（川坂 2015: 91）。事実、渋谷区の同性パートナーシップ制度は、同性カップルに何らかの法的社会的権利を付与するものではなく、象徴的意味付け以上のものは何もない。それは、「ＬＧＢＴの権利や平等の拡大」ではなく、「『差別』から『多様性／ダイバーシティ』へと呼び方を変えた（傍点ママ）」だけでしかないのである（川坂 2015: 93）。

昨今の日本社会では、「〝ＬＧＢＴ〟ブーム」とでも言えるほどに、〝ＬＧＢＴ〟への「肯定的な」言説があふれている。セクシュアル・マイノリティへの排除や差別は、社会問題ではなくなりつつあるかのように見えるかもしれない。しかし、〝ＬＧＢＴ〟という言葉でひとつに括り、人権の擁護や不平等の是正を目指すのではなく、主流社会に受け入れられやすい側面ばかりがクローズアップされているに過ぎないのではないだろうか。

（2）ソーシャルワークにおける多様性尊重

「多様性」は、現代のソーシャルワークを特徴付ける鍵概念のひとつである。２０１４年に、国際ソーシャルワーカー連盟（International Federation of Social Workers: IFSW）と国際ソーシャルワーク学校連盟（International Association of Schools of Social Work: IASSW）の総会において採択されたソーシャルワークのグローバル定義では、「社会正義、人権、集団的責任、および多様性尊重」がソーシャルワークの中核をなす諸原理とされた。「多様性尊重」（respect for diversities）は、2000年に採択された前定義には無い文言であり、新たに付け加えられたものである。

〝LGBT〟を含むセクシュアル・マイノリティに関する事柄は、ソーシャルワーク領域でも多様性尊重に関わるイシューとして論じられている。例えば、「多様性の尊重とソーシャルワーク」という特集が組まれた2016年発行の雑誌『ソーシャルワーク研究』42（2）を見てみよう。武田丈は同特集のなかで、「多様化する社会における人権侵害の状況」のひとつとして「性的マイノリティ」を挙げている。「府中青年の家事件*4」「刑務所におけるトランスジェンダーの受刑者に対する人権侵害申し立て事件*3」や「府中青年の家事件*4」を取り上げ、「こうした日本社会における性的マイノリティに対する人権侵害の背景には、日本社会の一部の人たちが有する性的マイノリティに対する偏見や差別が存在する」と指摘する（武田 2016: 7-8）。そして、「人権や社会正義を基盤としてエンパワメントや解放を目指すソーシャルワーク」として、「人権に基づくアプローチ」（Rights-Based Approach; RBA）の有効性を論じている（武田 2016: 11）。

また、同特集にオートエスノグラフィーの手法を用いた論文を寄せた松田博幸は、「性の多様性を考える場合、LGBTというカテゴリーからは外れる性のありように焦点を当てる必要」があると指摘し、「性の多様性を尊重するという文脈になじむ性のありようと、そうでない性のありようがあるのではないか」と疑問を呈している（松田 2016: 46）。そして、「性の多様性を認めるという原則は、加害行為につながるセクシュアリティの人たちに適用されず、それらの人びとは治療や強制の対象なのだという考えがソーシャルワークにおいて力を持つようになるかもしれない（あるいは、すでに持っているかもしれない)」と論じ、「そのようなダブルスタンダードに基づく理論をソーシャルワーカーが、あるいは、ソーシャルワークの研究者がもつことで捨象されるものがあることをきちんと自覚する必要がある」と主張している(松田 2016: 52)。

これらの研究は、先述した「〝LGBT〟ブーム」的な安易な言説とは異なるものである。武田論文は、経済的有用性や政治的思惑から〝LGBT〟を論じることへの再考を促し、人権問題として取り組む実践につながるであろう。松田論文は、今でこそ「尊重」の対象とされつつある〝LGBT〟の人びとが治療や処罰の対象であった歴史を想い起こさせるものであり、現在の〝LGBT〟言説においても排除されるものと包摂されるものが恣意的につくり出されていることを考察する契機をもたらすであろう。

しかしながら、ソーシャルワークにおいて、多様性尊重という文脈で〝LGBT〟を含むセクシュアル・マイノリティについて論じることには慎重になるべきである。それは、多様性にはつぎのような陥穽があるからである。三島亜紀子は、「多様性がキーワードになるとき、社会変革を求めるクリティカルな姿勢ではなく、すべての人のニーズはそれぞれ違っているということを強調してその社会の枠組みのなかで解決の糸口を探す姿勢が取られる傾向にある」と指摘する(三島 2016: 101)。

多様性尊重の文脈では、人びとのセクシュアリティの差異は並列であり、あたかも「みんな違ってみんな良い」かのように理解され、問題の解決はシステム理論的に個々のクライエントと周囲の環境との適応を図ることで達成されようとするだろう。そこでは、なぜある性のありようは尊重され、なぜ別の性のありようは尊重されないのかという既存の性の規範に対する社会構造的な分析はなく、その変革も図られなくなってしまう。ソーシャルワークにおける多様性尊重の文脈は、「個人的なこと」を「政治的なこと」へとつなげる回路を切断し、単に「その人だけのこと」として解釈してしまう危険性を孕んでいるのである。

（3）ソーシャルワークの非政治化

多様性に関するイシューとしての〝ＬＧＢＴ〟の捉え方は、ソーシャルワークの「非政治化」（depoliticization）と結びついている。非政治化は、「反抑圧ソーシャルワーク」（Anti-Oppressive Social Work）が問題化してきた事柄である。反抑圧ソーシャルワークとは、「差別、社会的および経済的不利益、不平等な権力分配など、社会における抑圧の源泉に対抗するソーシャルワーク実践」である（Pierson & Thomas 2010: 27）。

例えば、反抑圧ソーシャルワークの理論家のひとりであるドナ・ベインズ（Donna Baines）は、ソーシャルワークの非政治化をつぎのように指摘している。

「非政治化」とは、諸問題や社会変革を求める人びとを統制するために、政治や政治意識を諸問題から取り除くプロセスを指す。我々の社会では、権力、資源、肯定的なアイデンティティへのアクセスは、階級、人種、性別、性的指向、障害の有無などの線引きによって偏在している。この不均衡は、社会的、文化的、政治的、経済的な実践を通じて強烈に擁護され、合法化され、正常化されている。（中略）多くのソーシャルワークの場面では、不均衡に起因する社会問題は

> 一般的に非政治化されている。それは、社会が生み出す困難な状況に対処しようとする試みの結果ではなく、個々人の失敗や欠点とみなされる。（Baines 2017: 21-22）

ベインズは、「主流派のソーシャルワーク」（Mainstream Social Work）は「権力や構造、社会関係、文化、経済的な力に挑むようなことを、ほとんどあるいは全く分析せず、介入は個人を中心にしている」と論じる（Baines 2017: 21）。しかし、この指摘を受けて、非政治化を克服するためには、ソーシャルアクションなどによるマクロレベルへの介入が必要であると解するのは一面的である。ベインズがいう「政治」とは、まさに「個人的なことは政治的なこと」（The personal is political）と同様の意味合いである。それは、「大文字の政治」（big “P” politics）とは区別される、「意味や資源、生存、ウェルビーイングをめぐる日常の闘い」を意味する「小文字の政治」（small “p” politics）である（Baines 2017: 6）。ゆえに、ソーシャルワークの非政治化とは、「個人的なこと」を社会構造や様々な権力関係から切り離して、もっぱら「その人だけのこと」に留めようとすることなのである。その克服は、「個人的なこと」と「政治的なこと」がなぜ切り離されてされてしまうのかを精緻に分析し、切断された両者の間の回路をいかにしてつなげていくのかを模索することによってなされるものである。マクロレベルへの介入はその方法のひとつであり、その不足だけがソーシャルワークの非政治化というわけではない。

ここで注意する必要があるのは、ソーシャルワークにおける非政治化は、２つの異なる次元で生じているということである。ひとつは、「ソーシャルワークの対象や扱う問題を社会構造の中で分析せず、もっぱら個人に焦点を当てがちであるという対象認識の次元」である。そしてもうひとつが、「ソーシャルワークそのものを社会構造のなかで分析せず、抑圧的な実践をしてしまう可能性を想定しないという自己認識の次元」である（宮﨑 2018: 48）。すなわち、ソーシャルワークの非政治化とは、クライエントを「政治的なこと」から切断するだけでなく、ソーシャルワーカー個人を、そしてソーシャルワークという営み総体を「政治的なこと」から切り離すものなのである。

4　哀悼可能性（grievability）の損なわれ

（1）哀悼可能性と承認可能性の分かちがたさ

ここで、冒頭に挙げた筆者にとっての「個人的なこと」を再び想起したい。筆者がトランスジェンダーである友人Yさんの死に際して、「どの性別で哀悼されるのだろうか」という不安や恐れを抱いたことは何を意味しているのであろうか。同性同士で親密な関係を持つ人びとがパートナーの葬儀から締め出されたり、自ら死に赴いたセクシュアル・マイノリティである人びとの葬儀が営まれない現実があるということは、どのようなことなのであろうか。それらが、いかにして「政治的なこと」としてソーシャルワーク研究に接続されるというのであろうか。そのことを考察するために、ジュディス・バトラーが用いた「哀悼可能性」（grievability）という概念を導入する。[*5]

『ジェンダー・トラブル』の著者として有名なバトラーは、『生のあやうさ――哀悼と暴力政治学』（2004＝2007）や『戦争の枠組み――生はいつ嘆きうるものであるのか』（2009＝2012）などの著作のなかで、哀悼可能性という概念を用いている。それは、「誰が人間としてみなされているのか？　誰の生が〈生〉と見なされているのか？　そして究極的には、何が生をして悲しまれるに値するものとなるのか？（傍点ママ）」という問いに関わる概念である（Butler =2007: 48）。

バトラーは、人間存在を「生のあやうさ」（precarious life）という言葉で表現している。人間は身体的な「可傷性（傷つきやすさ）」（vulnerability）を持った存在であるがゆえに、その生は生まれながらにしてあやういものであるというのである。人間の生は「援助の社会的ネットワーク」に依存しており、生存が可能か否かは社会的に条件づけられている（Butler =2012: 25）。それは、あらゆる人びとにあてはまることである。このことは、人間の生のありようを説明するだけではなく、人と人との関係をも説明している。バトラーは、生のあやうさについてつぎのように述べる。

> 生のあやうさが意味するのは、社会的に生きるということ、つまり、ある人の生は常にある意味で他者の手に委ねられているということである。わたしたちの生が、わたしたちの知っている人、そして知らない人にも、さらされているということであり、わたしたちの知っている、ほとんど知らない、あるいはまったく知らない人々に依存しているということなのだ。それは同時にまたその逆に、わたしたちの生が、わたしたちにさらされ、依存している他者、その多くが名前を持たない他者の影響を受ける、ということでもある。（Butler =2012: 24）

人間の生が「あやうい＝不安定」（precarious）ものであるということは、人びとは本質的に誰かに依存しなければ生きていけないということである。バトラーは、「私たちの外部に私たちの本質がある」という言い表し方もしている（Butler＝2007: 57）。そのことは、「私」と「他者」の関係の仕方や、社会のありようを規定している。身体の傷つきやすさのゆえに、「私」の生が「まったく知らない人々」や「名前を持たない他者」に依存しているということは――比喩的な表現であると錯覚してしまうほどに忘れ去られがちな事柄であるのだが――比喩的な表現ではなく事実である。

ところで、生のあやうさは、誰にでもあてはまるものでありながらも、「格差をともなって割り当てられている」ものでもある（Butler＝2012: 12）。ゆえに、人びとの生存を可能にするための条件は、社会的に確保されなければならない。それは、「生のあやうさを最小限に抑えることを目指す基本的なサポート、つまり、食料やすみか、労働、医療や教育、移動や表現の自由、不当な扱いや抑圧からの保護などを平等主義的に提供するという、明確な義務を伴うことになる」のである（Butler＝2012: 33）。

それでは、人びとの生存を可能にするための条件は、どのようにして社会的に確保されるというのであろうか。ここで用いられるのが、「哀悼可能性」概念である。一般的に、人びとの生は無条件に尊ばれるものであると考えられている。ソーシャルワークにおいては、「個人の尊厳の尊重」という、馴染み深い言葉が思い起こされるであろう。その言葉に従うならば、誰に対しても無前提的に、その生を生きるに値するものとして保障する条件が社会的にもたらされるべきである、という主張が何の疑いもなく直線的に導き出されることになる。

しかし、バトラーはそれに対して異を唱える。人びとの生は生まれながらにして価値があると見なされているのではなく、「生が失われることが問題になるような条件のもとにおいてのみ、生の価値があらわれる」のであり、「悲嘆可能性（grievability）（括弧内筆者）は、価値ある生の前提である」という（Butler = 2012: 25）。ある生が哀悼可能であるということ、すなわち、その生が失われたならば誰かに悲しまれ、誰かに哀悼されるであろうという「前未来形」が、生の条件として設定されているというのである（Butler = 2012: 26）。ある人びとの生が生きるに値すると見なされ、その生を保障されるための条件が社会的に確保されることの前提は、その人びとが死にゆくならば嘆き悲しまれるであろうという哀悼可能性によって支えられているのである。逆に言うならば、その死を嘆き悲しまれないような人びとの生は生きるに値するとは見なされず、その生を保障するための条件は社会的に確保されないということである。

バトラーの思想形成の過程を精緻に読み解いた藤高和輝は、「悲嘆可能性（grievability）（括弧内筆者）が『前未来形』として理解されるべきなのは、死者のその死が嘆きうるものかどうかを規定する『悲嘆可能性』の規範がいま（そして未来）を生きるものにとってその生存を価値あるものとして保護されるか、あるいは危うくされるかを規定する規範でもあるからである」と述べ（藤高 2018: 262-263）、「規範的暴力」についてつぎのように指摘する。

バトラーは規範的暴力をときに「いなかったことにする暴力（violence of derealization）」と表現していた。この暴力は他者の存在を人間としての承認可能性の枠組みから除外することで「いなかったことにする」。それは、「いなかったことに」された他者を怪物的な「脅威」として、打ち消すべき「脅威」として表象するものである。「いなかったことにする暴力」とは他者を「人間性」の領域から排除し、その他者から「人間」の顔を奪うことを意味するからである。このように、承認可能性の規範とは、一方の生を価値ある生として承認し、他方の生を「いなかったことにする」構造をもつ。（藤高 2018: 263）

哀悼されないということは、「人間としての承認可能性の枠組み」から排除されることである。筆者がYさんの死に際して抱いたのは、「いなかったことにする暴力（violence of derealization）」に対する不安と恐れだったのである。Yさんが自認し生きた性によって哀悼されなければ、Yさんはいなかったことにされる。それは、直接的にはYさん自身に関わることである。だがしかし、筆者が抱いた不安や恐れは、筆者の生もあやうくされるということに対してでもある。筆者の生はYさんに依存しており、Yさんがいなかったことにされるならば、Yさんに依存する筆者の生は生きられなくなるのである。さらに、トランスジェンダーであったYさんの生が無価値なもの、哀悼不可能なものであるとされてしまうならば、いまを生きている、そして未来を生きる他のトランスジェンダーの人びとの生もが、前未来形のかたちをとって承認可能性の枠組みから排除されることにつながる。

このように、生を承認することと死を哀悼することは、分かちがたく結びついている。バトラーは、「社会の悲嘆が格差を伴って分配されること、これはきわめて重要な政治的問題である」と述べている（Butler ＝2012: 55）。誰かの死を哀悼することは、「個人的なこと」――バトラーの言葉を借りるならば「プライヴェートなもの」（privatizing）で「非政治的な出来事」（depoliticizing）（Butler ＝2007:

52）――としてしか見なされないのかもしれない。しかし、それは極めて「政治的なこと」なのである。ある人の死が哀悼されるということは、その人を含めた「私たち」が成立可能であり、社会的連帯がつくられるということを意味するのではないだろうか。そのような意味において、「悲しみも、複雑な秩序をもった政治的共同体を意味づけうる」と言い表すことができるのである（Butler= 2007: 52）。

（2）他者化

今日、〝ＬＧＢＴ〟を含むセクシュアル・マイノリティの人びとの死が哀悼されないこと、あるいは哀悼することから誰かが排除されることは、日本社会のどこかで起きている現実である。〝ＬＧＢＴ〟は可視化され、否定的な言説は社会的に批判されるようになった。そして、ソーシャルワークでも「〝ＬＧＢＴ〟への支援」の必要性が論じられているように、〝ＬＧＢＴ〟に対する「肯定的な」言説は増加している。しかし、そのようななかであっても哀悼可能性は損なわれているのである。いや、そのようななかであるからこそ、損なわれているのだといえよう。それは、昨今の〝ＬＧＢＴ〟言説が、「従来のジェンダー・セクシュアリティ秩序を揺るがすものではなく、偶然にそこからはずれただけのものとして周縁的に秩序に編入され、脱政治化され受容されている」（菊地 2019: 90）からである。多様性のイシューのひとつとして語られる〝ＬＧＢＴ〟とは、あくまでも規範的な性のありようを前提としたうえで、そこから外れた特異な存在でしかない。それは、ある人びとを「私たち」とは異なる者として「他者化」（othering）することである。そうすることによって、主流社会が受け入れ可能な事柄ばかりが論じられ、社会構造を問う契機は消失してしまう。一見すると「肯定的」であるかのような言説は極めて非政治的なものであり、哀悼可能性を損なっているのである。

これには既視感がある。ここで、障害学における議論を援用しよう。田中耕一郎は、２０１６年に起こった「相模原事件」を受けて著した論考のなかで、他者化を「ある特定のカテゴリーに属する『彼ら』と、『われわれ』(in-group) の間に線引きをし、『彼ら』を異質の世界の住人として遠ざけたり、一方的に回収・同化させようとする心性、態度、行為」であると操作的に定義したうえで、「知的障害者の他者化」は、「二重の他者化」であると指摘する。「二重の他者化」とは、「文化的他者として位置付けられた人々や、不遇の自己責任を強調されてきた人々を眼差し、その救済・包摂を使命としてきた哲学、倫理学、社会福祉実践や社会福祉学における人権論や規範論においてもなお、知的障害者が他者化されてきた（いる）という意味においてである」という（田中 2018: 106-107）。知的障害者が社会において異質な存在として排除されてきたという意味においての他者化のみならず、それらの人びとを支援しようとしてきた社会福祉実践や社会福祉学においても、やはり「私たち」とは異なる「あの人たち」として見なされてきたという指摘である。

もちろん、〝ＬＧＢＴ〟と知的障害者を取り巻く社会的文脈は異なるものであり、重ね合わせて論じることには慎重になるべきである。しかし、敢えてこの社会全体やソーシャルワークによる抑圧の普遍的な構造を問題化する観点から読み解くならば、〝ＬＧＢＴ〟の他者化も、田中が指摘するような「二重の他者化」のひとつの形態であるといえるのではないだろうか。それは、経済的有用性や政治的思惑から性の多様性尊重を主張することだけを指していうのではない。ソーシャルワークにおける「〝ＬＧＢＴ〟の支援」に関する議論の一部も含めてである。そこでしばしば見聞きするのは、〝ＬＧＢＴ〟を「受け入れる」、「理解する」、「配慮する」などというフレーズである。それらのフレーズが発せられるときの主体は「私」や「私たち」であり、〝ＬＧＢＴ〟はそこから切り離されて、「あの人たち」のなかへと追いやられる。これこそが哀悼可能性を損なうものであり、セクシュアル・マイノリティの承認可能性を阻むものである。そうであるがゆえに、ソーシャルワークは〝ＬＧＢＴ〟の他者化を克服しなければならない。

５　「自身の輪郭をたどる」ということ

（１）１９９７年の掛札悠子からの問い

ソーシャルワークは、いかにして他者化を克服できるのであろうか。ソーシャルワークは何を手がかりにして、それを成し遂げれば良いのであろうか。筆者がここで手がかりとしたいのは、レズビアンのフリーライター（だった）掛札悠子《かけふだひろこ》が発した問いである。１９６４年生まれの掛札は、１９９０年代のエイズ予防法反対運動をきっかけに、はじめてマスメディアでカミングアウトしたレズビアンである。今以上にレズビアンとして生きていくことが困難だった１９９２年に出版された掛札の著書『「レズビアン」である、ということ』は、日本社会に大きな衝撃を与えた一冊となった。

掛札の活動期間は非常に短かった。「『レズビアンとして』社会に向かうことすべてを１９９５年、やめた」（掛札1997: 168）掛札は、活動を休止するまでの期間を振り返って１９９７年に著した『抹消

（抹殺）されること』において、つぎのように問いかけている。

「私はなに？」と問うことは、「あなたはなに？」と問うことだった。私とあなたの違いは、私にしかないものやあなたにしかないものをより輝かせてくれるはずだった。私とあなたの似ている部分は、私とあなたを少し近づけてくれるはずだった。だから、私は『「レズビアン」である、ということ』を書いたのだと思う。あのときは「共生」などというおおげさな言葉を使っていたけれど、共に生きる、その前に私は確かめたかったのだ、「私はだれ？」「あなたはだれ？」と。セクシュアリティというテーマは、そしてカムアウトという手段は、個と社会を横断するものであるだけに大きな効果をもたらすはずだった。

返ってくるはずの答えは、質問と問いかけと非難にかき消されてしまった。「レズビアンってどういうもの？　異性愛者とレズビアンの境界はどこにあるの？（おまえには答える義務がある）」「私もレズビアンなんでしょうか？（おまえには答える義務がある）」「私は異性愛者なんでしょうか？（おまえには答える義務がある）」「あなたは『レズビアン』というものを狭く考えている。私のようなレズビアンもいることをちゃんと考えて（おまえにはそうする義務がある）」「あなたは『レズビアン』のことしか考えていない。ほかにもバイセクシュアルやいろいろな性的少数者がいることを考えなくては（おまえにはそうする義務がある）」。なぜ、あなたはあなた自身の輪郭をたどってみようとしないのか。私が私自身のためにそうしようと長い間、試みているようには。（掛札 1997: 166）

1997年に掛札が発したこの言葉は、今日にいたるまでずっと響き続けている問いである。筆者は、この問いを非常に厳しいものとして受け止めなければならないと感じている。それと同時に、この問いを受け止め応答することによって、何かが開けていくのではないとかという、ある種の希望めいた思いも抱くのである。筆者は、この言葉を手繰り寄せて反復し、その内に留まり続けようとしながらつぎのように考えたい。なぜ、ソーシャルワークは、〝LGBT〟とはどのようなものなのかという問いばかり発しようとしているのだろうか。なぜ、〝LGBT〟の「輪郭」ばかりたどろうとしているのだろうか。なぜ、ソーシャルワークは自分自身の「輪郭」をたどってみようとしないのか、と。

ソーシャルワークは、非政治化されたなかにおいて「〝LGBT〟への支援」を模索することによって、ソーシャルワークとはどのようなものなのかという問いを消失しつつあるのではないだろうか。他者を規定するということは、自己を規定するということと結びついている。社会が想定する「普通」から排除されてしまう人びとを、自らは「普通」の側から――その「普通」が何であるかも問わずに――、もっぱら支援の対象として他者化することで、ソーシャルワークは自らを「普遍的な」存在にしてしまいつつあるのではないだろうか。〝LGBT〟を含めたセクシュアル・マイノリティの他者化を克服するためには、単にそれらの人びとを社会構造のなかで分析するだけでは不十分である。ソーシャルワークの「自己認識の次元」の非政治化を問題化し、ソーシャルワークという営み総体を社会構造のなかで分析し、ソーシャルワークそのものを「政治的なこと」へとつなぐ作業が必要である。それは、ソーシャルワークが「自分自身の輪郭をたどる」ということによって可能ならしめられるのではないだろうか。

ところで、掛札は、なぜ「輪郭」という表現をしたのであろうか。ある人の本質が、その「内側」にあるという考え方はよくなされる。そうであるからこそ、「自分の内面を見つめる」というような言い回しが、自己覚知の所作を表すものとして成立するのである。他方、「輪郭」とは、文字通りに捉えるならば、人の外側、皮膚の表面であり、顔や体の形状、すなわち他者と直に接する部分である。掛札は、他者から切り離された個人の内面を探ることを呼びかけてはいない。掛札は、「あなたが他者と接する部分はどのようになっているのか」「それこそがあなた自身を形作っているのではないか」「それを明らかにすることは、あなたが何者かを明らかにすることではないか」「それなのになぜ、あなたはあなた自身の輪郭をたどってみようとしないのか」と問いかけているのではないだろうか。

（2）ソーシャルワークの「輪郭」

〝LGBT〟を含めたセクシュアル・マイノリティについて考えるとき、ソーシャルワークという営み総体自身の「輪郭」とは何であろうか。すなわち、ソーシャルワークがセクシュアル・マイノリティの人びととどのように関わり、それによっていかなるものとして形を顕わにしてきたのかということである。

そのひとつは、「普通の女性」や「普通の男性」、「普通の家族」を支援し、それらを再生産してきた（いる）というソーシャルワークのあり方である。このことは、ソーシャルワーク自身が何ら「中立」のものではなく、ある特定の規範に基づいた「政治的なもの」であることを示している。それを問うことなしに、多様性尊重のための実践や「〝LGBT〟への支援」はできないのではないだろうか。ソーシャルワークのこのような抑圧的な側面を自覚することは、その克服を目指すだけでなく、いまある（そして将来の）実践が、誰かを抑圧するかもしれないことを想定するというように、自己に対する客観的な眼差しを獲得することにもつながるであろう。

しかし、ソーシャルワークの「輪郭」は、抑圧的な側面だけではない。具体的な実践場面において、個々のソーシャルワーカーたちは、〝LGBT〟あるいはセクシュアル・マイノリティという言葉で表現されなかったとしても、様々な性のありようの人びとと出会って来たはずである。セクシュアル・マイノリティは、社会のいたるところに存在する。カミングアウトしているか否かに関わらず、彼／彼女らは地域で暮らし、医療機関を受診し、福祉事務所を訪れ、ソーシャルワーカーに出会っているのである。それらの人びとのなかには、規範的な性のありようから外れていると見なされてしまうことによって生じる問題に直面している人もいる。ソーシャルワーカーは、そうした人びととともにあった（ある）はずである。

例えば、つぎのような例が挙げられる。もう何年も前のことである。ある医療機関に入院していた末期癌の高齢女性患者の身寄りは、同居していた同年代の女性ひとりだけであった。親族ではなく、当人たちが「友人」とも言い表さない、それでも数十年ともに生きてきた二人の関係をどのように理解すれば良いのであろうか。同居人女性は毎日見舞いに訪れ、二人は病室で同じ時間を過ごした。その様子をソーシャルワーカーは見ていた。そして、患者はその後必要になるであろう様々な手続きの一切を同居人女性に託すことを望んだ。患者の死期が近づき、ソーシャルワーカーは遠いどこかにいるかもしれない血縁者を、すぐに探すことはしなかった。「どのような関係であったとしても、いまここにあるその関係は、その人が生きてきた人生そのものの証しなのだから」と。

こうした実践の多くは、語られることなく埋れたままとなってしまっている。それらは、あるソーシャルワーカーの「個人的なこと」のまま、ひっそりとどこかにしまって置かれているのかもしれない。まるで全く新しいイシューであるかのように「〝LGBT〟への支援」の必要性が論じられるとき、それらの実践はなかったことにされてしまう。「〝LGBT〟への支援」としてケースを解するならば、もっと出来ることとやるべきことが挙げられるのだろう。しかし、それらの実践は、「〝LGBT〟への支援」という言葉では言い表し切れないものなのではないだろうか。もしかすると、そのように言い表してしまった途端に、全く別物の、違う何かとなり、なかったことにされてしまうのかもしれない。どこかで、あるソーシャルワーカーがひとりのクライエントと出会い、彼／彼女らに相対し応答して来たということ。それはそのワーカー自身を形作る、重要な一部分となっているはずである。それらがなかったことにされてしまうのならば、あまりにも暴力的ではないだろうか。

そうであるならば、もっと異なる方法で一人ひとりの実践を掘り起こし、別の意味づけをする必要があるだろう。一人ひとりの実践でしかないものを、「これこそがまさにソーシャルワークである」と表すようなものとして、ソーシャルワークという営み総体を形作る「輪郭」の一部分として社会のなかで存在させるには、それらを「私たち」のものとして共有する作業が必要である。その作業をしていくときには、各々のソーシャルワーカーが、他者との関係において「あなたは誰なのか？」ということが問われるであろう。筆者は、自分自身を「ソーシャルワーカーである」と説明することには躊躇せざるを得ない。しかし、日々、その問いに応答しなければならない者のうちのひとりであるということは確かである。

さらに、忘れてはならないことがある。それは、様々な性のありようを生きるソーシャルワーカーの存在である。筆者は、これまでに出会ったソーシャルワーカーの具体的な顔を想起する。他国のレズビアン・ソーシャルワーカーたちの実践を知り、ピア・ワーカーになったレズビアン女性。性別移行したことをセクシュアル・マイノリティであるクライエントに打ち明けるか否か、実践しながら悩んでいると打ち明けてくれたトランスジェンダーのソーシャルワーカー。自身の複雑なセクシュアリティに苦悩しながらも、人権や社会正義といったソーシャルワークの価値に生きる希望を見出したソーシャルワーカーもいた。これらの人びとは、ソーシャルワークが「受け入れる」、「理解する」、「配慮する」べき「あの人たち」なのであろうか。彼／彼女ら自身がソーシャルワーカーであるということに見出しているものの意味や日々の実践を、「私たち」のものとしてもっと共有することはできないのだろうか。彼／彼女らは、いないことにされてしまっているというのであろうか。

ある人の死が、その人のものだけでなく、自分の一部を失ったかのように悲嘆できるという社会が必要である。そのためには、他者化の克服が必要不可欠である。ソーシャルワークの「輪郭」をたどることが、直ちに他者化の克服になるか否かは、筆者にはわからない。しかし、そのことなしに他者化を克服することの出発点に立つことはできないのではないだろうか。ソーシャルワークを非政治化した下での「〝LGBT〟への支援」は、セクシュアル・マイノリティである人びとの哀悼可能性を損ない、その生の承認を阻むものである。それは同時に、ソーシャルワークを「普遍的な存在」として「カオナシ」にすることである。ソーシャルワークはソーシャルワーク自身のためにも、その「輪郭」をたどる努力をしなければならないのではないだろうか。

おわりに

本章では、ジェンダーに関する問題とセクシュアリティに関する問題の分かちがたさを考察し、「〝LGBT〟とソーシャルワーク」というテーマをフェミニズム／ジェンダー研究の文脈に位置付けた。そのうえで、筆者にとっての「個人的なこと」のひとつをバトラーが述べた哀悼可能性と承認可能性に関わる事柄として「政治的なこと」に接続することを通して、性の多様性をめぐって人びとが「個人的なこと」として考えたり経験したりしている事柄が、「政治的なこと」としてソーシャルワーク研究のテーマのひとつになるということを示した。そして、人びとの性の多様性と相対するには、ソーシャルワークの「輪郭」をたどる必要があることを、1997年に掛札悠子が発した問いを手がかりにして提起した。

最後に、改めて「個人的なことは政治的なこと」（The personal is political）という言葉を繰り返そう。その言葉が意味しているのは、単に「政治的なことに取り組め」ということではない。1969年のハニシュは、「もっぱらその人のものとしてしか思われていないものを政治化せよ」と呼びかけたのであった。その呼びかけに応答することは、フェミニズム／ジェンダー研究のアティチュードである。筆者は、ソーシャルワーク研究のなかで、この呼びかけに応答し続けることにこだわりたい。それは、ソーシャルワークが解決を迫られている諸問題の原因を個人のみに帰結できないからだけではない。ソーシャルワークにおいて「個人的なこと」を「政治的なこと」に接続するというとき、それは他者とつながること、社会的連帯を築くことへとつながるからである。

「個人的なことは政治的なこと」とは、「私」という一人称でしか言い表せないことが――そうであることの内に留まりながらも――、「誰か」とつながり、「私たち」になる可能性に開かれているということではないだろうか。「私とYさんとのこと」は、筆者だけのものである。しかし、そうでありながらも――そうであるがままで――、どこかで「誰か」とつながる、そのような可能性を手放したくないのである。ソーシャルワークにその可能性を感じられるからこそ、筆者は「個人的なこと」を提示しながら本章を著した。

もしかすると、他者化された「〝LGBT〟への支援」であったとしても必要とされているのかもしれない。それが経済的有用性や政治的思惑からであったとしても、あるいは表面的な「理解」や自分自身を問わない「受容」や「配慮」であったとしても、無いよりはマシなのかもしれない。しかし、ソーシャルワークはそうであって良いのだろうか。名前を持たない他者であったとしても、ひとりの人間が死に赴くとき、この社会は何かを喪失している。いったい、なぜ、そのことを悼み悲しむことがこんなにも困難なのであろうか。価値がないとされた生を、生きられるものにする条件が整えられる社会を実現しなければならない。そのためには、誰かの死をともに嘆き悲しみ、嘆き悲しまれない誰かがいるときに憤るソーシャルワークの営みが必要なのではないだろうか。そのようなソーシャルワークとは、ソーシャルワーク自身が「個人的なことは政治的なこと」という言葉を手放さず、「なぜ、輪郭をたどってみようとしないのか」という問いかけに応答し続けることによって可能ならしめられるはずである。

注

＊1　社会的にあてがわれた性別と性自認が一致し、それに従って生きる人びとのこと。トランスジェンダーに対する「非トランスジェンダー」を指す言葉として使われている。

＊2　2018年7月、お茶の水女子大学が2020年度よりトランスジェンダー学生（同大学は「戸籍又はパスポート上男性であっても性自認が女性である人」と表現している）の受け入れを開始することが報じられた。これに端を発して、「女性」専用の公共スペースにトランスジェンダー女性が参入すること／（すでに）存在していることへの排除的・差別的な発言が巻き起こった。この事態について、堀あきこは「なかでもショックだったのは、懸念や反発の声が、性差別を批判してきたフェミニストを公言している女性たちからあがったことだった」と述べ（堀 2019: 7）、トランス女性を排除するフェミニズムはフェミニズムではないと主張している。

＊3　同性愛者団体「動くゲイとレズビアンの会（アカー）」が、東京都から「青少年の健全な育成にとって、正しいとはいえない影響を与える」として「府中青年の家」の利用を拒否された事件。アカーは東京都に対して損害賠償を求めて提訴し、1994年の一審、1997年の二審ともに原告が勝訴し判決が確定した。

＊4　黒羽刑務所（栃木県大田原市）に収容されていた受刑者（収容前に「性同一性障害」の診断を受け男性名から女性名に氏名変更した者）が、性自認に即した服装の着用や髪型を認めない処遇方針が

取られたことに対して人権救済を申し立て、処遇改善を行うよう2009年9月に日弁連が勧告した事件。トランスジェンダーである人びとに対する刑務所や拘置所での処遇を巡って、同様の事件が複数起きている。

＊5　本章では、バトラーが提示した〝grievability〟という概念を、文脈に即したニュアンスとして「哀悼可能性」と訳する。なお、本章で用いた文献において、本橋哲也は「哀悼可能性」と訳しているのに対し、清水晶子や藤高和輝は「悲嘆可能性」と訳している。それらの引用については、出典に従いそのままの訳で記載する。

邦文文献

石澤方英・尾﨑万帆子「児童自立施設における性的問題（セクシュアル・マイノリティ）を抱えた児童に対する支援方法確立に向けた実態および職員の意識調査：児童ひとりひとりの人権が尊重される支援を目指して」（『明治安田こころの健康財団研究助成論文集』49、2013年）

掛札悠子「抹消（抹殺）されること」（河合隼雄・大庭みな子編『現代日本文化論2　家族と性』岩波書店、1997年）

風間孝「セクシュアリティを捉える視座」（風間孝・川口和也・守如子・赤枝香奈子『教養のためのセクシュアリティ・スタディーズ』法律文化社、2018年）

加藤慶「LGBT学生支援のアクションリサーチ」（『解放社会学研究』22、2008年）

加藤慶「アメリカにおける性的指向・同性愛に関するソーシャルワーク専門養成教育――日本における社会福祉専門職養成教育の検討を目的として」（『社会福祉学』38、2014年）

加藤慶「性的マイノリティに関する日本のソーシャルワーク教育の現状と課題」（『ソーシャルワーカー』16、2017年）

河口和也『クィア・スタディーズ』岩波書店、2003年

川坂和義「「人権」か「特権」か「恩恵」か?」(『現代思想』43(16)、青土社、2015年)
菊地夏野『日本のポストフェミニズム――「女子力」とネオリベラリズム』大月書店、2019年
河野貴代美・杉本貴代江編著『新しいソーシャルワーク入門――ジェンダー、人権、グローバル化』学陽書房、2001年
杉本貴代栄『社会福祉とフェミニズム』勁草書房、1993年
ダイヤモンド編集部『週刊ダイヤモンド』2012年7月14日号、2012年
武田丈「多様性の尊重とソーシャルワーク――人権を基盤とするアプローチ」(『ソーシャルワーク研究』42(2)、相川書房、2016年)
竹村和子『愛について――アイデンティティと欲望の政治学』岩波書店、2002年
田中耕一郎「障害学は知的障害とどのように向き合えるのか――他者化への抗いのために」(『障害学研究』14、明石書店、2018年)
田中玲『トランスジェンダー・フェミニズム』インパクト出版会、2008年
寺田千栄子「LGBTQの子ども達へのエンパワメント視点に基づく学校ソーシャルワーク実践の必要性――養護教諭へのアンケート調査結果からの考察」(『社会福祉学』59(4)、2019年)
東洋経済編集部『週刊東洋経済』2012年7月14日号、2012年
東優子「トランスジェンダー概念と脱病理化をめぐる動向」(『こころの科学』189、2016年)
平澤恵美「トランスジェンダーと自殺企図――差別調査から見た性的マイノリティの実態」(『臨床心理学』16(6)〈通巻96〉、2016年)
藤高和輝『ジュディス・バトラー――生と哲学を賭けた闘い』以文社、2018年
藤野寛「『個人的なことは政治的なこと』の意味するところその誤解に次ぐ誤解について」(井川ちとせ・中山徹編著『個人的なことと政治的なこと――ジェンダーとアイデンティティの力学』彩流社、2017年)

堀あきこ「分断された性差別――『フェミニスト』によるトランス排除」（『女たちの21世紀』98、２０１９年）
松田博幸「性の多様性とソーシャルワーク――性をめぐるオートエスノグラフィ」（『ソーシャルワーク研究』44（3）、相川書房、２０１６年）
三島亜紀子『社会福祉学は、「社会」をどう捉えてきたのか――ソーシャルワークのグローバル定義における専門職像』勁草書房、２０１６年
宮﨑理「社会的に排除されるものとソーシャルワークの価値」（『ソーシャルワーク研究』44（3）、相川書房、２０１８年）

外国語文献

Baines, Donna. *Doing Anti-Oppressive Practice: Social Justice Social Work*, 3rd ed. Fernwood Publishing, 2017.
Butler, Judith. *Precarious Life: The Powers of Mourning and Violence*. Verso, 2004.（『生のあやうさ――哀悼と暴力の政治学』本橋哲也訳、以文社、２００７年）
Butler, Judith. *Frames of War: When is Life Grievable*. Verso, 2009.（『戦争の枠組――生はいつ嘆きうるものであるのか』清水晶子訳、筑摩書房、２０１２年）
Garfinkel, Harold. "Passing and the Managed Achievement of Sex Status in an 'Itersexed' Person Prat1". an abridged version in Garfinkel, *Studies in Ethnomethodology*. Prentice-Hall, 1967, 116-185.（「アグネス、彼女はいかにして女になり続けたか――ある両性的人間の女性としての通過作業（パッシング）とその社会的位置の操作的達成」『エスノメソドロジー――社会学的思考の解体』山田富秋・好井裕明・山崎敬一編訳、せりか書房、２００４年）
Hanisch, Carol. "The Personal is Political: The Women's Liberation Movement Classic with a New Explanatory Introduction". Carol Hanisch's website (http://carolhanisch.org/CHwritings/PIP.html), 2006.（「個人的なこと

は政治的なこと」井川ちとせ訳、井川ちとせ・中山徹編著『個人的なことと政治的なこと――ジェンダーとアイデンティティの力学』彩流社、２０１７年）
hooks, bell. *Feminism is for Everybody: Passionate Politics*. South end press, 2000.（『フェミニズムはみんなのもの――情熱の政治学』堀田碧訳、新水社、２００３年）
hooks, bell. *Feminist Theory: From Margin to Center*, 3rd ed. Routledge, 2015.（『ベル・フックスの「フェミニズム理論」――周辺から中心へ』野崎佐和・毛塚翠訳、あけび書房、２０１７年）
Pierson, John & Thomas, Martin. *Dictionary of Social Work: The Definitive A to Z of Social Work and Social Care*. Open University Press, 2010.
World Association for Sexual Health (WAS). "Declaration of Sexual Rights" (http://www.worldsexology.org/wp-content/uploads/2014/10/DSR-Japanese.pdf), 1999.（『性の権利宣言』公式日本語訳、２０１９年5月１日閲覧）

6　「晩年の自由」に向けてのフェミニストソーシャルワーク
——老いゆく人との女性史的実践と〈継承〉

新田雅子

はじめに——怒りを表出することの意味

アメリカの文学者キャロリン・ハイルブランは評論『女の書く自伝』で、老いが私たちを「絶望の谷や、人生には価値がないという感じ」に導いていく一方で、「非常にしばしば、とくに他の女性たちの支えがあれば、老齢は、終始男たちは知っていても、女たちは知らなかったすべての自由——たいていの場合、他人の必要を満たし、女の役者をつとめることからの自由——の前兆となる」と述べた（Heilbrun =1992: 175-6　傍点は引用者による）。その「自由」の一様態についてハイルブランは、詩人で小説家のメイ・サートンに言及し、彼女が58歳の時の1年間をつづった『独り居の日記』（Sarton =1991）を「近代女性の自伝の転回点」と位置づける。それはサートンが以前の自伝では描かなかった「怒りの記録を語り直したからだ。〈中略〉他のすべてのタブー以上に女に禁じられていたのは怒りだった」[*1]（Heilbrun＝1992: 7-8）。

高齢女性への聞き書きの場で、こちらがたじろぐほどの怒りの表出に直面することがある。怒りや悔しさ、傷つけられたという自覚は、あとからだんだん膨らんで形をなしてくるのかもしれない。その最中《さなか》には、あまりに過酷すぎて状況が把握できなかったり、自分に対して為されている行為や投げかけられる言葉の意味が全く理解できなかったり、痛みや苦しみのためにぼんやりしていたりして、あとになってから自分の受けた暴力や不条理に徐々に気づき、しかしそれを表出するのに適当な場も言葉もないまま、ひとりそれを反芻しながら生きている人がいる。

ずいぶん経ってから、つまり晩年と言っていい歳になって、場と相手を得て饒舌に語り出される怒りの記憶は、本人のなかではずっと以前から幾度も想起され考え抜かれた場面であり物語であるから、驚くほどディテールに満ちている。しかしかえってそのために、聴き手は細部にとらわれ、全体像をつかむことができない。それ以前に、その人がなぜ今ここで、ほかでもない私に、そもそも何の話をし始めたのかすらすぐにはわからないことがある。そしておそらく多くの場合、私たちはそうしたわからなさをわからないままに留保する。その怒りがどこに由来するもので、何に対してなのかを了解可能なまでに掘り下げるのはとても難しい。人生は長く、記憶はどこまでも個人的で、主観的だからである。急いでことわっておくが、認知症であるかどうかは問題ではない。わからない部分を追求することをあきらめて留保したとしても日常の業務や生活に支障をきたさないとなれば、看過したところで問題にはならない。

たしかに、彼女の苦悩や怒りは治療を要する（あるいはそれが可能な）病いではないかもしれない。しかし彼女はその時、人生における大きな悲劇を目の前の相手に語りたいと思ったのだろうし、そうできる時が訪れたのだ。向き合う私たちは、老いが彼女にもたらした自由を認め、「女性史」を実践する貴重な機会を得ることになったととらえたい。それこそ高齢者の福祉 well-being を目指す専門職の本来的な仕事のひとつではないか。高齢者介護や福祉の現場で女性史を実践する――その価値と可能性という側面から、フェミニストソーシャルワークの意義を論じたいというのが本章の動機であり、ねらいである。

1　高齢者福祉の課題特性と社会的機能としての〈継承〉

高齢者を対象とする社会福祉の実践において、その主たる課題は経済問題と疾病・障がいによる心身の健康問題である。本人はもとより家族も含めた貧困の程度やケアの必要《ニーズ》の内容と度合いによって、生活の再建や家族関係の再構築を要する具体的現実が立ち現れる。高齢者福祉に関わる者は、個別で複雑な状況を解きほぐし、制度を活用したり公私のサービスに接続したりしながら、彼／彼女がこれからの人生をどう過ごすかを慎重に考え、その老いに付き添うことになる。しかしそれだけでは、高齢者を対象とするソーシャルワークの固有性を十分説明することにはならない。経済的問題も、ケアの配分をめぐる問題も、それだけを取り上げるなら（育児や障がい者のケアなど挙げるまでもなく）、高齢期に限ったことではないからである。高齢者の貧困や高齢者介護の問題に通底する課題、その特性とは何だろうか。本題に入る前にまずはこの点を、あらためて考えておきたい。

（1）「脱家族化」が必然的にかつ急速に進む問題系としての高齢者福祉

レナ・ドミネリは『フェミニストソーシャルワーク』で、その1章分を「高齢者」に割いて、介護者（ケアラー）として女性が受ける逃げ場のない抑圧、その権力構造を指摘する。しかしこのテーマは日本においては、同居家族を「福祉の含み資産」とした『昭和53年版　厚生白書』以来、１９８０年代半ばの樋口恵子らの運動から、介護保険制度導入を経て今日に至るまで、相当の議論の蓄積がある（大熊 2010; 上野 2011; 森川 2015）。それだけでなく、少なくとも家庭内介護役割に関しては、「高齢者が息子（娘の夫）よりも娘（息子の妻）によってケアされると決めてかかり、労働の性差というおかしな分断に貢献してしまっている」（Dominelli＝2015: 255　カッコ内も原文）ことに無自覚でいられるほど素朴なワーカーが、今後ますます増えていくとは筆者には思えない。それは楽観的な見方というよりは必然性による。というのも、少子高齢化と世帯規模の縮小が急速に進む日本においては、現実として、家族内で介護者を見つけ出すことが困難になっていくからである。つまり「娘か嫁かそれとも息子か」という選択肢すらない、ケアできる身内が全くいないという状態を、ある程度想定せざるを得ないのである（藤森 2010; ＮＨＫスペシャル取材班 2013; 前田 2018）。

この点が同じケアラーの問題でも子育てとは異なるところで、子どもをケアできない親、あるいは実の親にケアされない子がいつの世にも存在するとしても子ども全体から見ればそれはやはりマイノリティであるのに対して、老親をケアできない子、あるいはケアできる子どものいない高齢者が増えていくことを認めざるをえない現状がある（それこそが少子高齢化がもたらす社会的現実であり、ゆえに日本では公的介護保険制度が創設された）。

高齢者の介護を家庭内の女性の無償労働に依存できなくなっていくなかで、なおケア役割全般が女性に著しく偏っていることは引き続き問題化しなければならない。また「新しい認知症ケア時代」においてはむしろ「家族のケア責任が強化される」という指摘もある（木下 2019: 27）。しかし上述のような、特に高齢期における家族の極小化ともいうべき変化を踏まえると、高齢者福祉の課題は突き詰めれば、限られた資源の（再）分配方法とその存立基盤としての社会連帯の問題になるのではないだろうか。個人の老いと社会の高齢化にともなって必然的に発生する経済的・肉体的・精神的コストを、家庭内にとどまらず広く社会的に分かちあうための論理を、いま一度あらためてジェンダー・センシティブに導き出すことが求められているのである。そうでなければ、保険料拠出が滞った人や現役時代に資産形成できなかった人、家族を持たなかった人が、思いがけず長期化した高齢期に行き詰まる時、「自業自得」と切り捨てられる社会の到来まではあとわずかである。

当初の問いに戻って、高齢者の貧困や介護に関わる課題特性を挙げるなら、ここまで述べてきたことは、現象としては「脱家族化」が必然的にかつ急速に進む問題系であるということだろう。

（2）高齢者福祉の時間的特性と〈継承〉という社会的課題

いまひとつ、筆者が考える高齢者福祉の課題特性は、質的な側面で、「時間」に関することである。すなわち、80年、90年という「これまで生きてきた時間の長さ」と、他方、一人の人間に与えられた時間は有限であるから「これから生きていく時間の短さ」がある。

エリック・H・エリクソンによれば、よく知られた彼の生涯発達段階の最後、8番目の「老年期」における発達課題は、「絶望 despair」と「統合 integrity」の葛藤状態として説明される。曰く、老年期というライフステージにおける時間的特性は、遠からず訪れる「〝存在しない〟ことへの実存的恐怖」とともに、「やり直しのきかなさ」、「取り返しのつかなさ」の自覚をもたらし、高齢者は「必然的に起こる絶望感と生き続けるのに欠かせない全体的な統合の感覚との間のバランスをとろうと苦闘」することになる（Erikson et al.＝1990: 59）。人生の最終段階で陥りがちな「絶望」状態において、過ぎ去った過去の出来事を回想し、そのなかでの正負の体験をこの段階の「徳目 virtue」ないし「力 strength」である「英知 wisdom」を活かして再評価し、次世代へと伝えることで「統合」が果たされるということである。

今日、ほとんどの人が老い衰えゆく（まで生き続ける）にもかかわらず、ケアの必要性やその長さもしんどさもきわめて個別多様で予測不能である。個々人の老いの多様性の発見は社会老年学がもたらした最大の成果だが、それゆえに事は複雑である。「思ったよりやれてきたし、今もなんとかやれているが、明日どうなるかわからない」、誰もがそんな寄る辺なさ、先の見えなさを抱きながら、生きてきた時間に比べれば格段に短いはずの長い晩年を生きるのである。これをエリクソンにならって「モラトリアム（執行猶予期間）」と呼ばずして何と呼ぼう。

こうした高齢期の特性を踏まえて、筆者は別稿で「高齢者福祉実践の独自性とは、ひとつには、これまで生きてきた時間の長さがもたらす人としての時間的奥行きの理解と、もうひとつには、これから生きていく時間の短さがもたらす『実存的恐怖』のシェアが要点となるのではないか」（新田 2018b: 10）と述べた。またさらに、時間的奥行きを帯びた歴史的存在として高齢者をとらえ、彼／彼女らとの対話とかかわりを通して、日常生活のなかで、あるいはケアの相互行為において、その存在と記憶、経験や知識を〈継承〉することが、エリクソンの概念である「ジェネラティヴィティ generativity」が含意する歴史－社会的なダイナミズムの実践的応用といえることも示した（新田 2018b）。

ジェネラティヴィティはエリクソンの造語で、「生殖性」とか「世代継承性」と訳されるが安定した訳語がない。生涯発達段階の7番目、「中年期」の発達課題であり、自分のなかから新しい何かを生み出したいという欲求や、先行世代から受け継いだ伝統や文化、自然環境を次の世代へと引き渡していくような態度を意味する。近年の研究ではこの概念を「老年期」に拡張することで、文化の継承や世代間交流等さまざまな活動において理論的に応用することが試みられている。[*2]

この点は、先に課題特性として挙げた必然的かつ急速な「脱家族化」の傾向とも関連する。私たちが問われているのはつまり、家族が極限まで縮小するなかで、いったい誰が老いゆく者の「実存的恐怖」を分かち合い、死後も含め存在それ自体を受け継ぐ役目を果たすのかということである。例えば社会学者の今田高俊は、家族間継承が途絶し世代間交流が希薄化する今日の社会状況をエリクソンの「アイデンティティの危機」に倣って「ジェネラティヴィティの危機」（今田 2013: 33）とし、その克服に向けた社会的努力の必要性を説いている。

高齢者の介護は子育てと同様、生命の連続性のなかに位置づけられる事象であり、それを近代家族の「愛の労働」(Dalla Costa =1991; Kittay =2010) に全面的に依存するようになったのは、人間社会の歴史を顧みればわずか100年くらいの間のできごとである。血縁や性愛による家族を超えて、あるいはそれに加えて、専門職と「その他の関係[*3]」にある者が老いゆく者のケアを社会的に担っていく根拠としてジェネラティヴィティを掲げ、そうしたケアの相互行為を〈継承〉と意味づけたい。筆者はそれこそが、少子化する後期資本主義社会における社会連帯の新たな道筋になると考えるからである。

そのための方法として、本章では次節以降、特に高齢女性のライフヒストリーに向き合うことの意味について検討する。手順として、まず2節で日本における女性史の視点やその成り立ちの特性を概観し、その上で主として社会学におけるライフヒストリー研究の方法論および認識論的前提をおさえておこう。それらを踏まえて3節では、ある女性の聞き書きを取り上げる。苦衷のうちに繰り返し語られる彼女の言葉によって、個人史と近現代史が交差する接点に立ち会うことのリアリティを共有したい。そして最後に4節であらためて、2節で提起するいわゆる「女性史的実践」が、これからのソーシャルワークに何をもたらし得るかを考察する。ひとりの老いゆく女性のライフヒストリーをもとに、女性史とフェミニストソーシャルワークとを結び付けてみたい。

2　歴史学における女性史、社会学におけるライフヒストリー

（1）日本における女性史研究の諸系譜

歴史学の一分野である女性史は、日本においてはその嚆矢を第二次世界大戦以前までさかのぼることができ（高群逸枝『大日本女性史』1938年など）、女性学以上に長い歴史がある。第二波「フェミニズムとともに研究が始まった欧米に対し、日本の女性史は既に厚い蓄積を持っていた」（加納 2009: 3）のである。また、不可視化されがちな女性に着眼し、その歴史上の地位や立場、役割や行為、さらにはそうした実相を生み出す構造を実証的に明らかにするという研究上の目標は共通でも、その対象は、古代から近現代まできわめて多岐にわたる。特に、日本史学から生まれた女性史にジェンダー概念が取り入れられたのはジョーン・W・スコットの『ジェンダーと歴史学』が訳出された90年代以降であり、その後は性や性差に対する意味づけが――「女性史」か「ジェンダー史」か、両者のパースペクティヴの違いも含めて――多層化している（荻野 2000; 加納 2009）。

ここで筆者が主として念頭に置くのは、1960年代から70年代にかけて盛んにおこなわれた「底辺」や「辺境」に生きる女性たちへの聞き書きの作品群、あるいは同時期に各地で発足し取り組まれた地域女性史の活動、それらに共通する女性の経験へのまなざしと歴史実践 historical practice である。

ただしまずは前提として、上述の通り女性史が戦前から（主要部門ではないにせよ）日本史学の一分野をなしていたことに加え、次のような固有性を確認しておくべきだろう。すなわち、「戦時体制下で猛威を振るった皇国史観を清算し、戦後日本社会への変革への希望に応え」（貴堂 2017: 228）るべく始められた戦後歴史学のなかで、「地域や職場に生まれたサークルにおいて『民衆自身が書く歴史』が推奨され、〈中略〉この一人称の〈小さな物語〉をまとめる歴史実践の蓄積が、地域女性史の興隆や女性史の聞き書きの成果へと繋がっていった」（貴堂 2017: 228）ということである。この点が日本における女性史の大きな特徴であり、アカデミズムの外で、いわゆる在野の、市井の歴史家たちが物した労作[*4]は、反戦運動や労働運動、あるいは都市と農村それぞれにおける生活記録運動や社会教育活動から生み出されており、それらには女性史独自の「痛覚」が息づいていた（鹿野 1989: 69; 加納 2009: 2）。その「痛覚」とはすなわち、「女の悔しさと祈り」（北原 2017: 5）への感受性であり、それこそがフェミニズムであると言ってよいだろう。

１９６０年代後半から70年代にかけて、本人の語り口そのままにまとめられた数々の聞き書きは、近代化の過程で日本の女性たちが受けてきた支配と抑圧の記憶、疎外され顧みられなかった経験を、「歴史化」する試みだった[*5]。文学評論家の斎藤美奈子は、公害問題など近代の限界が見えた１９７０年代を「記録文学の時代」と呼び、石牟礼道子『苦海浄土――わが水俣病』（1969）や有吉佐和子『複合汚染』（1975）などとともに、森崎和江による元女性炭鉱労働者や「からゆきさん」（主に19世紀末から20世紀にかけて娼婦として南洋等に「出稼ぎ」した女性たち）への聞き書きを紹介している（斎藤 2018: 48-60）。

こうしたノンフィクション作品を女性史の成果の一つと位置付けるのには、異論があるかもしれない。例えば１９７２年に「北海道女性史研究会」を立ち上げた高橋三枝子は「研究会結成の意志について、一時居住した道北農村の主婦たちの、戦後二十年たってなお余りに過酷な生活に接して徐々に固められたものであり、決して山崎朋子の『サンダカン八番娼館』[*6]などに触発されたものでないとくり返し語って」（札幌女性史研究会 1986: 135 傍点は引用者）いたという。しかしながらいま、1960年代後半からの約10年というこの時代を振り返るなら、ベトナム戦争の泥沼化にともなって大きくなった学生運動、その敗北やそれへの反動から生み出されたウーマンリブ、1975年の国連国際婦人年に至る時間のなかで、祖母の代、母の代、娘の代、それぞれが置かれた「過酷な生活に接して徐々に固められた」現実の矛盾に対する怒りと疑問を、当事者である女性たちが掘り起こし、あるいは沈黙を破って語りだしたことの意義は、同時代的に共有されていたように映る。その背景には被抑圧者としての女性たちの、「女性ならでは」の互恵性やエンパシー、直観力がもたらす連帯意識いわゆる「シスターフッド」が、原動力として存在していた。

ところが1980年代以降、こうしたシスターフッドに基づく女性史や女性たちの運動は素朴に過ぎるという批判が各方面からなされるようになる。その内容は、第一に、フェミニズムが「異文化」や「他民族」、「障がい者」といったさらなる社会的マイノリティの存在を無視してきたのではないかという批判、第二には、同性愛者の権利運動がフェミニズムの異性愛主義を指摘したこと、またそれらの異議申し立てを受けて第三に、「同じ女性」というカテゴリーを用いて「同類」と見なし、研究者ないし調査者といった「描く側」が、「描かれる側」である対象者とのあいだの権力関係に無自覚であったことへの批判がある。そして第四に、いわゆる「言語論的展開」（言語が現実世界を社会的に構築しているという見方・考え方）によって、フェミニストにとっての連帯の基盤と見なされていた「女」という認識そのものが言説によって構築された文脈依存的なものであるということが明らかになると、男／女の性別二元論のみならずセックス／ジェンダーという図式に関しても本質主義的に語ることはできなくなった。今日のポストモダン的状況において「女性史」を標榜するためには、立場性《ポジショナリティ》や認識論の問題から免れ得ないのである。

しかし筆者には、こうした方法論的問い直しや性の相対化によって、女性史をめぐる理論が抽象的になりすぎたことが、「痛覚」に動機づけられた在野の史家たちによる日本独自の地域女性史の活動と、アカデミズムとの分断を促し、かつてのようないきいきとした叙述を生み出しにくい状況を招いてきたのではないかと感じられる。そのもどかしさや見えにくさは、歴史学界における２０００年代以降のオーラル・ヒストリー（口述史）への関心の高まりにつながっているのかもしれない。そこで次に、同様の方法論的問題あるいは認識論的問いに対峙してきた、社会学におけるライフヒストリーをめぐる議論を概観しておきたい。[*7]

（2）社会学におけるライフヒストリー研究の方法論および認識論的前提

社会学においてライフヒストリー[*8]が意識的に活用されたのは、１９２０年代を通し盛んに刊行された一連のシカゴ・モノグラフとされている（Faris= 1990）。移民、非行少年や浮浪者、人種的あるいは性的マイノリティといった、社会から排除され疎外されてきた人々の「生きられた生」に接近する方法として、ライフヒストリー研究は1世紀にわたり精錬され続け現在に至っている。

この間、社会科学としての社会学の方法という点から、個人の生活記録や聞き書きのような主観的であいまいなデータは、「信頼性（語られたことが真実かどうか）」にも「代表性（語られたことや使用された記録が研究対象の属性にとって代表的かどうか）」にも欠け、「反証可能性（データに対してなされた解釈が他からの批判や反論に開かれているかどうか）」や「再現性（他の研究者が同じ調査を実施しても同じ結果になるか）」といった点からも、実証的とは言えないという批判に常にさらされてきた。このような位置づけは日本の社会学界においても長らく顕著であり、各地で聞き書きをもとに女性史が編まれたり、ノンフィクション作品が隆盛を極めた１９７０年代においてもライフヒストリーは副次的に取り扱われるだけだった。

　しかしながら現象学的社会学やエスノメソドロジーといった、社会や歴史を構成する主体としての人びとの行為に着目するいわゆる「意味学派」の台頭や、「下からの歴史」に積極的に取り組む社会史やオーラル・ヒストリーへの評価を背景に、１９７０年代以降欧米においてはライフヒストリーの「再興期《リバイバル》」（桜井 2002: 46-54）とよばれる状況が発生する。さらに90年代に入ると、社会構成主義（先述の「言語論的展開」をもたらした発想《パラダイム》）の影響から社会学のみならず心理学や教育学等さまざまな分野における質的調査・研究法の再評価がなされた。日本においても、桜井厚らを中心に、特にインタビューの場における調査者−被調査者の関係性を反省的に検討した新たな実践的かつ記述的な試みが見られるようになる（中野・桜井編 1995; 桜井編 2003; 桜井・小林編著 2005 ; 桜井編 2006 など）。「おもしろいが、たしかさがない」（見田 1971: 79　傍点も原文）と言われてきた質的研究は、「〝たしかさ〟とはなにか」という問いがもたらした発想転換《パラダイムシフト》を経て、２０００年代以降まったく新しい展開を見せてきたのである。

　ある種の質的研究の今日的展開が「まったく新しい」のは、個人の生い立ちや人生の語りを「データ」としてのみ取り扱わない点にある。桜井らは、歴史的事実を論証するためにではなく、語り手すなわち行為主体の主観的経験世界に接近するためになされるインタビューの場を、「いま－ここ」における物語《ストーリー》の相互的構築過程と位置付ける。そこでかたち作られるのは「過去の出来事の単なる表象ではなく、語り手と聞き手との対話の産物」（石川・西倉 2015: 3）であるから、「ライフヒストリー」よりは「ライフストーリー」と呼ぶのがふさわしいということになる。両者のパースペクティヴの違いは「大摑みに言えば、ライフヒストリー研究は〝何を語ったのか〟に重点を置き、過去に起きたことの再構成に関心を寄せる。一方、ライフストーリー研究は〝いかに語ったのか〟や〝何のために語るのか〟に問いをシフトさせ、語っている現在、およびそこから続く未来へと射程を広げた」ということである（石川・西倉 2015: 2）。

「歴史」すら、その場その時の言説によって構築されるという見方が示され、あるいは、ハンセン病元患者、被爆者、「在日」外国人、引きこもり、ＬＧＢＴ、ＤＶサバイバーなど、当事者の言葉によってしか接近することのできない多元的現実の解釈や対象理解のためのツールとして、語り《ナラティブ》や物語《ストーリー》の有効性が広く共有されるようになった今日、社会学的な概念としての「ライフヒストリー」は「ライフストーリー」に取って代わられつつある。

（3）「歴史実践 historical practice」としての〈継承〉の意義

しかしながら筆者はもうしばらく、「ライフヒストリー」にこだわっていたいと考えている。その理由は、前節で述べたように、老いゆく人間とそれを支える者との社会的な関係に焦点化するためである。

少子高齢化が急速に進む日本社会において、最早やり直しのきかない、取り返しのつかない、書き換えのできない人生の晩年に、個人的記憶や経験を、家族を超えて受けとめる姿勢の社会的必要《ニーズ》については先に述べた。「ジェネラティヴィティの危機」とは、先行世代からすれば、自らの生およびそこに至るまでの系の途絶、すなわちまさに「実存的恐怖」を意味し、次世代にとっては、自己の成り立ちの覚束なさや、歴史・文化の水脈を見失って漂うような心もとなさを意味する。ということは、言い換えるなら、個人の過去の経験や人生の語りに虚心坦懐に耳を傾ける「歴史実践」が、意識的あるいは無意識的になされる環境が、老いゆく人間にとっては安息となり、希望となり、次世代にとっては自己の成り立ちとその歴史的位置付けを考える契機となるのである。

ところで、ここまで何度か使ってきた「歴史実践」という語は、アボリジニのオーラル・ヒストリーを叙述した保苅実の言う「身体的、精神的、霊的、場所的、物的、道具的に過去とかかわる＝結びつく行為」（保苅 2004: 20-21）全般を意味する。その一場面を挙げるなら「『今の若いもんは、なっとらん』とか言いながら、じいさんが番茶をすすって愚痴りはじめる時、みかんをほおばりながら、じいさんの『昔は良かった』話を聞いているあなたは、じいさんと一緒に歴史実践をしている」（保苅 2004: 20）というようなイメージである。そうした相互行為を筆者は〈継承〉と呼ぶのだが、それが日常的に自然に実践される可能性のある（現代においては）貴重な場として、高齢者福祉の現場がある。

「介護民俗学」を提唱する六車由実が言うように、地域の文化や歴史を体現する者として利用者をとらえること、「利用者の人生の厚みを知ること」（六車 2012: 229）は、個の尊厳を守ることそのものである。「老人福祉法」の基本理念にあるように、高齢者は皆「多年にわたり社会の進展に寄与してきた」かどうか、「かつ、豊富な知識と経験を有する」かどうかは別としても、事実として、時間的奥行を持った存在である。高齢者福祉に携わる者は、時に、近現代史と個人史の結節点に立ち会うことになる。それを「歴史化」[*9]（小林 2008a; 2008b; 2010）せずに個人的発話としてのみ取り扱うことは、受けとめる側の無知や想像力の欠如を棚上げした矮小にすらなり得るといったら、言い過ぎだろうか。しかしながら、老人ホームでの暮らしや居室のインテリアを「その人らしく」することへの努力に比べて、彼／彼女らとの日常的な歴史実践にどれほどの力と関心が向けられているだろう。筆者が「ライフストーリー」ではなく「ライフヒストリー」にこだわる根拠はそこにある。

そして、個人の生い立ちや経験の語りを、地域の歴史や社会構造に結びつける営みの意義を痛切に感じそれに動機付けられてきたのが女性史である。「個人的なことは政治的なこと」であることを何よりも私たちに伝えるのが、先達たちのライフヒストリーだからである。

倉敷伸子は、「オーラル・ヒストリー」の聞き書きという方法に着目して日本の女性史研究の変遷をレヴューし、それが「既存の歴史像を乗り越えるための素材としてだけではなく、しばしば、聞き取る側の歴史認識を『啓蒙』する手段として意味を与えられてきた」と述べる（倉敷 2007: 19）。「顔の見える先達から直に話を聞くことで、聞く側に、歴史の当事者意識が芽生えることが期待された」のである（倉敷 2007: 19）。倉敷はこうした「オーラル・ヒストリーを、聞き手の学習として位置づける女性史独自の志向」（倉敷 2007: 21）が、各地の地域女性史の編纂や現在の「男女共同参画」に関わる社会教育事業に引き継がれているという。

大門正克の言う「歴史は私たちの外側に高くそびえ立っているのではなく、私たちもまた歴史につながっている」（大門 2017: 236、傍点は引用者）という気づき、「すぐ身近なところに歴史がある」（大門 2017: 235-6　傍点は引用者）という認識が、たったひとりの高齢者との出会いによってもたらされることもある。そうした気づきは、地域の文化や社会構造への自らの理解を、内実をともなった確かなものにしてくれる。次節で紹介するのは、筆者にとってのそのような僥倖《ぎょうこう》である。

3　エイ子さんのライフヒストリー*10

筆者は2012年度から、北海道内のいくつかの町の高齢者保健福祉担当課に協力をあおぎ、市街地から離れた小規模集落でひとり暮らしを続ける高齢者へのインタビュー調査を行ってきた。散居性を特徴とする北海道で、離農後も公的支援のネットワークが届きにくい山間部に暮らし続ける高齢者に対しては、家族等による支援が難しい場合、本人の状況や状態に応じた市街地への転居あるいは施設入居を促す以外に方法が無いと考えられている。そのような選択をも「エイジング・イン・プレイス Aging in place」と拡大解釈することへの問題意識から、そこに暮らし続ける当事者の思い、その源泉ともいえるライフヒストリーを把握したいというのが調査の当初の動機であった。

エイ子さんのことは、X町の福祉センター職員との最初の打合せの段階で、保健師やソーシャルワーカーから名前が挙がっていた。彼女の自宅を訪問し初めてお話を伺ったのが2013年3月26日のことである。筆者はその後現在（2019年11月）に至るまでに8回程度訪問しており、細々とではあるが関係は続いている。ここで取り上げるのは初回と同年8月、翌年の9月の計3回のインタビューで得られた語りであるが、今も会うたび繰り返し触れられる内容でもある。なお、すべての語りは本人の了承を得てICレコーダーに録音している。

（1）地域概要とエイ子さんの暮らしぶり

北海道北部に位置するX町のY集落は、町役場や病院のある中心部から8キロほど入ったZ地区の、さらに6キロほど山あいにのぼった地域である。Z地区はかつて町の林業の中心地として栄えたが、現在は高齢化率50%を超え、数年前には小学校が閉校し、郵便局と公民館がある以外は商店もない。エイ子さん宅とその息子宅はそのさらに奥、昭和50年代末に完成したダムでほとんどが水没したY集落に、わずかに残る民家のひとつである。昭和30年代末から平成のはじめまではこの集落に町営の老人ホームがあり、町のバスルートの起点となっていたので交通手段に困ることはなかったが、老人ホームは約30年前に街の中心部に移設され、現在はエイ子さんの家が起点となる週1回1往復のバス以外に、市街地に出る手段がない。

エイ子さんは持病の腰痛と高血圧症で通院はしているものの、熊を警戒し鹿と格闘しながらの畑づくりや収穫物の加工（味噌や切り干し大根、豆類、山菜の塩漬け、ゴボウをはじめとするゆで野菜の冷凍貯蔵など）に精を出し、好きな美空ひばりのビデオを見たり、いつの間にか住み着いた猫に餌をやったりしつつ、日常生活は安定している。

Y集落はZ地区の中心であるZ集落からも離れているため、近隣住民との日常的な行き来はほとんどなく、エイ子さんがZ地区（＝Z集落）での集いや社会的な活動に参加することもない。Z地区のボランティアの会や民生委員も、エイ子さんの居るY集落まではめったに足を向けることがない。しかし彼女のもともとの性格なのか、人とのかかわりを拒むとか、逆に孤立していて人とかかわりを強く欲しているといった印象はなく、今のきままなひとり暮らしを自分なりに楽しみながら、時々様子を見に訪れる保健師に屈託なく昔の苦労話をするなど、たまさかの訪問者とのやりとりを喜んでいるようである。

（2）エイ子さんの語りと今回取り上げるエピソードについて

ひとりで過ごす時間が長いせいか、子ども時代の苦労、父母への思慕、家族形成期の貧困など、思いは過去に飛ぶことが多いようである。問わず語りで語られる話は過去と現在、子ども時代と中年期、自身の幼少期と子育て期など時間軸が行き来し、時系列で理解するのが難しい。また、亡くなった人たちへのさまざまな情念がよみがえることも多く、彼女の生活世界が、生きている人だけでなく今は亡き人びととも共にあることがうかがわれる。

夜にはまさに闇に包まれるであろう林の中の一軒家で、他者とのかかわりがほとんどないかのような現在の暮らしぶりについて、エイ子さんはインタビューのなかでたびたび「今が一番幸せ」と言った。彼女をしてそのように言わしめるのは、ここにいたるまでの人生の過酷さにほかならない。ここで取り上げるのはその一端を表す語りであり、これまでのインタビューで彼女がかならず語り出すエピソードとなっている。３回目の２０１４年９月の訪問では、それまで言葉を濁していた部分も明確に語られ、全容が見えてきた。それはこの時代の農村に生きた女性の苦しみを象徴するような経験の語りであり、できれば記録として残しておきたいと思わずにいられなかった。

（3）子ども時代～結婚・出産、夫や子どもたちのこと

エイ子さんは1930（昭和5）年、道内某市で生まれた。足に障害のある父と病弱な母であったが、「母親が丈夫な体に産んでくれた」ので、健康な子どもだった。母を早くに亡くし、父の再婚・離婚などでやや不安定な子ども時代を送ったようである。女学校に行きたかったが高等科すら「女だから我慢してくれ」と言って父が泣いた。今でも苦しい時、つらい時は父親の顔が浮かぶ。「足が不自由でいながら、自ら（私と弟の）2人を育ててくれたんだから」。父が奉公先から土地と家屋を譲り受けることができ、親子3人で暮らした結婚までの約6年間が、今現在とならぶ「一番幸せ」な時期だったとエイ子さんは語る。

知人の紹介でX町Z地区に嫁いできた。麦やハッカを作るほか、特に冬場は林業の手伝い（「ヤマ稼ぎ」）もして現金収入を得ているような家だった。結婚翌年から年子が続き、身重の体で「苦しんで苦しんで」現住所に転居した。夫はお酒が好きで「母ちゃん泣かせ」の頑固な人だった。ひどいやけどをした時も、オートバイで事故を起こして怪我をした後も、ろくに医者に行かずに畑に出た。働き者でもあったのだろう。

Z地区Z集落に「本家」があり、そこからエイ子さんの居るY集落に向けて道沿いにいとこや兄弟が家を構えており、親族間のもめごとや気遣いで苦労してきた。しかし現在は「本家の姉」が老人

ホームに入っているほかは、ほとんど町内に縁者が居なくなってしまった。親戚が手放していった畑の大部分を、今は長男が耕作している。

長女は隣町の農家に嫁いでいる。長男は高校卒業後も同居して農作業の手伝いをし、その後継承して、右で述べたように現在も農家である。三男は道外に進学しそのまま現在も関東方面で会社勤めである。

ひとつ年上の夫が1990（平成2）年に62歳で亡くなってからは長男と2人暮らしで農業を営んできたが、長男の結婚後、現住居を離れ新築した長男宅に7年ほど同居していた。しかし70歳の時に現住居に戻った。現在の独居生活を支えているのはこの隣居（と言っても3キロくらい離れている）の長男であり、時々顔を出して除雪や見守りを担っている。首都圏に暮らす三男が、数年前に晩婚ではあるがパートナーに恵まれたことがとてもうれしかったようである。お正月には2人で来てエイ子さんが作った飯寿司をお嫁さんが「これを楽しみにしてきた」と食べてくれたと語った。この三男が、今も彼女の頭を離れない次男の事故死とその後の忘れがたい経験を経て授かった子どもであることが、彼女にとっての愛着をより深める理由になっているのかもしれない。

（4）次男の出産前後の出来事と事故死、その後の手術について

①優生手術の申請

エイ子さんは1957（昭和32）年に満27歳で結婚し、翌年には長女を出産、その翌年には長男を出産している。長男は病気がちな子で丈夫ではなかった。当時「本家」できょうだいらとともに暮ら

していて肩身の狭い思いをしていたところへ、１９６０（昭和35）年には３人目の年子を身ごもり、「牛なら良かったのに、産めば乳搾れる」などと嫌味を言われ、動物が行き交うような林の中の河川敷の現住地に、小屋を建てて移り住むことになった。その時にはもう臨月近くなっていた。そこに、長女と長男を取りあげた「産婆さん」が来て、次のようなやり取りがあったという（以下、字下げはエイ子さん自身の語り、その部分に付された日付はインタビュー収録日を意味する。また、エイ子さんの語りのなかの（　）は筆者による補足である）。

その時は産婆さんにもなんにもかかってないから、（本家からの転出で）いざこざしてたから。身持ちになったというのが、産婆さん（に上の）２人とり上げてもらってますから、（しかも）Ｚ（地区）の人ですから全てわかってますから、「風の便りで聞いて来た」、って言って、ここへあれするようになって。離れたところで、（夫と）ふたりで麦刈りしてたんです。「あんたの姿見てたらかわいそうでいられないから来た」って。「もう月日が遅いから母子手帳も出せない」、と。「産んでからでないと出せないし、かわいそう過ぎるから、国のあれで優生手術あるからどうだ」って、声がかかったんです。だから、私は願ったりかなったり。正直言って。だって、長男が弱くてそれでも生きてるから、とにかくこの子を丈夫にすれば、生まれてくる子とで３人でしょ。３人だったらあれだと思ったから、旦那は４人欲しいって。（でも）私は３人でいい、って。（2014/09/09）

年子2人を抱えて身重の体で荒れた土地を拓きながらの農作業と山仕事。疲れ切っていたエイ子さんは、3人目を出産後、当時産児制限の方法として行われていた不妊手術（卵管結索）を「優生」を利用して公費補助により受けることにしたのである。この「対策」がどのような人を対象としていたかをエイ子さんはわかっていた。だから役場で手続きをする時には「バカな真似」をしたと言う。

やっぱり国のあれですから。最初に色々あるから面接に行ってくれ、と。それで、言われた日に行って、その時には（次男を）産む間近ですよ。X（町の中心）まで行って、普通では（手術のための公費補助は）もらえないんだって、その時はまだね。だから、産んでも生活していけるかいけないかのあれで。バカな真似すれ、と言われたんです。だけど、バカな真似すれ、って言われても、最初のうちはしてたんですけど、最後の切り札が、「兄弟いるのか？」って言うから、「はい、弟がいます」って。「名前なんて言うんだ？」って。名前言って。「どういう字を書くんだ？」って言うから。〇〇（弟の名）っていうんですけど、難しい〇〇（画数の多い漢字）なんですよ。父親が有名な、政治家の、その人の名前とって。その字を書いたんです。それで、「あんたにはくれられない」って言われたんです、その場で。知能が足りないあれだったらくれる。〈中略〉（でもその後で）あの頃はけっこう、保健婦さんの人数がいましたから、頼んで団結して、とにかく許可をくれ、って願い出てたらしいんです。（2014/09/09）

1950年代前半から1960年代にかけて全国で展開された家族計画運動により、日本は短期間で出生率の大幅低下を実現した（荻野2008）。ターゲットとなったのはエイ子さんたち昭和ひと桁生まれの女性たちであり、戦後ベビーブームつまり団塊世代の母親たち（主として大正末期）の次の世代にあたる。その国策の基幹となる法律が１９４８年に議員立法で成立した「優生保護法」である。法の目的は「不良な子孫の出生を防止するとともに、母性の生命健康を保護すること」（第１条）であったが、大局的ねらいは食料不足の解消と産児調整の普及であった。

同法には「不良な子どもを生むおそれのある者が妊娠出産しないようにするための処置」として「優生手術」が定められており、それには「任意」と「強制」の2種類がある。任意の優生手術の要件には遺伝性の疾患だけでなく「現に数人の子を有し、かつ分娩ごとに、母体の健康度が著しく低下する恐れのある者」すなわち母体保護によるものも含まれており、したがってエイ子さんの言うように「バカな真似」をしなければ受けられないというものではなかったと考えられる。

任意による優生手術は１９５５年から１９５９年が各年4万件以上でもっとも多い時期である（岡村2019:15）。一方強制優生手術も同時期に各地で競うように実施されたが、北海道は47都道府県中圧倒的最多（２５９３件、2位の宮城県は１４０６件）である。全国的にも１９５５年はピークとなっており、年間１３６２件の強制手術がなされた。その推進役が、エイ子さんの語りにも出てくる「保健婦」である。

背景には、北海道に限らず当時の農村女性の置かれた地位の低さがある。１９４９（昭和24）年の法改正により、経済的な理由による中絶の道が開かれ、１９５２（昭和27）年に地区優生保護審査会の認定が不要となると、「中絶件数が町村によっては出生数の数倍にも達した昭和二〇年代末から三〇年代前半にかけて、貧しい農村には、三年間に七回も中絶したり、中絶のたびに医師をかえたり、手術の翌日から周囲の目を気にして農作業に精を出したり、妊娠四か月以降に手術をしたりする女性が数多く存在」したという（大金 2005: 138）。１９６１（昭和36）年に岩手県の農村部の文集によせられた次のような「たより」は、エイ子さんが筆者に語った出来事と全く同時期に書かれたものである。

「だれに、そうだんせば（すれば）いいか、わかりませんので、ごそうだんおねがいもうします。子どもの本代を、なんとかしていただけないもんでしょうか。〈中略〉それから次に、とくべつのおねがいがあります。〈中略〉わたくしは、また、にんしんしたようで、〈中略〉わたくしも、一つおもいきって、もう子どもをとったり、むすんで（結さつ）いただきたいのです。月日がたつと、わたくしもこまりますのですぐなんとか、一つほねおってくださいませ」（三上 1965: 37-38 括弧内も原文）。

②次男の事故死

「手続き」の後まもなく、電気も電話も通らない林の中の家で生まれた次男は、「太って太って、一番手ぇ掛けてないのに太ってへそが見えないくらい」の丈夫な元気な子だった。そこで迎えた初めての冬は、布団の襟に霜柱が立つくらい寒かった。12月半ばで、この地域の仕事の中心は農作業から山稼ぎ（木材の切り出し）に移行していた。エイ子さんの語りは克明で、明け方のまだ暗い室内、泣き続ける子を横目に、夫の気色をうかがい時計の針を気にしながら出立の支度を急ぐ場面が鮮やかに再現される。

もともと馬追いして稼いでた人だから、冬場はね。だから山奥に入って、飯場泊まりでしょ。それにには着がえがいるし、靴も直しといて、って。靴直すのは男の仕事だ、（と思ったら）頭に来るよぉ。あかぎれだらけの手で、乳飲み子に、弱い息子と、3人です。年子。それなのに（夫は）そういう状態で、帰って来たらもう、7時頃帰って来てから、「明日の朝早いんだからさっさと寝れよ」って言って（寝てしまう）。（そして）12月の3時半ったら明かりつける、ランプですから。だけど、山へ行って着がえ、雪の上で稼ぐんだから濡れるから。ボロしかないから、ボロをついで持たすんだから。布団も綿出てる。いくら山へ行くにしてもねぇ、恥ずかしいでしょ。その蒲団を持たせばあれだな（恥ずかしいな）、と思ったから。そういう状態だから、前の日に針仕事終わってれば良かったんだけど、終えてないから3時半に起きようと思ったんだけど。〈中略〉（少し休んで）3時半に起きなきゃならんなぁ、と思ったら、（ちょうどよく赤ん坊が）目覚めたから、おしめかえて乳飲ましとかんかったら（後で困るからそうしたが）、まだ（針仕事は）終わってないしご飯炊かなきゃ。（と思っているのに）今度（乳首を）放さないんです。こっちは（母乳が出切ってしまって）カラカラなんです。がっちりとくわえて、ちぎれるかと思うくらいくわえて放さない。それをしゃにむに置いてきた。泣きっぱなしです。

7時ちょっと前に娘がふすま開けて、「母さん、〇〇（次男の名前）腹減ってる。乳やれ」「うん。乳やりたいんだけどね、この仕事終わらさんことには、父さんが車に乗ってく時間まで間に合わないから、これ早く終わらすからね」って。まだ泣き続けてるから、もう1回言われたの、娘に。その時はまだ泣いてるんですよ。そのうちに父さん入ってきて。ご機嫌ななめです。丸太積んで（ヤマを）下がって、（その帰りの）上りに、荷物を積んで馬の餌と着がえやなんか（を持っていかなければならない）。馬の餌を2回運んで帰って来て、娘と息子はここで父さんにご飯盛る。私はここでボロつぎ。これ終わったら、あと布団持ってくればあとは父さんの仕事だから。そうやってご機嫌ななめだから（食べる物でもと思って）、前の日に自分でいなきびで餅をついたの、〈中略〉いなきびだからすぐに固くなるから、切っときゃいいのに忙しいから延ばしたまんま置いてて、いざ切ったら、包丁もなんもたたないですよ。ノコかなんかで切ったんだな。汁粉にして前の日にあれしてたから。（それを準備しているあいだ）ふすま開いてるんですよ。それが、時間ばっかりあれしてた（＝気にしていた）から、目がいかない。その時は泣き声聞こえてないいんだからね。

（新田「泣いてなかったんですか？」）

それが、自分ではわかんない。〈中略〉泣きじゃくってるうちに丹前（冬用の寝具）が、こうあがってきて。ペタッと。その当時の生地だから（涙やよだれや霜柱が解けたので濡れて）色が落ちちゃってる。（次男の口のまわりに）丹前の色ね。すぐに、父さんが人工呼吸したけど既にだめだから、隣に走って、隣から本家をスピーカーで呼んだわけ。（2014/09/09）

③事故死の後のこと

刑事の来るの早かったですよ。2人そこで外回りしてから、2人そこで立って。しばらく見てた。何にもないですもん。あまりの貧しさで私が殺めたと思ってた。そのあと、X町の（警察の）部長さんも来て、結局、（現場の写真を）写してるでしょ。寝てるまま写して、はぐって写し、裸にして写し、うつぶせにして写し。（2013/08/21）

これはその日のうちに来た警察官（エイ子さんは「刑事」と言っている）の様子についての語りだが、左の引用はその後呼び出されてX町の警察署にひとりで出向き、取り調べの席で目にした息子の写真についての語りである。2つの異なる場面について同じ表現を繰り返すエイ子さんの語りから、引き伸ばされた白黒写真4枚に写しだされた、生後80日の丸々太った次男の姿が、彼女のまぶたに焼き付いて離れない様が伝わってくる。

調書の下に引き伸ばした写真が。最初、こうやって置いたまんまで、「もしかしたら息子の写真ですよね」って。「写真、一枚もないから、見せて下さい」って言ったら、（取調官が）「おばさんかわいそうだ」って（言いながら）4枚（見せてくれた）。布団着たまんまで写して、はぐって写して、裸にして写して、うつぶせにして、その4枚が4ページに大きく。（新田「今でも目に浮かぶんですね。その時の写真の姿が。」）

そうです。何十年経っても忘れません。今生きてる子供達に申し訳ない、という頭と、両方で。（2014/09/09）

事故死の日の夜、姑は「エイ子、今晩、2人で抱いて寝るべな」と言って、亡くなった次男を挟んで床に就いてくれたという。そのため亡骸は「朝になっても、ちっとも冷たくなかった。姑さんも小さいうちに3人亡くしてるからね。だから気持ちがわかるからでしょ」。エイ子さんの語りのなかでは、夫の母である姑は、同じ立場で苦労をし彼女の気持ちをわかってくれる人という位置づけになっている。この事故の時も、彼女の傍に寄り添い、悲しみを分け合ってくれた。しかし「本家の兄」をはじめとする親戚に「エイ子には3人の子ども育てられんから死んだ」と言われた時には「もう生きてるの嫌になった」と言う。

④手術の日

事故死の半月前に、優生手術の許可を伝える葉書が届いていた。そしてその実施については、「亡くして2月4日が四十九日ですから、次の日に病院から通知が来た」（2013/03/26）。昭和35年2月5日――エイ子さんはハガキが届いた日付を正確に記憶している。子どもが3人きょうだいから2人になってしまい、彼女のなかに迷いはあったが、「保健師さんたちがあまりに（エイ子さんの）生活がみじめすぎるので、団結して（手術の手続きを）取ってくれたらしく」今さら断りにくいという気持ちもあり、「生きているのも嫌」になるような思いが重なったことで、それを受けることに決めた。

しかしその日の朝に妊娠の兆候に気づき、逡巡し始める。彼女は葛藤しながら手術台に上がる。その過程の自他の動きや会話を、彼女はきわめて詳細に語るのである。

（通知が来た次の日、病院にいく）その日にね、朝、ご飯炊く時なんともないんですよ。いざ食べようと思ったら「こう」（＝吐くような動作）なったの。もしかしてな、と思って。そして病院の門くぐったら、もう昼過ぎてますから、先生にしこたま怒られたんです。「今日手術することになってるのに、今頃来て何事だ」って言うから、「申し訳ありません。このはがきは（自宅が山深いために）昨日の3時頃受け取りました。主人も山稼ぎ行ってたから、今日こういうわけで、こうやって出てきて今になりました」って。「そうか、内診するか」って言って、したら、今の東京のほうにいるの（＝三男）が芽出たばかりだったんです。今日手術だから、今日のには間に合わないでしょ。中一日おいて、次の日、手術です。（2013/08/21）

「とにかく、助けてもらって来い」って主人も言うしね、頼んで頼んで。（その日の手術はエイ子さんが）6人目だから、先生はもう、疲れきって入ってこなかったです。時間かかってるから。いまだに浮かぶんです。だからもう、すべてが。私の生きてきたあれが、全て毎日回転してます。いよいよ先生入ってこないし、ただね、看護婦さんこうやって私を見下ろしてるんです。「おばさんどうしても欲しいの」「はい」「この場で多分、だめになると思う」「でも、それなら（優生手術は）諦めるから、とにかく先生にこの子を助けてくださいとお願いしてくれ」って言っ

て。(2013/08/21)

「まかり間違ったら、(もともと病弱な)長男もこの世を去る状態なんだ」と。「そうなれば、今ここでそういうことしちゃったら、娘ひとりになるんだ」と。「私が(この手術を)お願いしたのがバカだから、何年かかってでも罰金払うから、とにかく、この場で(手術を)されても(もし妊娠していたとしても胎児は)大丈夫だって産婆さんに言われたから来たんだ」って言って。〈中略〉6人目の手術だから、先生は疲れて来ない。裸にされて手術室へ連れてかれて、手足縛られて目隠しされてかぶされてるでしょ。看護婦さんが手術台をくるっと囲んで、かぶったままで聞かれてる。だから、(その状態で)何回も(手術を取りやめてほしいと)同じこと繰り返しました。置いてってる息子が(健やかに成長できるかどうか)気が気でないから。(2014/09/09)

先生もため息つき入ってきたの、私もわかってるんです。で、婦長さんが話したら、「そうか、生んでから来い」。だから、その先生にも感謝してますし、助けてもらったから、(三男が)今いるんですから。(2013/08/21)

エイ子さんがこの時本当に、「裸にされ」、「手足縛られて目隠しされて」手術台に載せられた状態だったかどうかは、今となっては誰にもわからない。また当時、このような場合一般的に、不妊手術が予定通りなされるものだったのか、その際胎児はどういう扱いになるのか、「優生」であることを理由に中絶されかねなかったのかどうかといった判断について、筆者には確認する術もない。しかしエイ子さんの語りからはっきりとわかるのは、彼女の長い人生のなかで後にも先にもこの時だけは、自分自身の性と生殖の権利《リプロダクティブ・ライツ》を通した、それゆえに彼女にとって忘れようもない闘いの場面だったということだ。結婚以来4年続けての妊娠、貧しく厳しい暮らし、自分の段取りとこだわりを優先する夫、不注意が原因で泣きながら亡くなった次男――もうこれ以上何も奪われたくないという強い思いが、エイ子さんのために「団結して」くれた保健婦たちへの申し訳なさを上回って、彼女のギリギリの局面での決断と主張につながったのではないだろうか。

そしてエイ子さんは無事妊娠を継続し、三男はその年の秋、くしくも亡くなった次男と同じ誕生日に生まれた。エイ子さんが31歳の時の出来事であった。

(5) 晩年の自由

現在89歳のエイ子さんは、半世紀以上も前の経験を昨日のことのように語る。否、これらの出来事は彼女の頭の中の、一番出し入れしやすい引き出しにそっとしまわれていて、今でもしょっちゅう取り出され隅々まで眺められているアルバムのようなものなのだろう。だから彼女の中では事実として、つい昨日のことのように位置づけられているのだ。そうでなければ、「語り部」のようにリアルに、しかもきわめて正確な日付を示しながら語られることの理由を説明できない。彼女は今も実際に、亡き次男とともに生きているのである。

そのことを、「過去に生きている」とか「怨念にとらわれている」と解釈する気には、筆者はなれない。なぜならこの一連の悲しく恐ろしい出来事が、彼女の現在の暮らしを支えているに違いないからである。すなわちそれは、悔恨であり、懺悔であり、祈りであり、感謝である。悲しみと苦しみそして怒りを思い出に昇華させることなく、思う存分抱え込み反芻しながら生きることを許されている現在の暮らしは、彼女が晩年になってようやく獲得した真の自由なのだ。牟田和恵の言う「未だかつて経験されたことのない自由な女の老いを生きようとする高齢女性たち」（牟田 2006: 305）とは、彼女の生きる姿そのものではないか。決して「豊か」とは言えないかもしれないが、これまでの人生と文字通り「地続き」のこの地で暮らし続けること、そこでひとり暮らす自由を、「孤独」や「孤立」の名によって単純に上書きすることはできないことを、エイ子さんは教えてくれたのである。

4 女性史的実践の価値

本章は、高齢女性の怒りや苦悩の表出を「老いがもたらす自由」ととらえることを出発点とし、そのような理解の仕方を女性史の視点と実践から、あるいはひとりの女性のライフヒストリーから学ぶことを通して、高齢者を対象とするフェミニストソーシャルワークの可能性を模索する試みであった。この試みを通して示したかったことは、一つには、少子高齢化が急速に進み「ジェネラティヴィティの危機」が懸念される今日の日本において、高齢者ケアの場が、老いゆく者の実存的恐怖を受けとめ、記憶や経験の〈継承〉の機能を担っていく社会的必要《ニーズ》があるということである。エリクソンは「老年期」に人びとが求める「統合 integrity」について、次のように述べている。「究極の統合は、人生の終わりにある人が、意識的な、あるいは無意識的な過程によってもう一度、〈中略〉ライフサイクルに形を与えてきた心理社会的課題の一つ一つを再経験し、再び釣り合いをとろうとする、そのような過程のすべてを包括するものである」（Erikson et al.＝1990: 76）。「再経験 reexperience」の機会と場を、私的な関係のなかで獲得することが難しい人たちこそ、ソーシャルワークの対象に他ならない。あるいは、人生の晩年だからこそ語れる物語があり、肉親ではないからこそ表出できる言葉があるとすれば、そこには「その他の関係」ゆえの価値があるともいえる。いずれにしろ、筆者が〈継承〉という概念を用いて示したかったのは、今後一層切実となるであろう、人が社会のなかで老いてゆくという自然な姿の方法論である。

さらにもうひとつ、本章で取り組んだことは、自らの「痛覚」に動機づけられて、近代化の過程で抑圧され沈黙させられてきた祖母や母たちの歴史に向き合った日本特有の女性史の系譜を再評価し、高齢者を対象とするソーシャルワークの実践に接続することである。個人の生い立ちや経験の語りが、地域の歴史や社会構造に結びつく場のリアリティを、エイ子さんのライフヒストリーを通して示した。

フェミニスト・セラピーを日本に紹介した高畠克子は、『女性が癒すフェミニスト・セラピー』（2004）の終章を「女性と老親の介護」とし、晩年認知症を患った母親とのかかわりを率直に振り返っている。そのなかで高畠は、母親の世代以前の女性が「主体的に人生の節目や決断の時を持たなかったため」（高畠 2004: 195）、ライフヒストリーを語るチャンスも術も無いまま人生を終えると述べ、そうした高齢女性へのセラピーは、オールタナティブ・ストーリー（物語の書き換え）を目指すよりは、「相手が良き語り部になれるように、尊敬の念をもって傍らに座し彼女たちを見守ることとともに、「高齢者が人生を語るのに同行すること」（高畠 2004: 198）が肝要であるという。このような姿勢は、筆者がライフストーリーではなくライフヒストリーにこだわることと共通するものであるが、さらに付け加えたいのは、倉敷（2007）や大門（2017）が指摘する、聞く側に芽生える「歴史の当事者意識」（倉敷 2007: 19）である。

その例として、本章で取り上げたエイ子さんの語りは、１９５０年代後半から60年代にかけて、昭和ひと桁生まれの農村女性が経験した、性と生殖に関わる権利《リプロダクティブ・ライツ》をめぐる実態を表している。本章を執筆中の２０１９年４月、「旧優生保護法に基づく優生手術等を受けた者に対する一時金の支給等に関する法律」が成立し、国として初めての強制不妊手術に対する謝罪と賠償が定められたが、同じ国策の下に多くの女性が「任意」で不妊手術を受けていたということも、その当事者がいま目の前にいるかもしれないことも、私たちの多くは知らないのである。そしてこの制度がもっとも苛烈に活用されたのが北海道であったということは何を意味するのか。いまエイ子さんが暮らすいわゆる「限界集落」のあり様とともに考える必要があるだろう。「地域」を見る視点とは本来、そのように培われるものではないだろうか。

「個人的なことは政治的なこと」というフェミニズムの視点で高齢者の語りを解釈する女性史的実践がもたらすものは、高齢者自身の「統合」のみならず、私たちが身近なところから歴史に関わっていく糸口、自分の生き方や感じ方をそれに託して見つめ直すことができるような糸口ではないか。それは社会変革にむけてソーシャルワーカーが連帯し動き出すための、力強い手段となるだろう。

謝辞
本章の基となる調査研究にご協力くださったエイ子さん（仮名）に、この場を借りて心より御礼申し上げるとともに、調査協力者の選定等でご尽力を賜りましたX町の福祉センターに対しても厚く御礼申し上げます。また、原稿の転載を快諾くださった札幌女性史研究会の皆様にもこの場を借りて御礼申し上げます。

注

＊1　この部分は上野（2006: 131）の示唆による。

＊2　詳細は新田（2018b）、小澤（2012）、やまだ（2002）、今田（2013）等を参照のこと。

＊3　鶴見俊輔が自ら創刊した『思想の科学』に掲載された次のような投書のことを回想して使った言葉。祖母と一緒に暮らして祖母の世話をしているひとり身の中年女性との法律上の「その他の関係」が、二人にとってかけがえのないものだが、どうしたらこれを大切にできるだろうか、というその内容に、鶴見は希望を見出していた（鶴見1999）。この発想は20年たった現在もますます求められていて、吉本興業所属の芸人の矢部太郎によるコミックエッセイ『大家さんと僕』（2017）に描かれているのは、鶴見のいう「その他の関係」そのものである。店子である「僕」に対し、「大家さん」が戦争の記憶や長い間繰り返してきた生活習慣、かつてのパートナーへの感情などを日々の折々に表出し、それを「僕」が受けとめ内省するところは、筆者が考える〈継承〉の具体例といっていい。

＊4　例えば、森崎和江『まっくら――女抗夫からの聞き書き』（1961）、菊池敬一・大牟羅良『あの人は帰ってこなかった』（1964）、三上信夫『埋もれた母の記録――日本のチベット・北上山地に生きる』（1965）、山本茂実『あゝ野麦峠――ある製糸工女哀史』（1968）、もろさわようこ『信濃のおん

な』（1969）、古庄ゆき子『ふるさとの女たち』（1975）、等。またこれらと同時期に各地で誕生した地域女性史研究団体による成果が挙げられる。あるいはこれらの作品に先立って編まれた次のような農村女性たちの記録にも、彼女たちが置かれた状況や現実の矛盾に対する怒りや疑問を見ることができる。溝上康子『日本の底辺——山陰農村婦人の生活』（1958）、山代巴『民話を生む人々——広島の村に働く女たち』（1958）。

＊5　この「歴史化」という概念については注の9を参照。

＊6　山崎朋子『サンダカン八番娼館——底辺女性史序章』（1972）も森崎和江の『からゆきさん』と同じく、明治から大正にかけ、日本の東南アジア進出に合わせボルネオのサンダカンに建てられた娼館等に送り出された「からゆきさん」たちへの聞き書きに基づくノンフィクション作品である。73年に大宅壮一ノンフィクション賞を受賞、1974年には映画化もされベストセラーとなった。

＊7　例えば、「日本オーラル・ヒストリー学会」は2003年に設立されている。

＊8　「ライフヒストリー life history」という語は、初期の文化人類学において非西欧における「伝記 biography」と「自叙伝 autobiography」の区別の困難から、それらを包括する概念として使用されるようになったということである。文化人類学の対象となるフィールドの「現地人」から集められたライフヒストリーは、本人の手によって書かれた「自叙伝＝自伝」とは言えないが、彼ら自身の語りをそのまま記録したものである以上、書き手が人類学者という他者であるにしろ通常の「伝記」とは異なるものである（Langness＝1993）。このような理由から、「ライフヒストリー」という新しい言葉が人類学の分野で考案され、今日もその一般的な了解は「録音された本人の語りによる自伝を研究者が書き記したもののこと」である。

一方日本語における「生活史」はまったく違った過程から生まれてきた言葉である。柳田民俗学を出自とする民具や季節ごとの共同体単位の作業、祭事などといった、農林漁業とかかわりの深い生活形態の歴史を指す語として「生活史」がある。つまり民俗学あるいは歴史学において「生活史」という場合、多くは〝life〟の語義のうち「生命」や「生涯」という部分よりも「生活」という部分が中心的観点となっている。よって日本語の「生活史」を「ライフヒストリー」と同義とすることは誤解を生む可能性がある。（それでも敢えてというべきか）社会学者の岸政彦は「生活史」という語を使用しており、それを「個人の生い立ちと人生の語り」（岸 2016: 6）と説明する。このシンプルな定義こそ、筆者が考える「ライフヒストリー」の意味である。

＊9　桜井厚と共に社会学におけるライフストーリー、オーラル・ヒストリーをけん引してきた小林多寿子は、北米の日系移民の会や沖縄の戦争体験といった「継承」の場のフィールドワークに基づき概念化した「歴史化」を次のように定義している。「『歴史化』とは、過去の出来事や過去の人が『歴史の領域にはいりつつあること』を指し、過去に起こった出来事が歴史的出来事とされ、過去の人が歴史的人物としてみなされていく現在の営み」である（小林 2008a: 50）。なお、本文中で保苅（2004）を引用し言及したように、筆者の「歴史」あるいは「歴史化」の意味するところは小林とは異なる。この点についてのさらなる論考は今後の課題としたい。

＊10　ここで取り上げるエイ子さん（仮名）の語りは、札幌女性史研究会の機関紙『女性史研究ほっかいどう〔第5号〕』に掲載した（新田 2015）原稿を加筆修正したものである。

邦文文献

天野正子・伊藤るりほか編『新編　日本のフェミニズム10　女性史・ジェンダー史』岩波書店、２００９年

石川良子・西倉実季「ライフストーリー研究に何ができるか」（桜井厚・石川良子編『ライフストーリー研究に何ができるか――対話的構築主義の批判的継承』新曜社、２０１５年）

今田高俊「ジェネラティヴィティとケア――世代間交流の視点から」（西平直編著『ケアと人間――心

理・教育・宗教』（講座ケア③）ミネルヴァ書房、２０１３年）
上野千鶴子『生き延びるための思想――ジェンダー平等の罠』岩波書店、２００６年
上野千鶴子『ケアの社会学――当事者主権の福祉社会へ』太田出版、２０１１年
ＮＨＫスペシャル取材班『老人漂流社会――他人事ではない〝老後の現実〟』主婦と生活社、２０１３年
荻野美穂「思想としての女性――〈女性〉史、〈ジェンダー〉史、それとも？」（樺山紘一ほか編『普遍と多元――現代文化へむけて』（岩波講座世界歴史28巻）、２０００年）
荻野美穂『「家族計画」への道――近代日本の生殖をめぐる政治』岩波書店、２００８年
岡村美保子「旧優生保護法の歴史と問題――強制不妊手術問題を中心として」（『レファレンス』８１６、２０１９年、３－26頁）
大金義昭『風のなかのアリア――戦後農村女性史』ドメス出版、２００５年
大門正克『語る歴史、聞く歴史――オーラル・ヒストリーの現場から』岩波新書、２０１７年
大熊由紀子『物語　介護保険（上）』岩波書店、２０１０年
小澤義雄「老年期の Generativity 研究の課題――その心理社会的適応メカニズムの解明に向けて」（『老年社会科学』34（1）、２０１２年、46－56頁）
鹿野政直『婦人・女性・おんな――女性史の問い』岩波新書、１９８９年
加納実紀代「〈近代〉をひらく」（天野正子・伊藤るりほか編『新編　日本のフェミニズム10　女性史・ジェンダー史』岩波書店、２００９年）
貴堂嘉之「第Ⅱ部　総説」（佐藤文香・伊藤るり編『ジェンダー研究を継承する』人文書院、２０１７年）
木下衆『家族はなぜ介護してしまうのか――認知症の社会学』世界思想社、２０１９年
岸政彦「特集によせて」『ａｔプラス』28、太田出版、２０１６年、４－９頁
北原みのり（責任編集）『日本のフェミニズム――since1886　性の戦い編』河出書房新社、２０１７年
倉敷伸子「女性史研究とオーラル・ヒストリー」（『大原社会問題研究所雑誌』５８８、２００７年、15－

27頁）
小林多寿子「オーラルヒストリーと個人の『歴史化』――ある日系アメリカ人一世の『ライフ』への視点」（『フォーラム現代社会学』7、2008年a、49-61頁）
小林多寿子「ミニドカを語り継ぐ――日系アメリカ人のインターンメント経験とジェネラティヴィティー」（桜井厚・山田富秋・藤井泰編『過去を忘れない――語り継ぐ経験の社会学』せりか書房、2008年b）
小林多寿子「オーラルヒストリーと地域における個人の〈歴史化〉――沖縄戦体験を語る声と沖縄県米須の場合」（『三田社会学』15、2010年、3-19頁）
斎藤美奈子『日本の同時代小説』岩波新書、2018年
桜井厚『インタビューの社会学――ライフストーリーの聞き方』せりか書房、2002年
桜井厚編『ライフストーリーとジェンダー』せりか書房、2003年
桜井厚・小林多寿子編著『ライフストーリー・インタビュー――質的研究入門』せりか書房、2005年
桜井厚編『戦後世相の経験史』せりか書房、2006年
桜井厚「ライフストーリー研究におけるジェンダー」（谷富夫編『新版　ライフヒストリーを学ぶ人のために』世界思想社、2008年）
桜井厚・山田富秋・藤井泰編『過去を忘れない――語り継ぐ経験の社会学』せりか書房、2008年
桜井厚・石川良子『ライフストーリー研究に何ができるか――対話的構築主義の批判的継承』新曜社、2015年
佐藤文香・伊藤るり編『ジェンダー研究を継承する』人文書院、2017年
札幌女性史研究会編『北の女性史』北海道新聞社、1986年
高畠克子『女性が癒すフェミニスト・セラピー』誠信書房、2004年

鶴見俊輔「その他の関係」（徳永進・鶴見俊輔・浜田晋・春日キスヨ『いま家族とは』岩波書店、1999年）
中野卓・桜井厚編『ライフヒストリーの社会学』弘文堂、1995年
新田雅子「哀しい思い出、いまの幸せ――山間部集落のひとり暮らし女性の語りから」（『女性史研究ほっかいどう』5、2015年、125－135頁）
新田雅子「高齢者福祉の実践」（横山登志子編著『社会福祉実践の理論と実際』放送大学教育振興会、2018年a）
新田雅子「高齢者福祉の機能としての〈継承〉――地域とケアの視点からのGenerativity論」（『立教社会福祉研究』37、2018年b、9－18頁）
藤森克彦『単身急増社会の衝撃』日本経済新聞出版社、2010年
保苅実『ラディカル・オーラル・ヒストリー――オーストラリア先住民アボリジニの歴史実践』御茶の水書房、2004年
前田正子『無子高齢化――出生率ゼロの恐怖』岩波書店、2018年
三上信夫『埋もれた母の記録――日本のチベット・北上山地に生きる』未来社、1965年
見田宗彦「『質的』なデータ分析の方法論的な問題」（『社会学評論』15（4）（通巻60）、1971年、79－91頁）
六車由実『驚きの介護民俗学』医学書院、2012年
牟田和恵「フェミニズムの歴史からみる社会運動の可能性」（『社会学評論』57（2）、2006年、292－310頁）
森川美絵『介護はいかにして「労働」となったのか』ミネルヴァ書房、2015年
矢部太郎『大家さんと僕』新潮社、2017年
やまだようこ「成人後期――世代を育み伝える」（小嶋秀夫・やまだようこ編『生涯発達心理学』放送大

学教育振興会、２００２年、１５６－１７０頁）
山村淑子「地域女性史とオーラル・ヒストリー」（『歴史評論』６４８、２００４年、31－42頁）

外国語文献

Dalla Costa,Giovanna Franca. *Un lavoro d'amore: la violenza fisica componente essenziale del trattamento maschile nei confronti delle donne*, Edizioni delle donne, 1978.（『愛の労働』伊田久美子訳、インパクト出版会、１９９１年）
Dominelli, L. *Feminist Social Work Theory and Practice*, Palgrave Macmillan, 2002.（『フェミニストソーシャルワーク――福祉国家・グローバゼーション・脱専門職主義』須藤八千代訳、明石書店、２０１５年）
Erikson, Erik H., Erikson, Joan M. and Kivnick, Helen Q. *Vital Involvement in Old Age*, Norton,1986.（『老年期――いきいきしたかかわりあい』朝長正徳・朝長梨枝子訳、みすず書房、１９９０年）
Faris, Robert E. L. *Chicago sociology 1920-1932*, University of Chicago Press, 1978.（『シカゴ・ソシオロジー１９２０－１９３２』奥田道大・広田康生訳、ハーベスト社、１９９０年）
Heilbrun, Carolyn G. *Writing a Woman's Life*. W.W. Norton & Co., 1988.（『女の書く自伝』大社淑子訳、みすず書房、１９９２年）
Kittay, Eva Feder. *Love's Labor: Essays on Women, Equality and Dependency*, Routledge, 1998.（『愛の労働あるいは依存とケアの正義論』岡野八代・牟田和恵監訳、白澤社、２０１０年）
Langness, L. L. and Franks, Gelya F. *Lives: An Anthropological Approach to Biography*, Chandler & Sharp Pub,1981.（『ライフヒストリー研究入門――伝記への人類学的アプローチ』米山俊直・小林多寿子訳、ミネルヴァ書房、１９９３年）
Sarton, May. *Journal of a Solitude*, W.W. Norton & Co., 1973.（『独り居の日記』武田尚子訳、みすず書房、１９９１年）

7　内面化したジェンダー規範と戸惑い、葛藤
――母子生活支援の最前線に立つ援助者の語りから

中澤香織

はじめに

ソーシャルワークは人と環境の間を調整してきた。そして個人が抱える問題の解決には家族全体の状況をとらえる必要がある（Richmond =2012）といわれてきたように、ソーシャルワークはつねに家族とともにあった。そこでソーシャルワークは、何らかの問題を抱える個人にとって、家族を〝環境〟であり〝資源〟であるととらえてきたのである。

しかし、家族はすべての家族員にとって平等に資源足りうるのだろうか。家族内で相互支援が成立しない状況もあるだろう。特に女性、なかでも母親は、ほかの家族員の資源として扱われることはあるが、それに比べてほかの家族員が彼女の抱える問題の解決に資源となる例は少ない。ソーシャル

ワークは人々のニーズをとらえて支援を展開していくが、家族のなかの個人それぞれに等しく対応することは難しい。

畠中宗一は現代家族の特質について「個人化」、「多様化」とそれを支える「自立」、「自己実現」を挙げ論ずるなかで、「家族成員の自己実現と、家族全員の自己実現を同時に充たすことは不可能」、「家族のひとりが自己実現を果たそうとするとき、他の家族成員は、それを支援する役割を演ずることはあっても、同時に充足することはあり得ない」と述べ、さらに「育児や介護の対象を家族成員に持つとき」に「これらの課題を同時に充足させようとすると、育児や介護の対象者にさまざまなしわ寄せを与えることになる」（畠中 2006）という。そのような状況で育児・介護の対象者を自分自身よりも優先しがちなのが女性であろう。

また日本は家族を、経済の高度成長期には家庭内の性別役割分業によって経済活動を支える夫と家事・育児を一手に担う妻というユニットとして位置づけた。低成長期になると、福祉予算の抑制のために「日本型福祉」と称して家族に介護等の役割を負わせてきた（湯澤 2017）。さらに、さまざまな困難を抱えることに対して個人の責任を問う声が大きくなってくると、家族に対して個人が抱える問題の要因と解決への対応を求めるようになっている。「家族責任」を問う状況が生じているのである。

社会的関心が高まっている子どもの貧困に対しても、社会保障制度の不備を指摘し社会全体の責任を問うていくことよりも、子の養育者としての親の責任が追及されていく傾向がある。松本伊智朗は「子どもの貧困を生み出す構造の側面」の一つとして「子どもの養育手段・教育の市場化と強い家族規範を背景に、子どもの養育と費用調達の負担が親・家族に集中していること、すなわち、子どもの養育・教育の家族依存の側面」があると指摘する（松本 2017）。ところが、個人とその家族の問題解決にかかわるソーシャルワークは、生活問題を生み出す社会の構造に目を向け社会変革に取り組むことより、解決の努力を家族側に求める傾向や、個人の変容に焦点を当てがちであった。

筆者は長らく保健医療の現場でソーシャルワーカーとして働いてきた。そこではまさに家族は患者の応援団であるとされ、患者の療養生活を支え続けるために家族が生活スタイルを変更することを暗に求めてきた。特に家族のなかの女性たちがライフコースを変更する例が多く、そのことにより女性が生活問題を抱えがちであると感じながら、急性期の医療機関のソーシャルワーカーとしてその気づきから自らの実践をとらえなおす時間を持たないまま過ごしていた。その後、母子の生活支援の現場にかかわるようになり、改めて家族全体のウェルビーイングの向上を目指すことの難しさと、家族の抱える問題が女性の生活／人生に与える影響を痛感した。また同時に、母と子をともに対象としたソーシャルワークの展開の難しさにも直面した。

以上のような関心から本章では、社会的に不利を負いがちなシングルマザーが利用する生活施設である母子生活支援施設において展開される支援の過程を通して、家族が抱える問題の解決に向けての取り組みや、家族員それぞれの福利を目指すソーシャルワークについて考えていきたい。

1　家族を支える施設

複合的な生活問題を抱えながら子育てをしている女性たちが利用する母子生活支援施設は、児童福祉法第38条に規定されている児童福祉施設である。支援を要する母子を保護するとともに生活の安定を図り、自立を図るという目的を持つ。施設の創設は大正期にさかのぼるが、戦中・戦後にかけて戦争で世帯主をなくした母子への住居対策として、母子寮という名称で整備されてきた。須藤八千代は、「母子寮はその時代の社会の考え方と相互性をもって機能してきた。母子寮は日本の産業社会形成過程で貧困化し母子心中が社会問題化した時代、また戦争によって夫が死んだ女性と子どもの悲惨な状況など、その時代に求められる役割に対応してきた」という（須藤 2007: 10）。戦争死別母子世帯に対応すべく、絶対数は不足していたものの増加してきた施設数は、1960（昭和35）年前後のピーク時に600を超えたが、その後公立施設を中心に減少が進み、平成29年度現在活動中の施設数は全国で227か所である。

戦後母子寮研究では、母子寮の転換点を1960年代半ばと1970年代後半にあるとみて、時期を3つに分ける（林 1992; 武藤 2015）。急増する死別母子に対応すべく施設数が増えたⅠ期。次にⅡ期では「戦争死別母子の子どもが成人し児童福祉法の対象から外れて」いき、さらに施設の老朽化もあり入所希望者は減っていく。Ⅲ期には入所世帯が「死別母子世帯から離婚等による生別母子世帯へと変化し、施設にはそれに応じた支援が求められるようになっていた」という（武藤 2015）。須藤は、このⅢ期にみられる母子世帯の「質的変化」の論議に対し、「『死別』という止むを得ない理由で母子家庭は生成するものである、という社会的な承認を前提にしているよう」と述べる（須藤 2007: 124）。

このようにシングルマザーのなかでも最も困難を抱えるといわれる女性たちを戦前から支え続けているこの施設は、女性が抱える生活問題の時代による変化にいち早く気づかされる場である。施設は時代によって変化をしてきたが、須藤の指摘のように母子世帯となった理由でみて離別母子が死別母子を上回ったことは支援内容の変化を求められると同時に、支援の際の利用者理解の変化も生じさせてきたと考えられる。１９９７（平成９）年の児童福祉法改正にて母子生活支援施設と名称変更され、支援内容が従来の母子の保護を中心としたものから自立を支援する方向へと変わった。

そして近年、離婚による経済的問題やＤＶ被害、母もしくは子どもが障害を持っている入所世帯が増え、より専門的な相談援助を必要とするようになった。社会が持つ家族規範の変化や近年子どもの貧困に対する社会的関心が高まるなかで、子どもの貧困をひとり親世帯の問題、特にシングルマザーの抱える困難の問題として考えていく必要が指摘されており、２０１３年「子どもの貧困対策に推進に関する法律」では子どもの貧困対応の施設として母子生活支援施設が上げられていた。さらに、出産後の子どもの養育について出産前から支援が必要と認められる女性を特定妊婦とし、彼女らの母子生活支援施設の受け入れも求められるようになった。子どもと女性に安心・安全の場を提供し、さらに多様なニーズに添った支援を展開する母子生活支援施設は、より重要さを増しているといえるだろう。

しかし、ここであらためて問われなければならないのは、このような施設を利用するシングルマザーが抱える困難は、社会が持つ家族規範やジェンダー構造がもたらすものだということである。そして、より多様な支援を展開することが求められている。そのような認識のもと、支援と社会変革に取り組む必要がある。

以上のように、母子生活支援施設に期待される役割は多いが、施設が抱える課題も少なくない。施設の利用対象は配偶者のいない女性と18歳未満の子どもという母子ユニットである。施設の目的である「母と子の自立支援」とは「稼得と養育の両立」といわれてきた。しかし単身の養育者である母親が同時に稼得者であり続けることは難しい（大石 2019; 鳥山 2019）。「子どもを育てるには時間とお金の両方が必要」であり、「所得の貧困と時間の貧困は密接に関連する」と大石亜希子（2019）は指摘する。施設では、単身で子どもを育てる利用者が、就労を継続し、退所後の生活を持続させるだけの力を取り戻していくことを職員が支えていく。大石は、仕事・家事・育児・余暇など生活時間について母子世帯と二親世帯の母親の時間配分を比較しているが、母子世帯の母親は早朝・夜間・深夜などの非典型時間帯に働く割合が高く、土曜日の就業率も高い、そして子どもと夕食を一緒に取る割合が低いことを明らかにしている。母子生活支援施設入所中は母親の不在時間に職員という大人が関わることができるため、こうした事態は回避できる。しかし退所後に母親が稼得と養育の両立を保てるように支援することは、現在の施設に果たして可能なのであろうか。

また、施設は家族単位で入所するため、さらなる課題がある。高齢者施設や障害者施設等、他の福祉施設は、ケアを要する個人が家族から離れ、個人単位で入所し支援を受ける。しかし母子施設は家族単位で利用するため、家族内のケア関係が入所後も続いている。家族であることを続けるために入所するのであるから、もとの家族に存在するケア関係も継続している。このことは、施設内で子どもは母親からケアを受け、母の不在時には子どもは職員のケアを受けるが、利用者である母親は、職員から自立支援を受ける対象でありながら、子どもをケアする役割も同時に持つということである。母親は利用者であり子どもへのケア提供者であるという二重構造が存在するのである。そのような状況において職員は、「ケアを必要とする子どものかかわり」、「ケアを要する母親への支援」、「母親の子育て」を側面から支えるという、幾種類かの支援について必要度を適宜判断しながら組み合わせて提供していく。それは決して容易なことではない。

以上のような課題を念頭に、次節から、筆者が母子生活支援施設で行った母子支援員への聞き取り調査を基に、二重構造を持つ母親理解の実際をみていく。調査は、母子生活支援施設を利用している母子世帯の生活の現状を明らかにするため、X県内のすべての母子生活支援施設10か所を対象として行われたものの一部である。全体は、①施設調査、②利用者調査、③施設職員調査、④施設を退所した子どもに関する調査からなり、本章で取り上げるものは③施設職員調査である。職員調査は10施設のうち、承諾を得られた9施設28名の母子支援員の協力で実施した。[*1] 調査期間は２０１８年3月から4月である。調査目的は、複合的な生活問題を抱える利用者への援助実践の現状を明らかにし、生活問題の解決とジェンダー視点をもった援助の取り組みを検討することである。調査項目は、「実践への思い」、「支援を展開する上での葛藤」「利用者の抱える困難とその背景に対する理解」、「自身の生活／人生にかかわるジェンダー」である。

2　支援の場でみえてくるもの

前述したように、母子生活支援施設には二重構造がある。ケア役割を持つ大人が子どもとともに入所する施設であるが、利用者である親は母親に限定されている。入所は子を持つ女性であることが条件であり、緊急に一時保護を受ける場合を除き単親女性は入所できない。あくまでも子育てをする母親であるから利用できる施設である。ひとり親として子育てをしていても父親である男性は入所できない。また、ケア役割を持つ母親を対象としているが、それは誰かをケアしているために支えを必要としている状態であるという二次的ケアに着目しているわけではなく、施設が提供する支援は、母親本人へのケアは極めて限定的で、母親の子育てを補完する形で子どもにかかわる支援が多い。

また、職員にも2つの立場がみえる。生活問題を抱える利用者を支える知識と技術を持つ専門職としての位置と、同じ時代を生きる、特に同じ母親、同じ女性であるという立場である。母として、シングルマザーとして利用者と同じ立場であることから相手をより理解できるとする見方もあり、一時期ほとんどの職員がシングルマザーであるという施設もあったという。確かに現場では日常生活の支援や子育ての支援において「経験」を活かす場面がしばしばあり、利用者に「母としての経験からの意見」を求められることがある。しかし同時に職員には当然ながら専門職としての知識や判断に基づく支援が必要とされる。実践においては、利用者が置かれている状況への的確な理解をはじめとするさまざまな支援の技術と、職員自身の生活者として経験が複雑に組み合わされていく。

（1）支援の始まり

利用者である母と子の入所にあたり、利用者の状況を知ることは基本的で重要なことである。まず最初に、母子生活支援施設での生活を選択した／選ばざるを得なかった女性たちのこれまでの生活を理解するために職員は聞き取りをする。

入所に際して福祉事務所から情報提供はあるが、福祉事務所の面接から得られた情報は、必ずしも利用者の状況と一致していないと職員は言う。入所時の情報は、現在の生活状況、特に結婚生活に関することが中心となりがちであり、本人の成育歴まで触れていないことがある。入所後に徐々に語られた内容から、入所したころの言動にはそのような理由があったのだと理解できたと職員は語る。

DVで入所、暴力で逃げてきたのに今度はお母さんが子どもにつらく当たったり。そういうお母さんは人に思いを言えなかったり、職員にも言えなかったり。入所したときは分からない情報、実は自分の父親から虐待受けていたんだとか。あぁ、だからこうだったんだと。（Jさん）

けっこう過去の話を聞くんです。そうだったんだねと。そこと入所のことがつながる。入所したときに細かく聞いて、その人の人生を分かろうとしました。細かく聞いたら後で何か分かったとき、あぁこれはあの時のこれにつながるんだって気づいて。あのことがあったからこうなんだねと。（Eさん）

援助者の丁寧な聞き取りがその後のアセスメントに活かされ、支援へとつながっていく。Eさんが担当した利用者は、入所数年たち子どもと衝突し怒鳴る日々が続いた。利用者自身の子ども期の両親との関係が悪かったことを聞いていたEさんは、彼女が親と関係を築けなかった過去を考え、子どもを守ることと同時に職員が利用者自身をも支えていくために積極的にかかわり続けたという。詳細に及ぶ聞き取りには相手との信頼関係が不可欠であるが、Eさんは入所時の面接以外に、施設内の生活のさまざまな場面で利用者に声をかけ、話し合える関係を築いていた。

もちろん、詳細な聞き取りのみで利用者理解ができるわけではない。アセスメントは的確な情報収集とその分析と統合化（渡部 2000: 73）であり、利用者のこれまでの人生に対する理解と共感する心がなければ表面的な情報収集と情報の羅列でしかない。得られた情報をどのように組み上げていくかが重要である。また利用者が入所の相談時に福祉事務所で語ったことが、入所後の面接で話される内容と異なることがある。それは利用者が事実を誤認していたと思われがちであるが、利用者にとって誰とどのような文脈で語るかによって思い起こされる過去が異なり、伝える内容が変わってくることがあるということだろう。入所後の聞き取りでは、母子生活支援施設での生活を選択した、あるいは選ばざるを得なかった利用者たちのこれまでの生活への理解が必要となる。

（2）利用者に学ぶ

調査対象の職員の多くは基礎資格が保育士であった。*2 保育士の養成課程における学びは子どもの理解・子どもへの対応が中心になりがちであり、子どもの保育の技術に比べ、大人である利用者への支援の標準化はできていない現状がある。職員は保育士の養成校を卒業後に新卒として母子生活支援施設へ入職、新卒で保育所へ入りその後施設へ勤務、他の福祉施設や相談機関の経験または一般企業での勤務経験を持つ等、さまざまである。新卒者はもちろん他の施設を経験した職員であっても、母子生活支援施設の利用者の持つ多様なニーズとそれに応える明確な判断基準を見いだせず苦慮したと語る。

しかし、利用者との出会いは、戸惑いだけを生むわけではない。以下の語りは新卒で入職した2人のものである。

入ったときは、何かこう、性格に偏りがある方がいるのかなと思ったら、全然そうじゃなくて。（私の）偏見みたいなのが徐々に取れて、（利用者が）すごい良く頑張ってるなあと。お母さんたちが頑張ってるから私も頑張れるというか。

最初、なかなかお話がうまくできなくて、経験不足だったので、お母さんたちに教えてもらったりして…。（Ｉさん）

経験不足というマイナスと思える状態の職員から、利用者に対する素直なリスペクトがもたらされ、それに利用者が応えていく。

（利用者が）聞きたいんでしょ、いいよ、何でも聞きなさいって。いろいろ話してくれて。女性としての大変さ。私は独身でわからないことといっぱいだったから、お母さんが答えてくれて。すごく勉強になった。ここで勉強させてくれた。私すごく聞きたい顔してたんだと思う。お母さんたちから教えられることといっぱいあった。生きた辞書っていうか。お母さんたちから学んだことといっぱい。

（Dさん）

ここには職員と利用者、専門職と対象者という上下関係ではなく、対等な相互関係が理屈抜きに成立している。

利用者の多様な経験は、他者にとって簡単に「理解した」といえるものではない。入職して間もない職員は利用者の経験を前にたじろぐことがある。専門職として知識と技術を用いて問題解決に取り組むと考えていたが、専門職である自分が「知らない」ということに気づいていく。自分にはわからないことがあり、利用者に教わったとDさんはいう。そして彼女は経験を積んだ後、自分が「聞きたい顔」をしていたことと、その顔に利用者が気づいたことで「教えられた」のだと振り返る。

Dさんの語りは、藤高和輝のいう「非知」につながる。それは「他者との出会いは、私たちが『知らずにいることができた』その『制度化された無知』に直面すること」であり、『非知』とはむしろ、自らの知の限界に気づき、他者から学ぼうとする姿勢を指す」ことだという。[*3] Dさんの「聞きたい顔」は「知らないということを知っている」ことを示しており、利用者から学ぼうとする姿勢から関係が構築されていったのだろう。

（3）経験を保障するということ

職員は施設における具体的な支援を通して、利用者たちが生活／人生においてさまざまな経験が不足していると気づく。そのことにより日々の生活につまずきを生じさせるため、経験を補おうとして職員は利用者の生活に入っていく。

部屋に入ります。オムツがあちこちにあったり…。一緒に片付けようって（言って始める）、でも気が付いたら私だけが掃除してたり。離乳食作ってって（母が）言って、材料はこれとこれを用意してと（私が）言うと買ってくれるまではするけど、その後（母は）一切しない。作るのを見てることもしない。このお母さんはこういう生活してなかったんだな、こういうこと見てきてないんだって（気づく）。見てないからできない。だから、やってみせて、作ってみせて。何度もします。（Fさん）

子どもとの生活を送るための基本的な生活技術を持たない利用者がいる。そこで職員は居室へ入り、利用者とともに掃除や調理を行う。そこでは現実的に時間が不足している利用者への具体的な生活支援であるとともに、そうすることで利用者の経験を増やしていくことが必要だという判断がある。利用者を〝できない人〟であると〝審判〟し、自分で行うよう〝指導〟するのではなく、できないのはその利用者自身が子どもである時期から現在まで、生活者としてさまざまな経験をする機会をもてなかったのだと理解し、ここで必要なことは、職員が〝やって見せる〟〝一緒にやろうと誘う〟ことであると考えている。そして〝何度も〟行うことで経験を確実なものにしていくと判断し、実践していく。

子どもちょっと預かってって（利用者が言う）。施設側としては子どもとの時間も大切だから、なるべくは一緒にいれるように（と考える）、でも（ストレスをためた利用者が）子どもに当たったらいけないので、預かる時間も確保して、と。なかなかそこがうまく……。お母さんが大変なのが分かるのでなるべく預かりたいけど、そこの兼ね合いが難しくて、見極めながらですね。

（Lさん）

施設ではほとんどの利用者が就労している。1節で述べたように母子世帯には時間の貧困という状況にあるといえる。足りない時間のなかでも子どもが親と過ごす時を大切にしたいと職員は考える。しかしそれは、一緒にいる時間の長さではなく、質に注目している。職員が子どもを一時的に預かることで母にゆとりを作り、そのことが子どもと過ごす時間の質を高めると考えるのである。子どもが親と過ごす時間が長くても、その中で親がストレスを子どもに向けてしまっては元も子もない。子どもと過ごす時間の長さと質のバランスをとることが大切であるといえる。しかし同時に、その判断が難しいことも職員は実感している。

私たちが入って支援すると、そこから家事や育児の気持ちが離れるというか。お母さんたちの気持ちが楽になる。私はそれもいいとは思う、見て育つことでお母さんが育つならそれもとても大事かなと思う。私は、家事しながらおしゃべりしながらお母さんのできるものを話のなかから探ります、そしてできることをプレゼントします。明日は来ないけど、ちょっと頑張ってごらんと。次にお邪魔した時、前のプレゼントはどうだったかってみます。いつもいつも入っていたら、やっぱり当たり前というか……。引き際が大切。やってもらって当たり前っていうところが見えてきたからこそ、課題を一つそこにポンと置いてくる。（Aさん）

Aさんも母親が家事や育児から解放されることで生まれるゆとりを理解している。またFさんと同様に職員が行う家事を母親が〝見て育つ〟ことを待っている。そして重要なことは、本人の力をうばわない支援である。〝できることをプレゼントする、置いてくる〟、そこには本人の力を信じる、タイミングを図る、見極めるなどの技がある。

このように、利用者である女性たちの経験を職員がとらえ、そして子ども期にできなかった経験を保障し続ける支援が施設には存在している。そして「経験」は利用者だけではなく子どもたちにとって大きな意味を持つ。それぞれの経験は利用者にとって大切だが、子どもの成長にとっても不可欠である。実際に職員は学童保育や施設内の行事などを通して子どもたちがさまざまなことに取り組む機会を作っている。各施設で多く実践されているのが料理の体験である。

子どもが作り方わからないし、〝お母さん作ってたな〟というのがない。〝お母さんがんばれ〟じゃないんだけど、子どもに作ってるところ見せるのも必要かなって。学童（保育）で焼きそば作ったり、豚汁作ったり。子どもたちにジャガイモの切り方玉ネギの切り方って言ってもわかんないんです。だから学童（保育）でやってみる。（Nさん）

職員が子どもたちに料理を教えるのは、生活の基本の一つである食の大切さを伝えたいからだ。子どもは各家庭で親が料理をする姿を見る機会がほとんどない。食の重要性が伝わりにくい環境といえる。その背景には利用者自身の子ども期が安定していなかったという事情がある。職員は、手料理をしないことを母親が責められていると感じないように配慮しながら、子どもたちに食生活について伝えていこうとしている。また食生活以外には、キャンプやスキーなどの行事を企画したり、場合によっては国立青少年交流の家の活動に職員が子どもを引率して参加したりして、子どもの経験を増やしていこうと努力する施設もあった。

大澤真平は子どもの貧困と経験の不平等を論ずるなかで、「子どもの経験そのものが、家族資源への依存構造のなかで、貧困・生活困難層に不利となっており、それがライフチャンスを制限している」という（大澤 2008）。職員が提供する子どもの経験を増やす取り組みは、大澤がいう「子どもの経験の不足を社会的に保障する」実践として、施設内にとどまらず地域で展開されていくことが今後求められていくだろう。

だが一方で考えておかなければならないのは、子どもの経験の不足に職員が気づき、経験する機会を提供する実践は、利用者にとって葛藤が生じる場面も起こりうるということだ。「親であるのに子どもに必要なことをできていない」と職員から指摘されているように感じたり、職員の姿勢は「子ども寄り」で、利用者自身が大切にされていないといった疎外感を覚えるおそれもある。「今ここにいる子ども」に対して経験を保障すると同時に、利用者が子どもであった時に得られなかった経験を利用者自身が取り戻すような支援も同時に必要である。

（4）さらなる支援に向けて

利用者たちを理解し関わるほどに職員は多様な支援の必要性に気づいていく。利用者の抱える生活問題は年々複雑となっており、提供すべき支援も質・量ともに充実させていく必要がある。

子どもが育ってからお母さんどうするんだろうなっていうのは、すごく、見ていて思います。いずれ子どもが育ったら、お母さん一人の人生考えるとずっとパートでは困るし。お母さんだってやりたいこともあっただろうし。お母さんのこと考えたらどうなんだろうって思います。

ここはお母さんだから6時に帰ってきてって。え、早いと思いました。正社員でバリバリ働く、そういう人も支援する施設でもいいんじゃないかなと思って。（子どもと仕事）どっちも気持ちは半々。子どもの方へかかるとき、仕事の方へ重心かかるとき、どっちもありますよね。もっ

と支えてあげられたら。（Bさん）

Bさんは現在施設が提供する支援では利用者の就労を支え切れていないと考えていた。Bさんの勤務する施設では利用者の残業や夜勤は想定しておらず、母親が不在時に子どもの夕食・入浴・就寝などを職員が行うナイトケアなどの支援は準備されていない。入所中は、長時間就労して稼得を増やすより子どもと過ごす時間を優先するよう促す施設の方針に疑問を抱く。子どもとの時間を優先する働き方では母親自身のキャリアを積み上げていくことができない。キャリアを積めないことで、生活の不安定さは続いてしまい、それが退所後にも引き継がれてしまうのではと危惧する。家庭内に子育ての代替者はいないが、施設に入所していることで、子どもは職員と過ごしているから残業ができるという考え方もあるのではないかという。

お母さんたちが救われたくて来てるのに、子どもを救う施設だった。私が楽になるかもしれないって。自分が楽になるために来てるから、やってくれないっていうのではと。子どものために来たのでなく自分のため。再統合のことよりも、施設にお母さんのサロンを作る方がいいのになって。自治会もあるけど、それと違って、職員とは別にお母さんたちのサロン。専門の相談員さんいて、お母さんたちの話を聞いてくれるところ。（Gさん）

ここに専門職がいて、外へつなげればいいんでしょうけど。私たちのケアをしてくれる人、利用者の専門的なことを分かってくれる職員、弁護士とか、そういう人がいるとやりやすいかなって。身近なところに専門職がいるとやっていける。（Eさん）

Gさんは提供する支援の変化が迫られていると感じている。現在の支援は利用者のニーズに合わず、多様な専門性を持つ職員の配置が必要であるという。

もっと職員がいればできる。もっとこうしなきゃということがある。朝起きれない母親がいれば起こして子どもの世話を一緒にやる、そうしないとね。それを甘えっていう人いるけど、人間甘えることもある、お母さんだって甘えたいことある。栄養士さんとかいたら、朝からいい匂いさせて。今日なんだろう、朝ご飯作ってる、もう起きようって。お母さんだってそういう風に甘えさせて。（Dさん）

Dさんの語りから、栄養士という新たな職種のかかわりを望んではいると同時に、利用者の表面化されていないニーズをとらえていることがわかる。〝甘え〟の必要性を考えていくことの重要性を指摘している。

家庭内での子どもの経験として食の大切さを挙げる職員が多く、そのことから施設自体の支援として親子への食事の提供が必要だという考えがあり、それを実現するために調理設備や栄養士・調理師の配置を望む声もあった。また調査協力者である母子支援員たちは、他の専門職として、栄養士、看護師、弁護士、心理士を求めていた。さらに、母子生活支援施設は地域の他機関と連携しており、必要に応じて各専門職と協働して利用者の持つ問題解決に当たっているが、多様なニーズを持つ利用者に日々対応するためには、外部の機関の利用だけではなく、施設内に保健医療や司法の専門家を望む声があった。施設のなかで日常的にチームを組み支援を展開していく必要を感じているということであろう。

以上みてきたように、食に関する設備の充実などハード面と、より専門性の高い職員の配置などのソフト面の充実が望まれていることがわかる。より適切な支援を提供するため両面の改善は必須であろう。それと同時に筆者が指摘したいのは、現在配置されている職員の支援の土台となる意識について考える必要性である。利用者のこれまでの経験を踏まえながら、具体的な生活場面にかかわっていく過程で課題となるのが、職員による意識の差、支援に係る判断の違いである。的確なアセスメントを行う技／時間／人手に欠け、職員個人の経験と価値観に基づいて支援が行われることの危うさに気づき悩む職員たちの姿があった。朝起きることができない母親への支援を続けるDさんは、その支援について職員間で共有することが大切だと言う。

自分の価値観でなくて、みんなで判断していく、やってみようって。お母さんに自信付けさせて。寝てしまっているお母さんだって、それでいいと思ってるわけじゃなくて。そこらへん上手にやっていかないと。（Dさん）

保育所の送迎、帰宅後の食事・入浴など、利用者の生活を支えるために必要な支援は多い。それをどの程度、どんな頻度で行うか、その判断は職員間で常に一致するわけではない。Dさんの語りと同様の状況を、須藤は「眠りに入る母親」として3人の職員の価値の衝突と、それを超えて「言葉にされない実践知として共通理解に到達していく様を紹介している。眠る母親の横で職員が子どもの登園準備をすることについて、「大喧嘩」、「丁々発止」と表現される職員間の議論があり、葛藤を超えて実践が形を成していく。そしてそのようなコミュニケーションの成立には信頼の基盤があるからだという（須藤 2007）。

入所施設で行われる支援は生活に密着し具体的な行為であり、職員による経験値の差、生活技術の差により、支援に差が出てはならないことはいうまでもない。同時にその支援の是非について職員間の合意は欠かせない。適切なアセスメントに基づきながら家事支援を行うが、一職員と利用者の個別の関係にせず、職員みんなで同じ支援ができることを目指していく。しかし現実には職員間で議論ができずに悩むことがある。

会議が、お母さんでしょ的な話で終わってしまうことあって。学校行かない子どもの気持ち、何があって、どうなって、そこの環境にお母さんもいるというような話を会議でしたいのに〝それはお母さんの仕事だよ〟で終わってしまう。私たちがどうしていけばいいのか、そこを話し合いたい。

それぞれの考え方があるから、それがかみ合わない。でもアセスメントがちゃんとできればうまくかみ合うはずなのに……。どうしても子どもがかわいいから、子どものために母としてこうしてと考えるんだろうけど。生きづらさとかとか、あまりそこに注目してないというか。

（Cさん）

Cさんは利用者のニーズと支援の方向性において、何とか職員の共通理解を得たいと考えていたが、他の職員の母親規範に基づく発言や、支援計画が利用者のニーズと合っていないことに不安を感じていた。適切なアセスメントは支援に不可欠であるが、Cさんは実践力の不足と同時に、利用者である母親自身の人生を見抜いていく職員の視点の欠如も指摘する。渡部律子は実践力の向上のプロセスとして、クライエントが「どのような背景の中で生きてきて、そこからどのような価値観・人間関係、社会とのかかわり方を作り上げたのか」等を「クライエントから教えてもらう」こととしてアセスメントの重要性をあげる。ソーシャルワーカーは常に実践を振り返る必要があり、「この『実践の振り返り』に関する枠組みを提供してくれるのが『省察的実践』という考え方である」という。そして省察とは「自分の行為を振り返ればよいのかと勘違いする人もいるかもしれない。しかし本来の意味での省察的実践家というのは、たんに自分の実践を振り返るだけでなれるものではない。省察的実践で重要なのは『行動しながら考える』ことである」と述べる（渡部 2019: 111-115）。

職員の語りに、日常の生活支援の際に自分の経験や個人的な感情が影響していることの気づきがみられたが、この気づきに続く「省察」がなければ、経験主義的な仕事に終始するおそれがあるだろう。Cさんが感じていたものは、省察の大切さと難しさであり、それを職員間で共有できないことのもどかしさであるようだった。

3　支援における葛藤

前節では母と子というユニットごと支え続ける入所施設のソーシャルワークに表れている職員の思い、葛藤を紹介した。職員はどこか一定の位置から〝助言〟することではなく、利用者の事情を理解し寄り添い続けることによって関係を築こうとしていた。日々の生活を整え、子の育ちを具体的に支え、子の成長を利用者とともに喜び、ときに利用者の過去に思いを寄せて利用者の〝母〟のようにふるまうこともあった。文化人類学者でジェンダー研究者でもある桑島薫は、社会福祉の援助者と利用者関係についての論文の中で、「〝私も離婚経験があるから〟と相手の女性と同一化することで距離を縮めようと」し、「そのような姿勢を〝ジェンダーの視点〟を持つことと誤解している」（桑島 2015）と指摘したが、それと同様の語りもあった。だが、職員が経験を重ねるうちに「この女性は援助者にはわからない大変な思いをして、今ここで出会っていること、目の前の女性のわからなさをそのまま受け入れ、だがそれを理解不能として境界の向こう側へと放逐せず、自分達の支援の枠組みを提示した上で、同じ平面上で相手の自己にぎりぎりまで近づいたり、離れたりしながら支援を続け」ていこうとしていく様子がうかがえた。まさに母子生活支援施設は、「援助者と利用者の間にはさまざまなやり取りや相互関係が生まれ」ており、「自己や他者やその関係についての新たな知見が埋もれて」いる現場の一つだということだ（桑島 2015）。

（1）家族であるということ、母であるということ

施設の支援は、利用者である母と子それぞれに対するものと家族という全体を支えようとするものが並行して進む。そこには職員が家族と時にぶつかりあい、時には一体化しているかのような営みがある。

朝の機嫌の悪さ、仕事に疲れている機嫌の悪さ、それを見ていると、家族と思っているかなと。家族だから見せられる。普通（家族以外に）機嫌の悪さは見せない、見せたくない。広い意味での家族と捉えているから出てくる。（Hさん）

家族、お母さん一人だと大変。ここだから職員がいるから家族が成り立つ。お母さんなりにいっぱいがんばってる。お母さんがここやって、職員がここやって、そういうことで家族が保つことってある。（Dさん）

母親一人で届かない部分をカバーする職員がいる。それで母子という家族が立っていられる、もしくは施設全体が職員を含む大きな家族というような見方がある。また、家族を持たない職員にとって

は、利用者は自分を支える存在になっていくことがある。

私は独身で。だから一緒に育ってきたんです。退所した子が時々来てくれて、子ども生まれたとか。おばあちゃんみたい。来てくれたりがうれしいですよね。お母さんたちの不安はお金もあるだろうけど。気持ちの不安、身内いない人もいるから。職員と話せるし、私一人で子ども大丈夫だろうかって思うと思う。（Nさん）

一方で、施設の外側から向けられる家族へのまなざしに対する疑問の声がある。

お母さんたちの抱える問題を行政は分かってない。DV被害の人に〝子の父親を犯罪者にするのか〟などひどいことを言う。家族のなかに暴力あればやっていられない。離れていた方がいいお父さんお母さんでいられる。家族のあり方はいろいろあっていいのかなって。（Dさん）

利用者にとって、社会に存在する家族規範に対し、家族のあり方はいろいろあっていいと考える職員がいること、行政機関に分かってもらえなかった悔しさをともに感じてくれる職員が寄り添ってくれていることは力強いことだろう。

利用者は、家族のなかの力の不均衡に傷つき、危うくなった親子の関係の修復のために、あるいは家族の形を継続するために、入所してくる。母子生活支援施設は、福祉施設のなかで唯一の家族単位で入所する生活施設であるため、家族とは何かを考える場面が多い。調査では、職員の存在が家族を成立させているという声や、職員を含めた疑似家族ととらえている声もあった。子どもたちが多様な家庭の存在を知ってほしいと語る職員もいた。横山（2018）は家族をその意味内容で「実態ある共同生活者」、「経験としての家族」、「規範としての家族」の3つに分類する。語りにみられる、職員が利用者との関わりでとらえる「家族」は、その3つの意味が混在しているといえるだろう。

インタビューでは、職員の持つ母親観にも触れた。母子生活支援施設は家族単位で利用する施設であるが、入所できるのは母と子という家族形態に限られ、同じひとり親家庭であっても父子家庭は対象ではない。施設の事業として実施している学童保育・ショートステイ・トワイライトステイなどを父子家庭が利用することはあるが、入所は母子に限定されている。日々の支援は利用者である母親に向けて展開されているが、そこで職員はどのような母親観を持つのだろうか。

お父さんは家族全体が大事、2番が仕事。お母さんはまず子ども、2番が家族で3番が夫、自分は後回し。家族になったのなら子どものこと考えて、いろんなことやって、ちょっと遊びに行きなって思うけど。（Oさん）

Oさんは母親に対して絶対的な役割を求めてはいないとしながらも、父親と母親では大切にする者の優先順位が異なるのだと語る。母親の息抜きは必要だと認めているが、あくまでも子どものニーズが満たされた後でなければという考えである。

（母はこうあるべきと）言われるの嫌だと思う。あるとは思うけど、そうでない自分をわかってるから言われたくない。私たちも〝お母さんなんだからこうしてね〟って言っちゃう。できない自分とギャップを感じて反抗していく。お母さんだからって言われなくちゃならないのって。

（Gさん）

多分、私、（保育所の）保育士で働いていたら、お母さんなんだからって言い方してたと思う。（施設には）いろんなタイプのお母さんいるし、精神の方、DVの方。初めて分かってきた。母親なんだから、これはお母さんの仕事なんだからってかなりがんじがらめだったと思う、保育士として。

（Aさん）

社会全体や施設職員が持つ家族観・母親観に対し、利用者は抵抗する。しかし職員は、周囲によって語られる母親像と利用者自身の現状との間に差を感じるからこそ受け入れられないのだという。では職員はどのような母親規範を持ち、それに自覚的なのだろうか。インタビューでは、「もし入所している方が父子家庭である場合に、現在利用者である母親に対してと同じように接するだろうか」と訊ねた。

（利用者が）男性だったら、（私は）〝頑張って〟って言わないかも。〝手作りのお弁当〟とか言

わないかも。お母さんには〝できるでしょう〟と思ってしまいますね。（Jさん）

どうするのかなぁ、お母さんだからやれると思ってて。お父さんなら、それはやっぱり男女の…。その時点で違いがありそう。（Oさん）

それは違うと思う。なんか女の人に対して厳しいもの持ってると思います、自分は。それじゃダメなんだろうなぁと思いながら。自分の考えと、ここの利用者の考えをどう合わせるか、頭では分かっているんだけどなんかギャップがあるというか。そこまで言うんだったら覚悟持ってこうやってよという自分がいて、いや違う違うと思う自分がいて。（Hさん）

このように数人が性別によって職員としての意識や態度に差があると答え、ジェンダーバイアスがあることがわかる。明確な答えはないものの性別を変えて考えることで気づくことがあったと語る職員もいた。施設の成り立ちに社会にあるジェンダー構造が深くかかわっているだけではなく、利用者のニーズを適切にとらえ必要な支援を組み立てていかなければならない職員にもジェンダー規範が内面化されていた。

（2）職員の生活とジェンダー

職員は一般論としては男女の平等を支持し、利用者がそれまでの職業生活や結婚生活で直面してきた不平等の存在に気付き、生活問題に影響を与えている一般社会にあるジェンダーバイアスに憤りを感じている。しかし支援者として獲得してきたジェンダーに関する理解は、職員自身の生活／人生においても同様に感知されているだろうか。

調査したX県の母子生活支援施設10か所の職員構成をみると、施設長の性別は女性5名、男性5名と同率であるが、インタビュー対象とした各施設の母子支援員は、女性が9割を占めており、ジェンダー化された職種といえる。女性は、家庭内で母として妻として娘としてケア役割を担うよう期待される。結婚・出産・夫の転勤・離婚等の理由で離職を経験し、施設に再就職した職員も少なからずいた。夜勤を伴う施設への再就職は「自分の子どもが小さければ働かなかった。子どもの手が離れたので」という選択もあり、逆に夜勤体制を取っていない施設では「子どものために平日昼間のみの仕事なので就職した」という声もあった。女性の就業はライフイベントにより分断されがちであるが、配偶者の都合や子どもの成長に合わせた働き方を選択せざるを得ない職員の存在もある。

私も離婚経験あって。（遅番や宿直の時）私の母が来てくれるので、子どものことはまかせっきりで。近くに親がいなければ（同じ法人の）保育園の方でなければ働けなかったですね。（Kさん）

私もシングルマザーなので、うちの施設に泊り（勤務）があれば働き続けられなかったですね。（Pさん）

ひとり親である職員は、親族の存在や職場の勤務体制と仕事の継続の可能性を語った。また職員自身の家族内の性別役割については以下の通りであった。

（夫が家事・育児）いやぁ、ないです。全然やってない。子育てとしては子どもと遊ぶの好きな旦那で。家のこととしてくれるかといえば無理で。これは私がやろうと割り切って。男の人ができないこともあるので、そこは女の人が折れるべきじゃないかなって。（Iさん）

夫は何もしない、休みの日も何もやりません。子どももお父さんはそういうものだと思ってます。そうやって継承されちゃうんでしょうね。（Mさん）

子どもが小さいとき、共働き。でも何か買ったとき、お父さんにありがとう言おうかと子どもに言って。お父さん立てようと思って。そしたら、子どもが、お母さん働いてるのに、お母さんのお金使ってないのって。子どもってすごいなと思った。（Bさん）

自分の中で母としてこうあるべきというラインがすごく高いんです。うちは父親がいたけど全然旦那に頼らないで子育てしてきたよって思う。親に〝（夫に）頼るもんじゃない〟と言われてきたから、そう思ってた。ちょっと（夫に）やらせたら、（母に）〝いや私の時代には考えられなかった〟と言われた。お母さんの時代とは違うと思っていても、どこかで、それをやったらお母

さんに認めてもらえないと思う自分がいて。どこかで頑張っちゃう、私ここまでやったからって言っちゃう自分がいる。（Hさん）

性別役割意識は上の世代から受け継がれることが多い。Hさんは結婚後も自分の母親にたえず女性・母親規範を突き付けられており、それに抵抗を感じながらも従う自分に気づいている。支援の場では内面化している母親規範を利用者へ向けないよう努力しつつ葛藤を抱えている。

（結婚した時）気を遣った。自分の姿見せることでお母さんたちにつらい思いさせるかなって。うらやましいとか言われるのが怖かったかもしれない。（Dさん）

家族のかたちは多様だと認めているDさんは、20代のころは自分の結婚に際しては利用者に伝えることを躊躇したという経験を持つ。当時について、「夫と暮らす自分を幸せ、シングルである利用者を幸せではない」と考えていたのではないかと振り返る。しかし出産後のDさんは「子育ての仲間みたい」に利用者と情報を伝え合い、ともに母親として成長するという経験をしたと語る。

おわりに

母子生活支援施設の利用者が抱える生活問題は、社会にあるジェンダー構造がもたらしたものといえるが、自らの問題の背景にジェンダー不平等があるにもかかわらず／あるからこそ、利用者の多くは固定的な性別役割分業を肯定しがちである（中澤 2009）。そのため、施設における利用者への支援では生活問題の背景にあるジェンダーに関する職員の理解が不可欠である。今市恵が、母子生活支援施設にはジェンダーバイアスがあり、それを自覚したうえで女性に焦点を当てた技術を持った援助が展開されることを願う（今市 2001）というように、支援の根底にある職員の価値観が重要となる。

母子生活支援施設における実践にみえる職員の葛藤から、家族全体を対象とするソーシャルワークの難しさが浮かぶ。サラ・バンクスはソーシャルワークを「社会的利他主義（ケア）を表現しており、また社会的規範（コントロール）をも強化しており、双方に向けて貢献する」という（Banks 2016: 36）。職員は利用者である母と子の生活に向けて具体的な支援（ケア）を提供しつつ、社会が求める規範から逸脱しないように、つまり、母親として子どもに気配りしつつ世帯主として稼得に励むことができるよう見守る（コントロールする）ということであろう。前述したように施設には子どもをケアする母としての利用者が職員のケアを受けるという二重構造がある。また職員は利用者をコントロールし、それは利用者、職員双方に葛藤を生む。その葛藤は職員が持つ家族規範・母親規範から生じるものもある。

ソーシャルワークは家族全体の安定を図るとしながらも、母子生活支援施設では母と子それぞれ個人としての安定を図ることに成功しているとはいえない。利用者である母親はこれまで他の家族員の安定のための資源としての存在を優先させられてきた。職員は、母と子に寄り添う過程で利用者を支える必要に気づき、多様な実践を展開してきたが、同時にその支援の難しさに直面している。児童福祉施設であるため子どものウェルビーイングを優先するという考えはありながらも、母親個人のニーズに職員は対応していく。しかし、そのような実践が進むにつれ、職員は子どもと利用者の間で揺れ動く。ジェンダー不平等な社会構造のなかで、ケア役割を持つゆえに困難を抱える利用者と、自らの生活／人生においてケア役割を担いながらもケア専門職となった職員で構成される母子生活支援施設が、その大きなユニットごと社会の周辺に追いやられているかのようにみえる。

そのような現場では、ソーシャルワークがこれまで考えてきた「家族」、「母親」、「女性」の役割を問い直す必要がある。母子生活支援施設の職員は、ソーシャルワーカーとしての自らの人生／生活と、そこから内面化した価値観と向き合っていかなければならない。ドミネリはフェミニストソーシャルワークを以下のように定義する。「私はフェミニストソーシャルワークを、ソーシャルワーク実践の一形態と定義する。それはこの世界における女性の経験をその分析の基底におき、女性の社会における位置と女性個人の困難な状況との関連性に焦点を当てることによって、女性の個別のニーズに対応するだけでなく、〝クライエント〟とワーカーのあいだの対等な関係性を作りながら構造的な不平等に対処するものである」（Dominelli, 2015: 22）。そして「ソーシャルワーカーは、ワーカーとして自分のニーズを考える必要がある。このような要請に応じるために、ソーシャルワーカーは貧しい資源しかもたない職場、過重な仕事量、冷たい同僚、さらに敵意を持った〝クライエント〟などに囲まれた困難な環境で働き続けるために、ネットワークとサポートシステムを作り出すことが必要である」（前掲：320）という。このような取り組みが母子生活支援施設に必要であり、それはこれまでのソーシャルワークに抜け落ちがちであったものだろう。

ソーシャルワークはバンクスがいうようにケアとコントロールの二面性／両面性を持つが（Banks＝2016: 36, 281）、母子領域では利用者にとっても子どものケア役割があり、援助者である職員も自分の生活／人生でケア役割があるというさらに複雑な構造がある。支援に影響する援助者のジェンダー観は援助者自身の生活／人生から作られたものであり、援助者もジェンダー構造のなかで生き、さまざまな問題を抱える。両者の立場はかなり近くも見えるが、容易に入れ替わるものではなく、同一視することはできないだろう。しかし、利用者が抱える生活問題が社会のなかのジェンダーに関係していることと同様に、職員の生活／人生もまた社会にある家族規範・母親規範・女性規範に無関係でなく、そうした職員の経験にも注目することが、母と子が置かれている状況とその背景にある社会の構造への理解を深め、利用者との関係をより焦点の合ったものに変化させていくことにつながるのではないだろうか。職員が利用者との関係のなかで、利用者理解や支援内容について問うと同時に、自分を問い続ける営みが、ひとつのフェミニストソーシャルワークといえるのではないかと考える。

注

＊1　調査協力者の属性は次のとおりである。性別：女性25名、男性3名。年齢：20代3名、30代7名、40代8名、50代6名、60代4名。資格：保育士22名、社会福祉士5名、精神保健福祉士3名、介護福祉士1名、社会福祉主事3名（重複あり）。

＊2　調査協力者28名中、保育士資格保持者は22名であった。

＊3　引用は、2019年3月開催の日本社会福祉学会北海道地域ブロック・北海道社会福祉学会研究

会「藤高和輝『ジュディス・バトラー――性と哲学を賭けた闘い』合評会」配布資料による。

邦文文献

今市恵「母子生活支援施設と母性の歴史」（『大阪千代田短期大学紀要』30、２００１年、１７１－１８１頁）

大石亜希子「子どもをケアする時間の格差」（松本伊智朗・湯澤直美編著『シリーズ貧困①　生まれ、育つ基盤――子どもの貧困と家族・社会』明石書店、２０１９年）

大澤真平「子どもの経験の不平等」（『教育福祉研究』14、２００８年、１－13頁）

桑島薫「社会福祉援助におけるジェンダー――援助者と利用者の動態的関係」（児島亜紀子編『社会福祉実践における主体性を尊重した対等な関わりは可能か――利用者－援助者関係を考える』ミネルヴァ書房、２０１５年、46－68頁）

須藤八千代『母子寮と母子生活支援施設のあいだ――女性と子どもを支援するソーシャルワーク実践』明石書店、２００７年

須藤八千代「フェミニスト・ソーシャルワークとは何か」（杉本貴代栄編著『フェミニズムと社会福祉政策』ミネルヴァ書房、２０１２年）

須藤八千代「『逸脱した母親』とソーシャルワーク――大阪2児置き去り死事件とフェミニズム」（乙部由子・山口佐和子・伊里タミ子編著『社会福祉とジェンダー』ミネルヴァ書房、２０１５年）

全国母子生活支援施設協議会「母子生活支援施設の研修体系～ひとり親家庭を支える人材の育成指針　母子生活支援施設職員の生涯研修体系検討委員会報告書」２０１７年

得津慎子『家族主体ソーシャルワーク論――家族リジリエンス概念を手がかりに』ナカニシヤ出版、２０１９年

鳥山まどか「ひとり親世帯の貧困」（松本伊智朗・湯澤直美編著『シリーズ貧困①　生まれ、育つ基盤―

――子どもの貧困と家族・社会』明石書店、2019年）
中澤香織「シングルマザーの性別役割意識――貧困・低所得層への聞き取りから」（『教育福祉研究』15、2009年、11-21頁）
中澤香織「調査報告：北海道の母子生活支援施設の現状」（『教育福祉研究』21、2016年、107-141頁）
畠中宗一『よくわかる家族福祉　第2版』ミネルヴァ書房、2006年
林千代『母子寮の戦後史――もう一つの女たちの暮らし』ドメス出版、1992年
藤高和輝『ジュディス・バトラー――生と哲学を賭けた闘い』以文社、2018年
松本伊智朗編『「子どもの貧困」を問いなおす――家族・ジェンダーの視点から』法律文化社、2016年
丸山里美『女性ホームレスとして生きる――貧困と排除の社会学』世界思想社、2013年
宮﨑理「社会的に排除されるものとソーシャルワークの価値」（『ソーシャルワーク研究』44（3）、2018年、43-50頁）
武藤敦士「施設数減少からみた母子生活支援施設の研究と実践の課題――戦後母子寮研究からの示唆」『立命館産業社会論集』51（3）、2015年、105-124頁）
湯澤直美「子どもの貧困対策からみた家族支援とジェンダー規範」（『ソーシャルワーク研究』43（1）、2017年）
横山登志子「生活困難を抱える母子家庭の母親理解に関する生成的実践――母親規範に回収されない理解」『社会福祉学』56（1）、2015年、61-73頁）
横山登志子「複合的な生活困難を抱える母と子の支援――『ソーシャルワークと家族』再考を求めて」（『ソーシャルワーク研究』43（4）、2018年、44-50頁）
渡部律子『高齢者援助における相談面接の理論と実際』医歯薬出版、1999年

渡部律子『福祉専門職のための統合的・多面的アセスメント——相互作用を深め最適な支援を導くための基礎』ミネルヴァ書房、２０１９年

外国語文献

Banks, Sarah. *Ethics and Values in Social Work*. Red Globe Press, 2012.（『ソーシャルワークの倫理と価値』石倉康次・児島亜紀子・伊藤文人監訳、法律文化社、２０１６年）

Dominelli, L. *Feminist Social Work Theory and Practice*, Palgrave Macmillan, 2002.（『フェミニスト・ソーシャルワーク——福祉国家・グローバゼーション・脱専門職主義』須藤八千代訳、明石書店、２０１５年）

Fineman, Martha. *The neutered mother, the Sexual Family and Other Twentieth Century Tragedies*, Routledge, 1995.（『家族、積みすぎた方舟——ポスト平等主義のフェミニズム法理論』上野千鶴子監訳、学陽書房、２００３年）

Kittay, Eva Feder. *Love's Labor: Essays on Women, Equality and Dependency*, Routledge, 1998.（『愛の労働あるいは依存とケアの正義論』岡野八代・牟田和恵監訳、白澤社、２０１０年）

Richmond, Mary Ellen. *Social diagnosis*, Russell Sage Foundation, 1917.（『社会診断』杉本一義訳、あいり出版、２０１２年）

わたしとジェンダー

現役ソーシャルワーカーがジェンダー学習会で学んだこと、気づいたこと

抑圧の存在を知り、自由になる

檜垣知里（NPO法人リカバリー　トラヴァイユ・それいゆ　ソーシャルワーカー）

有志の仲間とともに２０１６年頃よりジェンダー学習会を続けて、かれこれ３年以上になる。〝学習会〟と称するこの場所では、メンバーが持ち寄った書籍の輪読やジェンダーにまつわるトピックをとっかかりに、自分たちの仕事や暮らしのあれこれをたどりながら湧いてくる体験や思いが芋づる式に掘り起こされていく。それらを分かち合い、嘆いたり、怒ったり、言葉に詰まったりすることも含め、私は自分の内側で〝語られたがっていた〟言葉や思いが掘り起こされていくような時間を過ごす。

初めて「ジェンダー」と接続したのは、ソーシャルワーカー（以下、ＳＷ）の養成大学を卒業し、市の委託相談を請けおう相談支援事業所で相談員の仕事に就いて間もない頃だった。現職であり、ＮＰＯ法人リカバリーが主催した「ＳＷのためのジェンダースタディーズ」に参加した。当時の私は、ジェンダーが性役割などの社会的な性差を示すものとするその意味合いを「だから何だ？」と、自分の中で落としどころが見つからないまま、それがソーシャルワークにリンクする感覚を覚えることもなかった。それきり、ジェンダーからは遠ざかっていったものの、私の関心事は依存症や嗜癖問題などのさまざまな〝アディクション〟の援助の現場から見えてくる景色へと向かい、混沌としていた「人間とは?」「援助とは?」という問いに対する探求心を駆り立て、知るほどに魅了されていった。そんな矢先、SWとして働き始めた4年目の春に、さまざまな被害体験、精神疾患などの困難を抱える女性の援助をコンセプトにした現職で、法人が運営するグループホームのSWとして採用され、まさに〝体当たり〟状態でソーシャルワークを学んでいく日々が始まった。そして、その先で私は再び「ジェンダー」に接続し、今度はさまざまな形でジェンダーによってもたらされているたくさんの現実を目の当たりにしていくことになる。

入職当時は、クライエントである彼女たちの抱える困難の表出に圧倒され続け、私自身の混乱は言葉にならず、言葉にする余裕もなく、ただただ目の前のクライエントに起こる出来事の対応で精一杯の毎日。どうしてここまで自分をぼろぼろにして、彼女たちはアディクションに没入してきたのか、しらふで生きていくことはなぜこんなにも大変なことなのか。漠然とした疑問を抱きながら、とにかく必死にSWとして何ができるのかを自問自答しながら、回復にかかる長い年月を彼女たちの傍でともに過ごして10年が経った。クライエントに何が起こっているのか。考えるほどに、その個人の身の上に起こっていることだけでは説明がつかず、その背後には〝社会〟という世界が広がっていることを知った。被害体験や不遇を生きのびてきた彼女たちの苦労や苦悩、精神疾患として現れる不具合が、社会の在りようを映し出す鏡のように見えてくる。

振り返ってみると、ジェンダー学習会で学び、語り合ってきたことは、自分が見ている景色のカメラワークに変化を起こしていく一端となっていたように思う。そうすることで、私にとっての「ジェンダー」はどんどん〝自分ごと〟になっていった。構造を想起させる切り口となり、性別二元論や人間の多様性を定義するさまざまなカテゴリーが〝つくられたもの〟であることを知り、それまで私が疑うことなく目の前にあった世の中の〝前提〟を問い直すキーワードとなっていった。ジェンダーという言葉は、辞書的な意味では表現しきれない自分たちの生きている社会や「生」そのものに、まるで新しい意味を与える言葉となった。

ソーシャルワーカーの仕事を選んでいなかったら、クライエントである彼女たちに出会い、生きのびて、生きることがままならない途方に暮れるような時間の先にある変化や成長に居合わせる喜びや希望を、私自身の人生に起こった出来事として経験することがなかった。冒頭に述べた〝語られたがっていたもの〟は、「ジェンダー」という社会に埋め込まれた抑圧の装置の存在を知りえたからこそ、その抑圧や〝こうあらねば〟と思わせていたものから解放され、自由になって意思をもった自分の言葉や経験なのではないかと思う。語られたがっていたことを、語れるようになること。語りの変化は、今日のこの現実を、生きのびていくための力を取り戻すことであることをクライエントである彼女たちから教わった。

ただいま〝普通〟撲滅運動、展開中

長谷川未央（NPO法人リカバリー　精神保健福祉士）

私は、北海道のオホーツク海沿岸にある小さな町で地方公務員一家の次女として生まれた。田舎町での私は、そこそこ勉強もできたし、積極性や好奇心も備わっているタイプの子どもでもあった。しかし、田舎暮らしでは、理不尽な状況下でも限られたその環境に適応しなくてはならないことが多く、どこか生きにくい少女時代を送っていた。私は周囲に期待されているであろう「縁取られた普通」からはみ出さないように、天真爛漫さも備えつつ、慎重に置かれた環境に適応しようとしていた。

そのハームが私の職業選択を手伝ったのか、私は、精神保健福祉士養成校へ進学し、カリキュラムの一つである精神保健福祉援助実習をとある精神科病院で行った。

実習中は、クライエントの口から語られるさまざまなストーリーに衝撃を受け、自分の思う「普通」が全く「普通」でなかったこと、自分の常識なんていうものは、お猪口の裏くらい小さかったことに気づかされた。私は、そのような気づきを与えてくれたその精神科病院で働くことを希望し、翌年の春、運良くソーシャルワーカーとして採用された。

就職後は、デイケアと地域連携室（いわゆる医療相談室）のソーシャルワーク業務を兼任し、入退院支援、受診・生活相談、デイケアプログラムなどさまざまな場面でクライエントとともに過ごした。

クライエントからは、休職中にリフレッシュのため友達と飲みに行きたいが、「仕事を休んでいるのに飲みに行くなんて信じられない」と妻に責められ自宅での居場所がない夫の苦労、母に認められたくて母の前では良い娘を必死で演じようとするが、バランスを取るために食べ吐きを繰り返しながら毎日を必死に生きようと奮闘している娘の苦労、夫の両親が同じマンションに越して来て、本人の不在中に部屋の模様替えが完成している嫁の苦労などさまざまなストーリーが語られた。彼女たちは、いずれも「自分が不出来だから」といったセルフスティグマと社会不適応感を当たり前に抱えていた。

一方で、私は、彼女たちの置かれている関係性や環境、社会構造の在り方にも疑問を感じ始めた。私の育った環境とも重なったのかもしれない。ソーシャルワーカーになってすぐの夏、誘っていただいた勉強会で「ジェンダー」ということばを知り、自分がものすごく楽になっていく感覚と出会い、もうその後は「ジェンダー」に触れずにはいられなかった。

その日から12年ほどが経過した。中堅と呼ばれる私は、ソーシャルワーカーの仲間とともに「ジェンダー」を学ぶ学習会をしている。その学習会では、社会構造が生んだ「当たり前」や「普通」によって傷ついたり、病を経験しなければならなかったクライエントや自分自身の体験が語り合われ、「個人的な問題は社会的な問題」だと一層色濃く認識できる。「何となく」の生きにくさが環境や社会構造によって当然の如く引き起こされたものだと理解できるようになったし、ジェンダーを学ぶ仲間とつながれていることは私の希望の感覚だ。仲間とのつながりはソーシャルワーカーとしてだけでなく、人生そのものを豊かにしてくれ、世の中に適応できないことを恐れる気持ちも少なくなった。今の私は「自分」の意見を少しずつだが言えるようになったし、「自分」の価値を大切にできているように思う。同僚には「〝普通〟撲滅運動をしているんだよね」と公言することもある。令和元年の秋には、病院から地域への転職も果たした。

多様性の尊重が謳われている時代に、ソーシャルワーカーである私に何ができるのか。今まで「当たり前」で「普通」とされてきたことを疑う視点に立ってみよう。そして、社会構造がもたらした生きにくさを抱えているクライエントや友人には、ことばにしてくれたことに敬意を表し「それって社会の仕組みだもん、大変だったね」とそっと囁いてみよう。

私の〝普通〟撲滅運動が、誰かの安心・安全に生きられる人生につながることを願って。

自分の中のとらわれに抗う

髙張陽子（北海道大学病院精神科神経科　精神保健福祉士）

私は大学卒業後、精神科病院や司法公的機関で精神保健福祉士として働いていたが、その間に結婚し、子ども2人をもうけた。2人目の子どもは先天性の病気を持って生まれたため、生後1か月で気管切開し、常時、医療行為が必要となった。必然的に私は仕事から離れ、子ども中心の生活となった。近所に医療行為が必要な子どもを預かってくれる保育園はなく、親にお願いして何とか期間の決まった仕事をさせてもらったこともあった。幼稚園は母親である私の付き添いが入園の条件だったので仕事はあきらめ、制度の狭間にあった我が子に使えるサービスのなさに絶望し、毎日の幼稚園の付き添いに疲れ切っていた。

しかし、子どもが年長になった夏、気管孔を閉じることができた。日々に精一杯の私に仕事をできる気がせず、専業主婦として子育てに迷い、悩みながら過ごしていた。そんな私に大学時代の恩師であり、ソーシャルワーカーの大先輩が「子どものありようイコール母親の評価という図式が内面化してしまう。抗うには知恵と仲間が必要だ」とジェンダーを学ぶソーシャルワーカーの集まりを紹介してくれた。復職する気のない私がソーシャルワーカーの集まりに参加してよいのかと戸惑ったが、現状をどうにかしたい私は勇気を出して参加し、みなさんにあたたかく迎えていただき、ホッとしたのを覚えている。

その時、抄読していたのがイギリスのレナ・ドミネリの『フェミニストソーシャルワーク――福祉国家・グローバリゼーション・脱専門職主義』(須藤八千代訳、明石書店)だった。経験も知識も浅い私には、非常に難解だった。相当に頭を悩ませながら読んだ。そうするうちに、それらの難しい言葉で表現されているものと、自分の人生経験のさまざまな出来事とつながるということが何度も起きた。

私たちの暮らしの中の何気ない出来事に悩んでいた背景は、ジェンダーの視点とつながっていたということに気がついた瞬間であり、なぜこの集まりを紹介されたのかを理解した。そして、生活者という視点で支援するソーシャルワーカーがジェンダーを学ぶ意味を感じた。悩みは自分だけが抱えているものではなく、多くの女性が出会うものであり、社会全体を変えなければ変わらない大きな問題にもつながっていると知ることとなった。

例えば、家族の中で男女差を感じることがよくあった。稼ぎのある父親には絶対的に服従しなければならなかった。また、兄は大学進学、私は短大進学を想定されていた。母親になってからは、医療行為が必要な子どもを育てるために仕事を辞めるのは当たり前のように夫ではなく私であることに疑問を感じた。子育ての責任を一身に背負い、子どもが何かうまくいかないことがあると、自分の育て方のせいなのかもしれないと自分を責めたりした。子どもを預けて、自分の時間を持つことに罪悪感を覚えることもしばしばで、しかしそう感じてしまう自分自身に嫌悪感を覚えた。つまり、性別や役割意識がもたらす見えない何かに、いつもとらわれていたのである。

おそらく、多くの女性たちが「女だから〇〇すべきだ」とか「母親なんだから〇〇してはいけない」と他者から指摘された経験をもっているのではないだろうか。それに困惑し、反発を感じながらも、それに従ってしまったことも少なくないのではないか。そして、私は、いつのまにかその規範を自分自身の内面にも持つようになってしまい、誰かをジャッジしたり、区別したりしていた。そのことにふと気づいて、自分自身を責めることもたびたびあった。

私の中にあるとらわれに抗うことは、仲間とジェンダーについて学ぶこと、知ることである。それによって自分に起こっていることを再確認できるし、仲間と語り合うことで「社会の問題」と改めて認識しなおすことができる。それが抗うということなのだと感じられるようになった。

そんな私は5年ぶりに精神保健福祉士として復職した。実践の中で多くの方が男女限らずジェンダーによる生きづらさを抱えていると気づいた。その多くは自分にあてはめた性差による役割を全うできないことで「自分の人生、こんなはずじゃなかった」という嘆きと絶望、そして「とらわれ」である。しかし、ジェンダーという視点はそこに光をあて、時に希望を与えてくれる。それは少なくとも、「自分が原因」ではないと気がつくからかもしれない。自分と同じ苦労を抱える人がいることに気づき、嘆きながらも「生きてみよう」と立ち上がり、同時になかなか変わらない社会にいらだちを覚え、転がりながら落としどころを見つけていくのではないか。

この仮説を持って、私の精神保健福祉士としての道は続く。

新たな視座を与えてくれる援助者のためのジェンダー学習会

飯田憲司（医療法人社団健心会桑園病院　地域連携室・訪問看護支援室所属精神保健福祉士）

先輩ソーシャルワーカーからの誘いがきっかけで、有志で続けているジェンダーの学習会に参加するようになった。

私にとってのジェンダーのはじまりはいつだっただろうか。幼いころからの刷り込みや教育の影響からか、女性らしさや男性らしさ、女性や男性はこうあるべきという考え方に疑問をもつことはなかった。男女で身に付ける色やかたちが違っていたり、トイレが男女別であったり、男女で異なる内容の授業があることにも違和感を覚えることもなかった。むしろそれが「当たり前」だとすら思っていた。

中学生の頃、友人からの「自分はゲイである」という告白によって、ゲイはテレビの中でなく実際に存在することを知った。友人のことは認めつつも、心の中で「自分とは違う」という認識をもっていたが、友人の悩みを聞くようになってからは、異性愛いわゆるノンケ以外の恋愛や性の多様性、友人の苦しさを考えるようになった。

ソーシャルワーカーの養成校時代にはじめてジェンダーという言葉を聞いたときには、その概念は女性の権利や社会的地位の向上を中心にしており、家父長制の否定や男性の社会的地位を逆に下げるもののように思いなしていた。そのときに出会ったゲイの友人は、フェミニストソーシャルワーカーになりたいとこの道を志した。彼らは、社会や世間を生きづらい、カムアウトできる寛容さがないと言っていたが、じつのところ、ジェンダーの学習会に参加するまでは、実際に彼らにはこの世界がどのように見えていて、なぜ生きづらいのか、深く理解することはできていなかったように今は思う。

ジェンダーの学習会は、職場やその機能や役割の異なるソーシャルワーカー数名と、大学で教育者としてソーシャルワーカーを養成する立場にいる教員とで構成されている。ジェンダーに関する本や資料をもとに、その解釈や理解を進めるだけでなく、私生活や社会生活を重ねての体験や実感を語り合い、考察やソーシャルワーカーとしての理論の再考、日々の支援との重ね合わせ、制度やサービスとの整合性や、社会の在り方などを議論している。

私たちソーシャルワーカーもまた、生活者であり、自身の生活を通してのこの「語り合い」が学習会をより深いものにしてくれている。時には、近年増えているジェンダーに関する研修会に参加し、その主旨や題材を元に話し合い、ソーシャルワークのさまざまな展開や実践に結びつけている。先に触れた学生時代に出会った友人たちの生きる世界は、私の見えている世界とは少し違うかもしれないということを学習会で知った。幼少期から、決められた枠や常識といわれる壁の中で、偏見や差別を受け、選択の自由は限りなく少なく、自分の思いを語ると批判の的になる可能性がある世界、知らない世界が見えたのである。この学習会に参加し毎回感じることは、ジェンダーの理論や考え方は、常に自分たちの生活に深く結びついていて切り離せないということである。マジョリティもマイノリティもマクロもミクロも、いつ自分や家族がどうなるかもわからない、健常者も障害者も、人種も国籍も関係なく私たちにくっついて離れないのである。

ジェンダーの学習会で共通の言語としているのは、「個人に起きていることは社会的で政治的なこと」ということである。社会的規範や常識、真実すらも、誰かが作り上げたものであり、歴史や文化、政策が制度や教育を体系化・習慣化させ、偏見や差別、貧困をも生んでいる。男性と女性の相互依存や対立に留まらず、性の無限の個性やLGBTなどのダイバーシティを受け入れないこともまた、他者化や差異の否定から始まっている。これらは個人的な言動として捉えられがちであるが、政治的で社会的な関係が影響を与えていることを、この学習会で深く理解でき、新たなる視座を与えてくれている。コミュニティワークやソーシャルアクションなど地域や社会に働きかけていく活動、マクロに関わり、社会的秩序を変革していく活動の意義を、ソーシャルワーカーである私に、ジェンダー学習会は教えてくれたのである。

「当たり前」を疑う

平田有絵（ＮＰＯ法人リカバリー　ソーシャルワーカー）

私は北海道札幌市にあるＮＰＯ法人リカバリーという、被害体験や病気、障がいから派生している生きづらさを抱えた女性を支援する法人で、ソーシャルワーカーとして働いている。彼女たちと日々を共にしていると「女性であること」により派生している困難（暴力的な被害に遭うことなど）を個人の責任として引き受けなければいけない状況に違和感を抱くことがあり、その違和感に対する視座としてジェンダーの視点が必要不可欠な職場である。

私と「ジェンダー」の出会いは約15年前、大学生の頃であった。

大学では社会福祉学を専攻しており、ソーシャルワーカーになるための養成課程を履修して対人援助について学んでいた。その時代は福祉制度が大きく変化を迎えていた時期であったように思う。その変化の根底には新自由主義的な規範である市場原理優勢、「強い者が生き残る、弱い者は自己責任」という考えが大っぴらではないものの少しずつ浸潤していって、私自身がすごく閉塞感を感じていたように思う。自分が不具合を抱えた「弱い者」であるという自覚をもちつつも、その閉塞感を表現できる言葉をもたなかった私はいつも何かにモヤモヤとしていた。そのような時期に大学のゼミ担当教授から「あなたはフェミニズムを勉強してみなさい」とアドバイスをいただいたのが、私がジェンダーと出会ったきっかけであった。

私はジェンダーから多くのことを学んだ。それまで「事実」と信じていた「男／女」というカテゴリーが、じつは歴史的文脈の中で作られた「概念」であったこと。それは社会構造に密接に影響していること。さらに、女性（あるいは弱い者とされる人たち）が抱える生きづらさや自身の不具合は、決して本質的で変えられない「事実」ではなく、社会構造やその関係性、規範や権力に起因することでもあり、変容が可能なものかもしれないということ。ジェンダーは、こうした認識を与えてくれ、自身や社会と向き合うきっかけをくれた希望の学問でもあった。

そして、ソーシャルワーカーとなり、過酷な人生を生き延びてきた利用者たちと出会った。生き延びるための方法としてクスリやアルコールに頼らざるを得なかった彼女たちの生に触れるたびに、ジェンダーの学びから得られた気づきは「やっぱりそうだったんだ」という確信に変わり、もっと深くジェンダーを学びたいと考えるようになった。その反面、社会やそこに存在している権力や規範はすぐに変容できるほど容易い存在ではないことも知った。何が「事実」で、何が「普遍性」なのかわからなくなり、学べば学ぶほど混乱のスパイラルに陥るような感覚もあった。もっと学ばなければならないと痛感しながらも、日々の慌ただしさや仕事で求められることの厳しさから、勉強したいという意欲を失いそうな自分もいた。

そんな中で、縁があってジェンダー学習会に通い始めた。会では、日々の生活や仕事、人生のなかで感じたジェンダーにまつわるさまざま出来事や思いが語られる。いま自分が信じている「当たり前」は本当に当たり前のことなのだろうか。普通とはいったい何なのだろう。そのように撹乱を起こしながらも、ゆらぐことの必要性を強く感じる私がいる。そして、自分や組織は「社会」という構造の一部だが、権力に対してセンシティブであり続けたい、おかしなことには違和感を覚え続けたい。そのような思いを仲間たちと分かち合うことができている。それらが、援助における「別の道」を模索し、実践していく力になっていると感じる。まさに、ジェンダー学習会は、パフォーマティブな活動なのである。

暴力が生み出される構造を知ること

石塚幸絵（元・社会福祉法人サマリヤ会　ソーシャルワーカー）

私は、かつて主にアルコール依存症の男性を対象とした施設を運営する機関に、ソーシャルワーカーとして所属していた。

これまで現場で働いてきた中で、「女性スタッフが、利用者に直接関わると、女を出すから、利用者が回復できなくなる」と聞いたことがある。この言葉について、私がジェンダー学習会等を通じて学び、考察したことを3つにしぼって書いていきたい。

まず、なぜこのような言葉が発せられたのか。女性スタッフは、職場組織の中で、社会の「男／女」そのままに扱われている。つまり、スタッフである前に、セックスの相手の対象としてみられているのである。そのため、利用者が女性と関わると、女性にうつつをぬかし、自分の問題に向き合わなくなって、再飲酒するのではないかと心配し、そうならないように、女性の性別役割分担をそのまま踏襲していることがあった。現場である施設とは、社会そのものであるため、このような発想があるのは当然といえるかもしれない。むしろ、女性スタッフを危険な目に合わせないようにするために擁護しようという善意さえ感じられる。

しかし、女性がいる社会の中で利用者である彼らは生きていかなければならない。男性依存症者の本当の回復のためにも、女性スタッフが関わることの必要性はもちろん、スタッフが利用者のロールモデルになるように対等な男女の関係性や、建設的なパワーの使い方を意識し、実践する必要がある。

2つめは、彼らの問題を女性スタッフの問題にすり替えているのではないかということだ。利用者である男性は、アルコール依存症に陥っていく過程の中で性別役割意識を強くもち、アルコールに頼らざるをえなかったことや、誤ったパワーの使い方により、パートナーや子供たちを傷つけてきた。そこにこそ彼らの苦労や生きがたさがあるように思う。彼らの新しい男性像の再構築や暴力の問題は彼らの問題で、彼らが引き受けなければいけない。問題に取り組むのは彼ら自身である。

アルコール依存性からの回復に必要とされている自助グループAA（アルコホーリクス・アノニマス）は、アルコールをやめるだけではなく新しい生き方を手に入れる素晴らしいプログラムである。しかし、暴力からの回復は含まれているのだろうかと疑問を抱く。断酒だけが目的となり、暴力の問題は免責されていないだろうか。私が現場にいる中で感じているのは、本人だけではなく援助者も暴力の問題に無自覚であることだ。もっというのであれば、これは、病気や障害に関係なく、我が国の社会そのものの構造が暴力を生み出しやすいのではないかということだ。誰もが被害者にも加害者にもなりうる問題であるにもかかわらず、多くの人は傍観者になってしまう。被害が見過ごされているあいだに、強い者が弱者に暴力をふるい、そのふるわれた弱者がさらに弱い者に暴力をふるい、同じ集団から異質な者は排除される。暴力は見ようとしなければ、見えないし、なかったことにもできる。さらに、暴力を受けた者の問題へとすり替えさえおこる。それが、被害者をどれほど追い詰め、傷つけるのか。

本人が、暴力の問題に向き合うことにより、自分の言動を暴力だと認めることができるし、暴力の問題に取り組むことで、暴力によって生じる問題の再生産にストップをかけたり、本当の意味での新しい生き方を手に入れることができるのではないか。それと同時に思うのは、暴力の問題は個人として引き受けなければならないが、社会全体でも考えていかなければならないということだ。人は、おかれている状況や仕組みによって、その人の良さが引き出されたり、認められたり、受け入れられたりもする。そのことから、人間関係や暮らしや生き方が豊かになる。そう考えると、多様な人を受け入れ、共に生きていく仕組みを考え、実行することで、どれほどの人が生きやすくなり、救われるだろうか。

そして、3つめに学んだことは、男性である利用者が暴力の問題を抱えているのは、じつは家族や社会において、暴力を使うしか生き延びる方法がなかったからではないかということだ。暴力の問題を再生産しないためには、多くの当たり前とされていること（たとえば男性は妻子を養うことやリーダーシップをとることが当然とされたり、弱音を吐くことや涙をみせることは女々しいとされていること）が、じつは、ジェンダーに無自覚な人によってつくられた構造であることを知る必要がある。その構造により、生きがたさや困難が生み出されている。

冒頭で触れた、目の前の女性がセックスの対象として許容範囲なのか、圏外なのかとジャッジをするようなことも含めて、男性が女性をコントロールしようしているときに、男性は、女性が自分と同じ感情のある生身の人間であることを忘れていないだろうか。「自分にとって、都合が悪いから排除する」とはなんと自己中心的なのだろう。そこに対話ができるような対等な関係性があるとは言い難い。それは、「男」、「女」という性別にかぎらず、世の中に存在する区別によって差別される者に対しても同じことがいえる。ジェンダーを学ぶことが暴力の根絶や暴力をふるわれる者の回復には欠かせない。言い換えれば、ジェンダーを学ぶことが、誰もが生きやすく、平安で寛大な社会を作ることの一助になるということだ。

生きていくとは、時間に人と人のつながりを縄のように綯《な》っていくことだといまあらためて思う。

「はじめに」で横山さんが書いているように、この本は私が『フェミニストソーシャルワーク――福祉国家・グローバリゼーション・脱専門職主義』（レナ・ドミネリ）の訳者として、北海道社会福祉学会に招かれたことによって生まれた。

翻訳の経緯について訳者解題に書いているので触れないが、大学を退職した後、やり残した仕事として微力を顧みず翻訳した本を読んでくれたグループがあり、さらに私を研究会に招いてくれたことに大きな喜びを感じた。その気持ちの高ぶりが、社会福祉学におけるジェンダー、フェミニズム研究をいまのままで放置してはいけない、半歩でも一歩でも前に進めなければならないと私に語らせたのだろう。

ドミネリの「フェミニストソーシャルワーク」について話すことを求められている私がその本題を外れて、このような勢い込んだ話をしたことに参加した人は戸惑ったに違いない。というのもそこに来てくれた研究者たちは、私がこれまでつながってきたフェミニズムやジェンダー研究の方がたではなかった。それでなくてもフェミニズムやジェンダーの研究は、周りの空気をうけて杉本貴代栄先生を中心に小さくまとまってやってきた。

その流れも一区切りついたいま、大学を定年退職している私が現役の研究者たちに自分の思いをぶつけてしまったのである。思い出すと恥ずかしいような札幌の夜である。

私のそのアジテーションをうけて横山さんが研究会をスタートさせ本書を実現したのである。これまでも共著で本を作る作業に何度も参加してきたが、今回ほど素晴らしい経験は初めてである。毎回、札幌の大通り公園近くにある札幌学院大学のサテライトキャンパスで研究会が開かれた。午後の時間をすべて使った研究会に、メンバーは欠席することなく、それぞれのレジュメや原稿下書きを持ち込んだ。

共著で作られる本は、編著者によってテーマが決められ執筆者が確定するとそれぞれが個別に求められたテーマに沿って書き上げ、あとは編著者と執筆者、出版社と執筆者という線でつながるやり方が多かった。それが一冊の本としてのまとまりを生む。

しかし今回はメンバーがレジュメを持ち込み、自分の研究構想を語り議論するという豊かな時間を過ごした。そしてそれを本にして社会に問いたいという目標を見失わなかった。この研究会のおかげで、私は北海道の雪の深さや秋の美しさを存分に味わうことができた。

私自身は今回、論文を書くにあたり悪戦苦闘した。自分の気持ちや思考が先行して読み手にうまく伝えられる論文になっていないことを、ヘウレーカの大野さんに指摘されて書き直しつづけた。いつになく自信を失いそうな苦しい時間であった。そのような中で執筆者の一人、新田雅子さんは「書ききった」という言葉とともに原稿を送ってきた。それぞれが同じように悪戦苦闘したに違いない。

おりしもフェミニズムがいま、学術誌も含めさまざまな位相で取り上げられている。社会のフェミニズムを取り巻く空気は一変した。そのなかでソーシャルワークの領域からこの本を出すことができたタイミングの良さに驚いている。あらためてヘウレーカの大野祐子さんの鋭い〝ツッコミ〟に感謝いたします。

コロナウイルスの終息を祈りながら

須藤八千代

大嶋栄子（おおしま・えいこ）＊
北星学園大学大学院社会福祉学研究科博士後期課程単位取得退学。博士(社会福祉学)。特定非営利活動法人リカバリー代表、日本精神・神経医療研究センター精神保健研究所客員研究員。主な著書に『その後の不自由――「嵐」のあとを生きる人たち』（上岡陽江との共著、医学書院、2010年）、『生き延びるためのアディクション――嵐の後を生きる彼女たちへのソーシャルワーク』（単著、金剛出版、2019年）。

宮﨑 理（みやざき・おさむ）
北星学園大学大学院社会福祉学研究科博士後期課程単位取得退学。博士（社会福祉学）。現在、名寄市立大学保健福祉学部講師。専門は社会福祉学、ソーシャルワーク論。主な著書に『わたしたちの暮らしとソーシャルワークⅡ――相談援助の理論と方法』（共著、保育出版社、2016年）、論文に「社会的に排除されるものとソーシャルワークの価値」（『ソーシャルワーク研究』44〈3〉）など。

新田雅子（にった・まさこ）
立教大学社会学研究科社会学専攻博士後期課程単位取得退学、2003年より札幌学院大学人文学部准教授。専門は福祉社会学、老年社会学。主な論文として、「高齢者福祉の実践」（横山登志子編『社会福祉実践の理論と実際』放送大学教育振興会、2018年）、「高齢期の自立と地域」（庄司洋子・菅沼隆・河東田博・河野哲也編『自立と福祉』現代書館、2013年）など。

中澤香織（なかざわ・かおり）
北海道大学大学院教育学院博士後期課程中退。専門は社会福祉学。社会福祉士、精神保健福祉士。現在、札幌大谷大学短期大学部保育科教授。主な著書・論文に『子ども虐待と家族――「重なり合う不利」と社会的支援』（共著、明石書店、2013年）、『ソーシャルワーク』（共著、弘文堂、2016年）、「調査報告――北海道の母子生活支援施設の現状」（『教育福祉研究』21、2016年）。

〈執筆者紹介〉執筆順。＊は編著者

横山登志子（よこやま・としこ）＊
同志社大学大学院博士後期課程単位取得退学。博士（社会福祉学）、精神保健福祉士。精神科ソーシャルワーカーとして勤務経験を有する。現在は札幌学院大学人文学部教授。専門はソーシャルワークの理論と実践、経験的世界の探求、家族支援や女性支援。最近は、DV被害母子の支援に関する質的研究を行っている。主著は『ソーシャルワーク感覚』（単著、弘文堂、2008年）、『社会福祉実践の理論と実際』（編著、放送大学教育振興会、2018年）など。

須藤八千代（すどう・やちよ）＊
愛知県立大学名誉教授。単著に『歩く日――私のフィールドノート』（ゆみる出版、1995年）、『ソーシャルワークの作業場――寿という街』（誠信書房、2004年）、『増補　母子寮と母子生活支援施設のあいだ』（明石書店、2010年）、共著に『フェミニズムと社会福祉政策』（ミネルヴァ書房、2012年）、『婦人保護施設と売春・貧困・DV問題』（明石書店、2013年）、『社会福祉とジェンダー杉本貴代栄先生退職記念論集』（ミネルヴァ書房、2015年）など。訳書にレナ・ドミネリ著『フェミニストソーシャルワーク――福祉国家・グローバリゼーション・脱専門職主義』（明石書店、2015年）。

鶴野隆浩（つるの・たかひろ）
1986年大阪大学人間科学部（社会学）卒業。2001年 同志社大学大学院文学研究科博士後期課程修了。博士（社会福祉学）。現在 大阪人間科学大学人間科学部社会福祉学科教授。主な著書に『家族福祉原論』（単著、ふくろう出版、2006年）、『ケアマネージャーのための家族福祉論』（共著、相川書房、2009年）、『社会福祉理論としての家族福祉論――社会福祉理論の課題と新しい家族福祉論』（単著、みらい、2014年）、『社会福祉の視点――はじめて学ぶ社会福祉（3訂版）』（単著、ふくろう出版、2020年）。

ジェンダーからソーシャルワークを問う

2020年 5 月 30 日 初版第 1 刷発行
2022年 7 月 10 日 初版第 3 刷発行

編著者　横山登志子／須藤八千代／大嶋栄子
著　者　鶴野隆浩／中澤香織／新田雅子／宮﨑　理

発行者　大野祐子 / 森本直樹
発行所　合同会社 ヘウレーカ
https://www.heureka-books.com/
〒 180-0002　東京都武蔵野市吉祥寺東町 2-43-11
TEL : 0422-77-4368
FAX : 0422-77-4368

装　幀　末吉 亮（図工ファイブ）

印刷・製本　精文堂印刷株式会社

ISBN 978-4-909753-08-3 C0036
落丁・乱丁本はお取り替えいたします。定価はカバーに表示してあります。

折戸えとな 著

贈与と共生の経済倫理学

ポランニーで読み解く金子美登の実践と「お礼制」

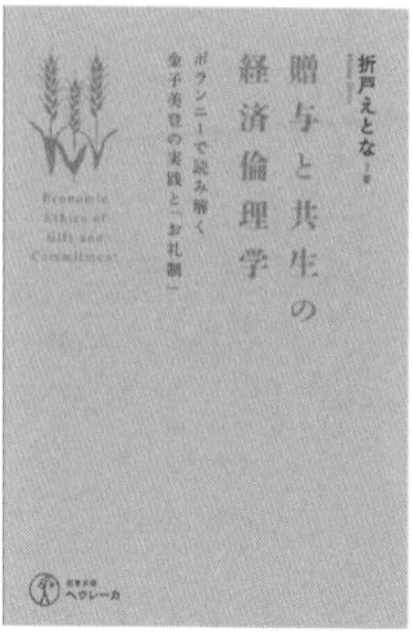

ISBN 978-4-909753-01-4
四六判・上製・400 頁／定価：3800 円＋税

有機農業の里として知られる埼玉県小川町の有機農業者、金子美登氏が始めた「お礼制」。消費者に農作物を贈与し、消費者は各々の「こころざし」に基づいてお礼をするこの仕組みは金子や地域にどのような影響を及ぼし、どんな意義があるのか——。金子や地域の人々の詳細なライフストーリーと歴史学、経済学、倫理学等の知見をもとに分析。さらにこの仕組みに埋め込まれた関係性をカール・ポランニー、玉野井芳郎、イリイチ等の議論を参照しながら理論化。ポランニーの「経済を社会関係に埋め戻す」という命題に対する、現場からの１つの解を提示する。より善く生きるとはなにか、共に生きるとはどういうことかを問う意欲作。

「共同通信」に文筆家の平川克美氏、『週刊東洋経済』に経済学者の橋本努氏の書評が掲載されました。

高岡　健 著

いかにして抹殺の〈思想〉は引き寄せられたか

相模原殺傷事件と戦争・優生思想・精神医学

ISBN 978-4-909753-02-1
四六判・上製・216 頁／定価：2500 円＋税

相模原殺傷事件をめぐり数々の議論がなされ、論考が発表されてきたが、本書は、植松の主張を真正面から〈思想〉として捉え、分析しているという点で他に類をみない。具体的には、植松の主張である「大麻を〈地球の奇跡〉とよび、必要性を訴えていること」「文面上は、戦争に反対していること」「障害者の殺害を安楽死という言葉をもちいて宣言していること」の３点を手がかりに考察。第一次世界大戦前後から現在に至るまでの政治、社会、精神医学分野での研究を参照し、なぜ彼がそう主張するに至ったか、その構造を解明する。

中日新聞社会部 編

少年と罪 事件は何を問いかけるのか

ISBN 978-4-909753-00-7
四六判・並製・272 頁／定価：1600 円＋税

人を殺してみたかった——。社会を震撼とさせた重大少年事件の加害少年たちが漏らす衝撃的な言葉に戸惑う大人たち。しかし、社会は罪を犯した子どもたちの心の闇に本気で向き合ってきたのだろうか——。20 以上の重大少年事件の当事者を丹念に取材し、加害少年の背景や内面、ネットに翻弄される子どもたちとその心模様、被害者家族の悲嘆と苦悩、加害者家族の過酷な現実を描く渾身のルポ。

中日新聞社会部 編

死を想え！多死社会ニッポンの現場を歩く

ISBN 978-4-909753-07-6
四六判・並製・272 頁／定価：1800 円＋税

年間 130 万人以上が亡くなる社会で、いったい何が起きているのか。無縁化する墓、不法投棄される遺品、孤独死、延命治療、医療過疎……。死を扱う現場や死に直面した市井の人々の取材を通して見えてきたのは、社会の大きな変化と、それに追い付いていない制度や法の不整備だった。それらを変えなければ、誰もが安心して人生を終えられる社会は実現しない。多死社会の現実と課題を浮き彫りにした好評連載、待望の書籍化。

好評既刊書

栖来ひかり 著

時をかける台湾Y字路

記憶のワンダーランドへようこそ

ISBN 978-4-909753-05-2
四六判・並製・272 頁／定価：1700 円＋税

右に行こうか、左に行こか ——まるで人生の岐路を象徴するようなＹ字路。

日本で出会った台湾人との結婚を機に台北に移住した著者は、台湾のあちらこちらで出会うＹ字路の魅力にとりつかれ、Ｙ字路形成の理由や歴史を調べはじめた。

すると、原住民族が暮らしていたころから清代、日本時代、戒厳令時代、そして現代に至るまで、Ｙ字路にはそれぞれの時代の出来事や人々の息吹が地層のように積み重なっていることがわかってきた。

実際に現地を訪ね歩き、古地図と重ね合わせ、資料をくりながら、忘れられた記憶と物語に耳を傾ける。著者が訪れた百数十カ所のＹ字路の中から、特に魅力的な約50カ所のＹ字路を、写真や古地図をふんだんに使いながら紹介する。

もくじ

好評既刊書

坂本菜の花 著

菜の花の沖縄日記

ISBN 978-4-909753-04-5
四六判変形・並製・200 頁／定価：1600 円＋税

アーサー・ビナードさんも絶賛！　家族のもとを離れ、沖縄での高校生活を選んだ 15 歳の少女、菜の花。大好きな島で沖縄の人々、文化、歴史に触れながら、沖縄と本土、そして自分との関係に思いをはせる。自分の目で見て、自分の耳で聴いて、自分の頭で考えて。大切なことは何かを学び、自分ができることは何かを模索する日々を、みずみずしい感性でつづった 3 年間の軌跡。『北陸中日新聞』で好評を博した連載、待望の書籍化。2020 年には映画「ちむぐりさ　菜の花の沖縄日記」（沖縄テレビ制作）が全国公開。

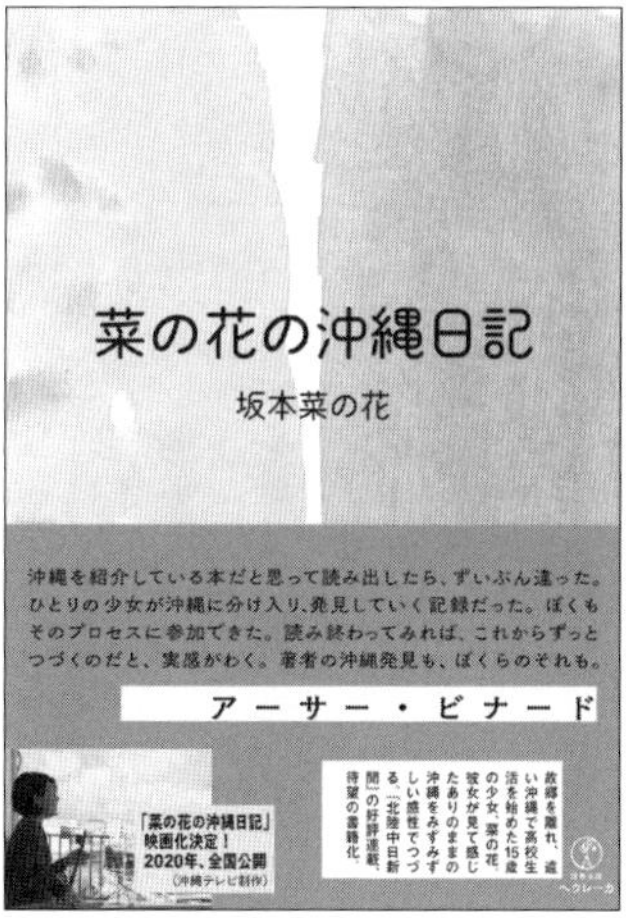

『朝日新聞』『毎日新聞』『東京新聞』『沖縄タイムス』『琉球新報』『暮しの手帖』等、各メディアで紹介されました。

もくじ